다르게 산다고 틀린 건 아니야

부모 인문학을 만나다 ❶

부모의 행복으로 아이를 빛내주는 부모 인문학

다르게 산다고 틀린 건 아니야

김홍식, 이수광 지음

영진미디어

목차

Part 2

삶을 새롭게 하는 부모
꿈을 이루며 사는 자녀

머리말

'인문학人文學'은 '사람의 무늬를 다루는 학문'이지요. 또 사람이라는 존재는 하늘보다 위에 존재하고, 우주보다 더 무거우며 블랙홀보다 더 깊고 어려운 것이라는 사실을 모르는 분은 안 계실 것입니다. 그러하기에 우리 삶은 사람으로부터 시작해 사람에서 끝이 납니다.

그런데도 오늘날 우리는 사람은 도외시하고 물질, 성과, 성적, 지위, 권력 따위에 삶을 겁니다. 숲속에서 사는 흰개미나 나무 위에서 사는 원숭이들이 우리를 바라보면 땅을 치며 웃을지 모릅니다. 자신들의 삶과 행복과는 아무 관련도 없는 것들을 숭배하며 사람의 생명과 가치를 잊고 사는 우리를 말이지요. 우리는 그들을 짐승이라 비웃고, 짐승들은 우리를 비웃는 모습! 생각만 해도 웃음을 넘어 참담합니다.

그렇다면 우리 청소년들은 어떨까요.

그들은 진정 행복을 향해 걸어가고 있을까요? 오늘날 우리 청소년들이 참된 행복의 나라를 향해 나아가고 있다고 여기는 분들은 별로 안 계실 것입니다. 당사자인 청소년들의 행복지수는 어른들의 그것에 비해 훨씬 떨어진다는 것이 통계로 알려져 있기도 하지요. 왜 이런 안타까운 결과가 나타나고 있을까요? 모르긴 몰라도 당사자인 청소년들 스스로 행복을 멀리하기 때문은 아닐 것입니다.

우리 사회가 추구하는 가치의 전도, 배우고 익히는 과정에서 소외된 채 오로지 성과만을 향해 나아가도록 억압받는 학구열, 보이지 않는 가치들은 무시한 채 보이는 것에 온 힘을 쏟는 학부모들, 이런 모든 요소들이 결국 성적은 좋으나 행복하지 않은 청소년들을 양산하고 있는 것이라는 데 이의를 제기하는 분은 별로 안 계실 것입니다.

늦었다고 생각할 때가 가장 적절한 시기라는 말이 있습니다. 우리 청소년들이 고통 속을 헤매는 지금이야말로 우리들이 나서 그들에게 행복을 찾아주기에 가장 적절한 시기일지 모릅니다. 더욱이 앞으로 전개될 새로운 시대는 다행히도 눈에 보이는 성적이나 스펙보다는 눈에 보이지 않는 인간 중심 사고, 환경 중심 사고, 창조력, 상상력, 비판력 등이 중시될 것이 분명합니다. 이는 이미 자격증보다는 창의적인 인재를 선호하는 세계적인 기업들이 확인시켜 주고 있습니다.

우리 아이들을 그러한 기업에 입사시키기 위해서가 아니라 스스로 새로운 세상을 찾아내고, 그 세계를 향해 어렵지만 가치 있는 한 걸음을 내딛고, 궁극적으로는 세상을 밝히는 인재로 우뚝 서게 도와주기 위해 우리는 지금 당장 행동해야 합니다.

다행히도 좋은학교만들기네트워크에서 그동안 진행하였던 학부모 강연을 중심으로 좋으신 강사님들을 모시고 (주)영진미디어 출판사와 함께 『다르게 산다고 틀린 건 아니야』라는 무한한 가치를 품은 책을 기획하였습니다. 그리고 청소년들의 참된 행복과 바람직한 미래를 위해 오랜 시간 노력해 오신 이수광 선생님의 소중한 원고와 함께 제 보잘것없는 원고를 합해 소중한 책으로 묶어주었습니다. 분당에 있는 이우학교에서 교장직을 맡았던 이수광 선생님께서는 청소년들의 참된 교육에 필요한 사상적, 철학적, 이론적 근거를 촘촘히 엮어주셨고, 저는 많은 강연을 통해 보고 듣고 느낀 점들을 현장 중심으로 정리했습니다.

아무쪼록 신인문학新人文學의 시대를 맞아 박제된 인문학이 아니라, 우리 삶을 바꾸는 살아 숨 쉬는 인문학, 사람의 무늬 그 가운데서도 우리 미래를 책임질 청소년들의 다양한 무늬를 이해하는 인문학의 세계로 유영하는 기회를 이 책을 통해 갖게 되신다면 더할 나위 없이 행복할 것입니다.

2015년 가을 초입에 저자를 대표하여 김홍식 씀

Part 1

세상 가장 빛나는
우리 아이들,
영원히 꺼지지 않는
불빛으로 만들기

당신의 아이는
한 우주입니다

1
무리가 아닌 개인으로

교육적 인문학 책의 시작치고는 우스꽝스럽지 않습니까? 교육과는 무관한 것으로 보이는 그림인 〈장님을 인도하는 장님의 우화〉로 시작하니 말입니다. 사실 이 그림은 지금으로부터 약 450여 년 전에 탄생했습니다. 절대적 미를 그린 그림이나 시대를 초월한 영혼의 세계를 그린 그림들의 가치는

〈장님을 인도하는 장님의 우화〉, 피테르 브뤼겔 더 엘드Pieter Brueghel the Elder(1525~1569), 1568.

그 작품의 시대적 배경과 상관없이 감동을 줄 수 있겠지만 이 그림은 우화를 통해 세태를 풍자한 것이기 때문에 분명 그 당시의 시대상을 반영하고 있을 것입니다. 그렇다면 이 단순한 그림은 무엇을 이야기하고 있다고 생각하십니까?

이 그림의 의미는 아무것도 모르는 사람을 지도자로 세워 그가 가는 길을 맹목적으로 따라가다 보면 결국 모두 파멸에 이른다는 것입니다. 아마도 그림을 대충만 보아도 그 내용을 쉽게 이해할 수 있을 것입니다. 브뤼겔이 자신이 사망한 지 100년 가까이 지나 발생한 '네덜란드 튤립 투기 사태'를 예견하고 이런 그림을 그렸을 리는 없습니다. 그런데도 우연히 브뤼겔의 조국 네덜란드에서 세계 투기의 대표적 사례로 기록된 튤립 투기가 발생했기에 이 그림과 튤립 투기 사태 사이에는 보이지 않는 연관성이 있어 보입니다.

1630년대 들어 경제적 상황이 최고조에 달한 네덜란드는 유럽 국가 가운데 1인당 국민소득이 가장 높았습니다.[1] 그리고 그러한 풍요는 당연히 소비와 사치, 과시욕으로 연결되었는데, 그 과정에서 발생한 사건이 바로 '네덜란드 튤립 투기 사건'입니다.

당시 네덜란드인들은 꽃의 색깔에 따라 튤립을 다양하게 분류했다. 또 위계서열에 따라 군 계급과 같은 이름을 붙였다. 최상급 꽃은 잎에 황실을 상징하는 붉은 줄무늬가 있어 '황제'라고 불렸고, 이어 '총독'과 '제독', '장군' 순으로 이름이 붙여졌다. 1624년 황제 튤립은 당시 암스테르담 시내의 집 한 채 값과 맞먹는 1,200플로린에 거래되었다.

에드워드 첸슬러, 『금융투기의 역사』, 강남규 옮김,
국일증권경제연구소, 2001, p.42.

튤립 농장도 아니고 밭도 아닌 튤립 한 뿌리에 집 한 채 값이 매겨졌다
는 것을 정상적이라고 여기는 사람은 아무도 없을 것입니다. 그러나 개인
이 주체적인 사고와 독자적인 판단을 행하지 못하고 무리의 일원이 되는
순간, 합리적 사고로부터 멀어지기 마련입니다. 그때는 이미 무리가 움직
이는 방향으로 이리저리 휩쓸려 다닐 수밖에 없기 때문입니다.

당시 네덜란드의 노동자들이 1년 동안 벌어들인 돈
은 200~400길더 수준이었다. 한 가정의 1년 생활비
는 보통 300길더 정도였다. 그런 상황에서 최고의 4
잎 가우더 튤립 한 뿌리가 20길더에서 225길더로 10
배 이상 올랐고, 10잎짜리 장군튤립은 95길더에서
900길더로 치솟았다. 노란색 평범한 튤립뿌리 1파운
드는 20길더에서 단 일주일 만에 1,200길더로 치솟
기도 했다.

에드워드 첸슬러, 『금융투기의 역사』, 강남규 옮김,
국일증권경제연구소, 2001, p.46.

□ 1. 에드워드 첸슬러, 『금융투기의 역사』, 강남규 옮김, 국일증권경제연구소, 2001, p.41.

그렇다면 이런 이야기가 약 400년 전, 네덜란드 또는 조금 더 범위를 넓힌 유럽에만 국한된 이야기이겠습니까? 그렇지 않습니다. 21세기 현재의 대한민국에서도 이와 흡사한 일이 벌어지고 있습니다. 예를 드는 게 무의미할 만큼 그러한 사례는 비일비재하지만 몇 가지를 살펴본다면, 단시간 내에 엄청난 부를 안겨주겠다고 현혹하는 불법 다단계 판매업소로부터 금요일부터 줄을 서야 살 수 있는 복권, 하루가 멀다 하고 보도되는 유명인의 도박 이야기 등 모두가 약 400여 년 전 네덜란드에서 벌어진 튤립 투기 열풍과 크게 다르지 않습니다. 그리고 그 배경에는 바로 장님의 뒤를 따라가는, 정체성도 없고 판단력도 없는 무리가 있을 뿐입니다.

여러분, 레밍 아세요? 나그네쥐인데, 한 마리가 호수를 향해 달려가면 영문도 모르고 모두 따라갑니다. 떼거리로 몰려가 이유도 모른 채 호수에 빠져 죽습니다. 친구 따라 강남 가고, 옆집 엄마 한 마디에 영어학원 보내고 피아노학원 보내고, 그래서 엄마는 아르바이트하느라 바쁩니다. 레밍은 개체 수가 늘어나면 스트레스 레벨이 올라가서 영문도 모르고 줄줄이 호수에 빠져 죽는대요. 그러나 개체 수가 어느 정도 유지되면 죽기를 멈춘다고 합니다. 우리도 인구는 많고 자원은 없다 보니 죽어라 경쟁하게 되고, 그러다 보니 옆집 엄마 한 마디에 학원으로 달려가는 것 같습니다. 이런 우리의 행동이 레밍을 연상시킵니다.

이범 외, 『굿바이 사교육』, 시사IN북, 2010, p.218.

우리 아이들이 레밍과 같은 길을 가고 있다는 상상만 해도 기분이 참담합니다. 그런 까닭에 여러분 가운데 누구도 그렇게 생각하고 싶지 않을 것입니다. 아니, 이런 비유를 드는 것 자체에 대해 불쾌하게 여길지도 모릅니다. '아무리 우리 사회의 교육이 문제가 많다고 해도 이런 비유를 하는 것은 적절치 않은 거야. 어쩌면 현실을 도외시하면서 과장하는 것인지도 모르지.' 그러나 과연 그럴까요? 어디로 가는지도 모르면서 옆집 춘향이, 앞집 심청이가 간다고 하니까 우리 집 홍길동이도 따라가야 한다고 여기는 것은 아닌지 심각하게 생각해 볼 문제입니다.

제가 강연을 다니면서 가장 많이 듣는 이야기가 하나 있습니다.

"저도 아이를 학원에 보내고 싶지 않아요. 그런데 학원을 가지 않으면 갈 곳이 없어요. 친구들이 모두 학원에 가거든요. 게다가 학원이라도 안 보내면 늘 게임에만 열중해요. 그래서 할 수 없이 학원을 보내요."

그렇습니다. 우리나라에서 학원은 공부하는 곳이 아닙니다. 학원은 아이들을 사육하는 인간동물원에 가깝습니다. 우리 아이들은 오늘날, 학원이 아니면 갈 곳이 없어 결국 길을 잃고야 마는 존재, 그곳이 아니면 함께할 동료가 없는 존재가 되어 가고 있습니다. 그래서 우리 아이들은 한 개인이 아니라 무리로 키워지는 것입니다.

2
한 발 앞서 가는 우리 아이들

우리 아이들은 우리 자신보다 더 소중한 존재입니다. 말로만 소중한 것이 아니라 실제로 그렇습니다. 여러분 가운데 아이들이 자신처럼 살기를 바라는 분은 거의 안 계실 것입니다. 그래서 우리 아이들을 키우는 일은 성스러운 행위입니다. 그 아이가 어떤 존재가 될지 우리는 알 수 없습니다. 세상 인류를 구원할 사람이 될 수도 있고, 세상 인류를 파멸로 이끌 존재가 될 수도 있습니다. 그러니 어찌 아이를 키우는 일이 성스러운 일이 아니겠습니까?

그런데도 왜 우리는 아이들을 통제하고 사육하며 인도하려고 하는 것일까요? 왜 우리는 아이를 키우는 일을 그토록 쉽게 생각할까요? 왜 성적표 한 장에 적힌 숫자 하나면 충분하다고 여기는 것일까요?

사실 저희 부모 세대에는 그렇지 않았습니다. 그분들은 우리가 공부를 잘하든지 못 하든지 우리에게 맡겨놓았습니다. 왜냐하면 그분들은 우리만큼 교육을 받지 못했기 때문입니다. 그러니 그분들은 우리를 이래라 저래라 가르칠 만한 교육적 지식을 가질 수가 없었습니다. 좋으나 싫으나 학교에, 그리고 우리 자신에게 맡겨놓을 수밖에 없었던 것입니다. 그분들이 할 수 있는 일은 정화수井華水를 떠 놓고 기도를 올리는 것이 전부였습니다.

그런데 우리는 어떻습니까? 부모 덕분에 대부분의 우리들은 고등교육이란 걸 받아보았습니다. 굳이 고등교육이 아니라도 괜찮습니다. 여하튼 학교라는 곳을 다니며 공부란 걸 해 보았고, 시험을 보았으며, 성적표라는 걸 받아보았습니다. 그래서 그 삶을 잘 압니다. 더욱 아이러니한 것은 자신이 공부를 잘 못했거나 공부를 싫어했다는 사실을 아이들 앞에서 고백하는 부모를 찾아보기 힘들다는 사실입니다.

"그럼 왜 엄마, 아빠는 공부를 못 했어?"

이런 질문을 던지는 아이는 그나마 싹수가 있는 아이입니다. 싹수가 없는 아이는 아예 질문 자체를 하지 않습니다. '자기는 못했으면서 왜 나만 괴롭히는 거야?'라고 생각할 뿐이지요.

저는 갓난아기를 별로 좋아하지 않습니다. 저는 유치원 정도 되는 아이들은 좋아하지만 아주 어린아이들은 썩 좋아하지 않습니다. 제 아이들을 키울 때도 마찬가지였습니다. 저는 아이를 잘 안지 않는 편인데 꼭 안아야 할 때가 있지요. 친척 돌잔치 같은 곳에 갔을 때입니다. 그런데 다른 사람이 안으면 방긋거리던 아이들이 제가 안으면 꼭 웁니다. 처음에는 왜 그런지 잘 몰랐는데 그게 반복되니까 알겠더군요.

저는 아이를 안을 때 사랑과 정성을 다해서 안지 않았던 것입니다. 별로 좋지는 않지만 다들 하는 거니까 나도 형식적으로라도 안아보고 "예쁘구나."라며 인사를 해야 한다고 생각했던 것입니다. 그런데 놀랍게도 태어난 지 고작 한 해밖에 안 된 아이들이 자신을 안아주는 사람의 기분을 정확히 파악한다는 것입니다. 아마 많은 어머니들은 제 이야기에 동감할 것입니다.

　초등학교 1학년이면 8살, 중학교 1학년이면 14살, 고등학교 1학년이면 17살입니다. 그런데도 우리는 그 아이들을 속이려고 합니다. 사실은 아이의 성적을 통해 주위에서 보상받고 싶은 심리를 감추고 "너를 위해 공부하라는 거야!"라며 다그칩니다. 자신들도 하기 싫었던 공부를 마치 그런 일이 전혀 없었다는 듯이 "넌 왜 그리 공부를 안 하는 거니?"라며 윽박지르기도 합니다. 자신들도 책 한 권, 아니 책 한 쪽 펴는 것보다 연속극 보고 골프 채널 들여다보고 친구들과 모여 쓸데없는 이야기나 늘어놓는 것을 즐기면서도 아이들에게는 "게임 할 시간 있으면 책 한 번 더 봐!"라고 채근합니다.

　그런데 그런 말에 아이들이 속아 넘어가겠습니까? 절대 속지 않습니다. 다만 우리 아이들이 워낙 착해서 속아주는 겁니다. 이 사실을 잊어서는 안 됩니다. 그래서 우리가 변하지 않으면 아이들 또한 변하지 않습니다. 아이들은 우리보다 딱 한 발 앞서간다는 것이 제 지론持論입니다. 내가 사기꾼으로 살면 우리 아이들은 나보다 조금 더 나쁜 사기꾼이 될 것입니다. 내가 한 달에 책 한 권을 읽으면 우리 아이들은 한 달에 두 권을 읽을 것입니다. 내가 돈에 삶의 목표를 걸면 우리 아이들은 돈에 목숨을 걸 것입니다. 내가 편법을 동원해 아이에게 상장을 안겨주면 그 아이는 평생 동안 편법의 힘을 믿고 살아갈 것입니다. 반면, 내가 정의에 목숨을 걸면 우리 아이들은 정의로운 인간으로 살아갈 것입니다.

　그러니 학원을 보내면, 끝없이 다그치면, 온갖 편법을 동원해 아이에게 스펙을 안겨주면 나와 전혀 다른 아이가 "뚝!"하고 떨어질 것이라 오해하지 마십시오. 아이들은 여러분의 말을 듣고 성장하는 것이 아니라 여러분이 걸어가는 길을 따라 성장합니다.

중국 선비들이 일찍이 만든 단어가 있습니다. '전철前轍'이라는 단어인데, 앞서 간 수레바퀴 자국을 가리키는 말입니다. 여러분도 자주 보았겠지만 수레가 되었든지, 차가 되었든지, 사람이 되었든지 그 무엇이 되었든지 앞서 간 길의 자국을 따라 가기 마련입니다.

3
현실에 바탕을 둔 삶

우리가 지금 당장 해야 할 일은 무엇일까요? 그것은 바로 세상에서 둘도 없이 소중하고 빛나는 존재인 우리 아이들을 무리 가운데 일원이 아니라 한 사람 한 사람을 하나의 우주로 키워야 하는 것입니다.

우리 아이들이 자신을 한 반 30명 가운데 12등 하는, 15등 하는, 20등 하는 누군가로만 인식한다면 그는 무리의 일원에 불과합니다. 복권을 사서 우연히 1등에 맞는 것만을 바란다든지, 노력을 해서 의대에 진학한 후 수십억 원의 돈을 벌기 위해서만 살려고 한다면 그런 아이 역시 무리의 일원에 불과합니다. 10대 초반, 아니 그보다 더 어려서부터 가수나 연예인이 되고자 날만 새면 인터넷을 뒤져 오디션을 찾고 연예인 선발 프로그램에 목을 매단다면 그 아이 또한 무리의 일원에 불과합니다. 그러나 무리의 일원으로서 가장 힘들게 사는 아이는, "어떻게 해서든 SKY^{서울대, 고려대, 연세대}만 들어가라, 그럼 네 인생이 펼 것이다."라고 외치는 부모의 자식으로 태어나 자신이 왜, 어디로, 어떻게 가는지도 모르면서 학교-학원-집을 오가며 황금 같은 10년을 보내는 아이들일 것입니다.

결국 이 시대에 아이를 키우는 우리 모두가 아이를 하나의 우주가 아니라 무리의 일원으로 전락시키는 주범인 셈입니다. 이렇게 말하면 많은 분들이 이런 질문을 하실지 모르겠습니다.

"당신이 현실을 알기나 해?"

우리가 사는 현실은 실패를 용납하지 않습니다. 그래서 어떻게 해서든 이겨야 한다고 아이들을 향해 다그칩니다. 만약 우리 아이들이 말을 할 줄 모르는 말馬과 같은 존재라면 그 아이들은 새벽부터 밤까지 채찍질을 당하고 있을 것입니다. 다만 우리 아이들은 최소한의 조건을 갖춘 인간이기에 가죽채찍질 대신 언어채찍질을 당하며 하루하루를 살아가고 있는 것입니다. 이렇게 해서는 우리의 소중한 아이들을 하나의 우주로 키울 수 없습니다. 태어날 때는 우주로 태어난 존재를 소행성, 아니 언젠가 중력에 이끌려 이름도 모르는 행성을 향해 돌진한 끝에 산산이 부서지고 말 유성으로 키우는 것이 오늘날 우리의 현실입니다. 그 사실을 저는 정말로 잘 알고 있기에 단호히 이렇게 대답할 수 있습니다.

"예, 저는 현실을 압니다!"

저는 교육학을 전공하지도 않았고, 입시 전문가도 아닙니다. 그래서 이론적인 이야기를 썩 좋아하지 않을 뿐 아니라 하고 싶어도 몰라서 못 합니다. 그러니 제가 드리는 말씀은 현실 속에서 확인한 이야기 외에는 없습니다. 어떤 현실이냐고요? 제가 강연을 다닌 것이 정확히 얼마나 되었는지 잘 기억이 나지 않지만 참 많이 다녔습니다. 초등학생부터 대학생에 이르는 우리 아이들, 학부모, 선생님, 교장선생님들을 대상으로 강연을 해왔습니다. 그리고 그 과정에서 만난 무수한 아이들과 학부모들과의 상담을 통해 알게 된 사실들은 제 믿음이 별로 틀리지 않다는 사실을 확인시켜 주었습니다. 그래서 자신 있게 말씀드리는 것입니다. 앞으로 드리는 말씀들도 다 현실에 뿌리내린 것들이요, 현실 속에서 확인된 것들뿐입니다.

4
헤드라이트가 아니라 등대로

자동차를 몰고 가다 보면 헤드라이트가 매우 요긴하게 쓰입니다. 특히 밤이 되어 캄캄한 길에 들어서게 될 때 헤드라이트 없이 운전하는 것은 거의 불가능합니다. 그런데 이 헤드라이트를 남을 위해 켜는 사람은 없습니다. 오로지 자기 앞길을 비추기 위해 켤 뿐입니다. 굉장히 밝은 빛을, 오로지 자기가 탄 차 한 대, 그것도 좌우나 뒤편은 아랑곳하지 않고 오로지 앞만 보고 나아가기 위해 사용합니다.

하지만 등대는 어떻습니까? 등대는 자신을 위해 불을 켜는 일이 없습니다. 등대는 늘 남을 위해 불을 켭니다. 헤드라이트의 크기나 생김새는 전문가가 아니면 구분할 수 없을 만큼 그게 그것인 반면 등대는 크기와 높이, 불빛에 이르기까지 무척 다양합니다. 그런데 조금만 더 세심하게 우리의 생활을 살펴보면, 우리의 일상생활 속에서도 등대와 같은 역할을 하는 물건이 무수히 많다는 사실을 쉽게 알 수 있습니다. 어두운 방에서 방문을 찾기 위해 잠깐 켜는 성냥불이나 라이터, 나아가 전기가 들어오지 않는 곳에서 사용하는 촛불 등 우리의 생활을 위해 비추어 주는 등대와 같은 역할을 하는 존재는 참으로 많습니다.

저는 우리 아이들 한 사람 한 사람이 모두 이러한 등대라는 사실을 두 가지 점에서 말씀드립니다.

첫 번째는 모든 아이들이 서로를 비추는 등대라는 사실입니다. 그 등대의 높이와 크기에는 차이가 있을지언정 모두가 등대라는 사실에는 변함이 없습니다. 人사람 인이라는 글자가 두 사람이 의지해서 서 있는 모습에서 비롯되었다는 사실을 모르는 분은 거의 없을 것입니다. 우리 사회에서 나만 빛나는 존재로 살고 다른 사람은 모두 암흑으로 살고자 하는 것은 이기적인 사람들의 바람은 될지언정 결코 이루어질 수 없는 꿈입니다. 우리가 인간인 것은 우리 모두가 이웃과 사회, 나아가 인류 모두와 얽혀 있는 존재이기 때문입니다. 원자폭탄을 이용한 전쟁으로 인해 지구가 멸망하면 아무리 내가 탁월한 능력을 갖고 있다 해도 살아날 길은 없습니다.

2001년 9월 11일, 뉴욕 한복판에서 발생한 참극은 그러한 상황을 잘 보여주는 사례입니다. 사실 그때 월드 트레이드 센터에서 근무중이던 사람들 가운데 똑똑하지 않은 사람, 공부 못 한 사람은 거의 없었습니다. 세계 금융계를 좌우하는 인재들이 모여 있는 곳이 바로 그 건물이었으니까요. 그러나 그들은 영문도 모른 채 죽어가야 했습니다. 미국이라는 나라를 둘러싸고 잠재되어 있던 폭력성이 바로 그곳에서 표출되었기 때문입니다.

우리 아이들 또한 마찬가지입니다. 내 아이만 안전하고 잘나게 키우는 것은 불가능합니다. 사회가 안전해야 우리 아이도 안전합니다. 우리 아이들이 서로서로 등대가 되어야 하는 까닭이 바로 여기에 있습니다. 능력이 뛰어난 아이는 높고 멀리까지 빛을 보내는 등대, 능력이 부족한 친구는 우리 눈앞을 비추는 촛불과 같은 등대가 되어야 합니다.

두 번째는 등대가 되기 위해 기울이는 노력이 모두 소중하기 때문입니다.

여러분께서는 공부가 무엇이라고 생각하십니까?

"이번 학기말고사에서는 중간고사보다 나은 성적을 거두어야 한다."

"지난번 수학 시험처럼 실수하지 마! 알았지?"

이런 말을 자녀에게 서슴없이 하는 나라가 대한민국입니다. 그리고 우리 아이들은 자신의 앞날을 바라보며 사는 것이 아니라 다음에 치를 시험 성적을 목표로 살아갑니다. 하지만, 입장을 바꾸어 생각해 보기 바랍니다. 만약 여러분이 자신의 미래, 꿈을 향해 나아가는 것이 아니라 눈앞에 걸어 놓은 과자조각을 향해 앞으로 나아가는 인간, 고깃덩이를 향해 달려가는 하이에나처럼 살아간다고 말이지요. 아마 견뎌내기 쉽지 않을 것입니다. 그런데도 우리는 우리 아이들에게 실수를 용납하지 않습니다. 아니, 그런 부정적인 것은 두말할 것도 없습니다. 긍정적인 것, 예를 들면 "내가 지금까지 포기했던 수학을 천천히 갈고 닦아 1년 후에는 낙제를 면할 정도로 해내고 그 이듬해에는 중간 정도로 올라가고, 또 그 이듬해에는 상위권으로 가 보자!"라며 다짐하는 자녀에게 어떤 반응을 보이시겠습니까?

"얘, 그렇게 마음먹었으면 이번 학기말고사 때부터 당장 해 봐. 성과가 나와야 재미도 있지 않겠어?"

아마 대부분의 부모들은 이렇게 이야기할 것입니다. 그러나 저는 강연 때마다 우리 아이들에게 이야기합니다.

"공부란 말이야. 등대의 벽돌을 쌓는 일이란다. 그래서 등대가 완성되기 전까지는 벽돌을 쌓는 일이 무슨 의미가 있는지조차 모를 수 있지. 그러나 자기도 모르는 사이에 등대는 점차 높아지는 거야. 그러니까 오늘 몇 시간 공부한 것이 내일 당장 성과를 내야 한다고는 생각하지 말자. 또 이번 달에 공부한 것이 다음 시험에서 좋은 성적을 낼 것이라고도 기대하지 말자. 우리는 꾸준히 벽돌을 쌓기만 하면 되는 거야. 그렇게 하다 보면 언젠가는 우리가 쌓을 만큼 다 쌓게 될 것이고, 그때 비로소 우리 등대는 완성될 테니까. 절대 공부하면서 성과가 나오지 않는다고 좌절하지 마라, 알았지?"

이런 말을 듣는 아이들의 눈빛을 본 적이 있나요? 아마 없을 것입니다. 그렇게 기다려주는 부모는 열에 하나, 아니 백에 하나나 될까 말까 할 테니까요. 그러나 인간이란 자신이 목표로 한 일에 대해서는 성과가 당장 나지 않더라도 꾸준히 나아가는 존재입니다. 그런 존재로 태어난 우리에게 지금 당장, 바로 이곳에서 즉시 성과를 내라고 밀어붙이니 OECD 국가 청소년 행복지수 최하위, 자살률 최상위 나라가 되는 것입니다.

우리 아이들에게 이렇게 말해주세요.

"공부란 벽돌을 쌓는 것이란다. 지금 당장 성과가 나타난다면 그건 네가 지으려는 등대가 무척 낮기 때문이란다. 높은 등대를 쌓으려고 뜻을 세운다면 성과는 가장 늦게 나타날지도 모른단다."

그렇습니다. 아이들은 어른들보다 훨씬 탁월하고 창의적이며 상상력이 풍부합니다. 감성은 두말할 것도 없지요. 그러니 아이들에게는 이 정도 말만 하고 믿어주십시오. 그런데 왜 우리는 우리 아이를 등대로 키우기보다 헤드라이트로 키우고자 하는 것일까요? 그것은 세상을 밝히는 빛이 되기보다 자신의 앞길만을 비추는 빛이 되기를 바라는 부모의 이기적인 마음 때문인 듯합니다. '현실적' 목표를 달성하기 위해서 말입니다.

하지만 이쯤에서 드는 의문이 하나 있습니다. 아이들에게 등대가 되라고 이야기하면 이 아이들이 자기 앞가림도 못 하는, 능력 없는 그런 인간으로 클까요? 아니면 헤드라이트처럼 남이나 이웃 따위는 아예 생각도 말고 오직 네 이익만을 위해 살라고 하면 그 아이들은 크게 성공할까요?

만약 등대가 된 아이가 자신의 앞가림도 제대로 하지 못하는 인간으로 성장한다면 인간이라는 존재는 지구상에 존재하는 그 어떤 생명체와 비교해도 나을 게 없을 것입니다.

> 타인에게 어떤 종류의 교역을 신청하는 자는 누구나 이렇게 하기를 제안한다. "내가 원하는 그것을 내게 주시오. 그러면 당신이 원하는 이것을 소유하게 될 거입니다." 이것이 바로 그러한 제안의 취지이다. 이렇게 우리는 서로 필요로 하는 호의의 대부분을 획득하는 것이다. 우리는 저녁식사를 푸줏간, 술집, 빵집 주인의 자비심에 기대하는 것이 아니라, 그들 자신의 이해(利害)에 대한 그들의 관심에 기대한다. 우리가 호소하는 것은 그들의 인류애에 대해서가 아니라, 그들의 이익에 대해서이다.
>
> 아담 스미스, 『국부론』, 유인호 옮김, 범한출판사, 1982, p.43.

이 글은 현대 사회에서 무한경쟁을 부추기는 경제학자들이 가장 많이 인용한다는 아담 스미스Adam Smith의 『국부론』가운데 한 부분입니다. 즉, 모든 인간이 이기적인 목적을 가지고 행동할 때 사회 전체의 이익 또한 극대화된다는 주장입니다. 그러나 그렇지 않습니다. 아담 스미스는 이와는 전혀 다른 이야기를 같은 책에서 하고 있습니다.

두 마리의 그레이하운드 개가 한 마리의 토끼를 쫓을 때 이따금 협동하면서 행동하는 것처럼 보이는 수가 있다. 개가 토끼를 저마다 자기편이 있는 쪽으로 몰아준다든지 또는 상대편이 자기 쪽으로 토끼를 몰아줄 때는 그 앞을 가로막고자 애쓴다. 그러나 이는 어떤 계약의 결과도 아니며, 그들의 마음이 그 시점에서 특정한 대상에 대해 우연히 경합한 결과이다.

아담 스미스, 『국부론』, 유인호 옮김, 범한출판사, 1982, p.42.

이 글을 다시 한 번 되짚어보면, 동물이 어떤 성과를 거두기 위해 협력하는 것은 의도된 것이 아니라 우연히 일어난 일이라는 주장입니다. 그러나 오늘날 특정 동물들이 자신들 종족의 보존과 생존을 위해 협동하는 것이 우연이라고 주장한다면 그 사람은 동물의 행동에 무지한 사람으로 틀림없이 낙인이 찍힐 것입니다. 동물, 나아가 식물도 자신들 종족의 보존과 생존을 위해서 서로 돕고 의지한다는 사실은 이제 보편적인 진리로 판명되었습니다. 그런데 인간은 정말 전혀 다르다고 생각하십니까? 오직 자기 자신의 이익만을 추구하며 살아가는 것이 인간의 본성이라고 생각하십니까?

'준다'는 행위의 가장 중요한 영역은 물질적인 면에 있는 것이 아니라 특정한 인간의 영역에 있다. 한 사람이 다른 사람에게 무엇을 주는가? 그는 자기 자신을 주고, 자기가 가지고 있는 것 중에 가장 귀한 것, 즉 그의 생명을 주는 것이다. 이는 반드시 타인을 위하여 자신의 생명을 희생하는 것을 의미하는 것은 아니다. 그것은 자신 안에 살아 있는 것을 아낌없이 주는 것을 의미한다. 그는 그의 기쁨을, 흥미를, 그의 이해(理解)를, 그의 지식을, 그의 유머를, 그의 슬픔을, 즉 그의 마음속에 살아 있는 모든 것들을 타인에게 주는 것이다. 이처럼 그의 생명을 줌으로써 그는 다른 사람을 풍요롭게 하며 동시에 자기 자신의 생명력을 고양시킴으로써 타인의 생명력을 고양시킨다.

에리히 프롬, 『사랑의 기술』, 고영복 옮김, 범한출판사, 1982, p.287.

　　사람은 근본적으로 자신의 이기적인 행동보다 다른 사람과의 교류, 나아가 이타적 행위로부터 더 큰 기쁨을 얻습니다. 이것이 본능입니다. 물론 성공지상주의成功至上主義 그리고 무한경쟁 속에서 이러한 이타적 본능은 인위적으로 억압되고 오직 나만의 이익을 위해 무슨 짓이라도 일삼는 행위가 합리화되는 것이 현실입니다. 하지만 그런 현실이 인간의 본능을 영원히 억압할 수는 없을 것입니다. 특히 아담 스미스가 주창한 자유경쟁에 바탕을 둔 신자유주의 경제학이 쇠퇴하고 있는 오늘날에도 그러한 이념을 신봉한다면 그의 미래는 정말로 암울할 것입니다.

오늘날 우리가 직면하는 거의 대부분의 어려운 문제는 개인적이기보다는 집단적이다. 공동체적 관점으로 우리가 직면한 가장 곤란한 어려움들-금융, 환경, 건강 등등-에 접근하자 의미 있는 해결책이 나왔다. 예를 들어 한 비영리단체는 공동체적 접근법을 사용해 크게 번영했다. 키바(KIVA)는 소액금융을 취급하여 세계에서 가장 가난한 지역에 있는 사람들에게 아주 적은 액수의 돈을 빌려주어 경제적, 사회적 변화를 일으키려고 하는 단체이다. 작은 프로젝트를 재정적으로 지원하는 것은 그동안 가능하지 않았다. 왜냐하면 소액대출은 은행이나 다른 금융기관이 제공하기에는 너무 많은 비용이 들기 때문이다. 그러나 2007년 7월 현재, 키바는 웹사이트를 이용하여 200개 나라, 37만 명 이상의 사람들에게 1억 4천 7백만 달러를 대출해 주었다. 평균 대출액은 약 200달러였으며 상환율은 98%를 넘었다.

더글라스 토마스 외, 『공부하는 사람들』 송형호, 손지선 옮김, 라이팅 하우스, 2013, pp.81~82.

과거 그 어느 때보다 더 경제 중심적인 사고, 소유 중심의 삶, 무한경쟁의 합리화 속에서 자란 젊은이들이 기성세대에 편입되고 있는 이때, 이와 같은 활동이 이루어지고 있다는 사실은 인간의 본능이 무엇인지 잘 말해

주고 있다는 반증이라 생각합니다.

그런데도 등대가 되는 우리 아이들이 성공하지 못하고, 오로지 자신의 성공만을 위해 나아가는 헤드라이트형 인간만이 성공한다고 믿으십니까? 결코 그렇지 않습니다. 가장 이기적인 인간조차도 협동 생활에서는 그 이기주의가 어느정도 약해지는 현실은 흔한 사례입니다. 우리 아이들은 우리의 예상과는 달리 남을 위해 자신의 역할이 주어질 때 더 열심히 노력할지 모릅니다. 이는 성취하고자 하는 목표가 분명하기 때문입니다. 나를 위한 50평 아파트, 나를 위한 명품 핸드백, 나를 위한 좋은 차, 나를 위한 권력 등을 가지고자 노력하는 아이들과 세상을 위한 사명, 세상을 위한 발명품, 세상을 위한 활동, 세상을 위한 수단 등을 향해 노력하는 아이들이 있다면 누가 더 자신의 목표를 분명히 설정하고 더 열심히 노력하겠습니까?

혹시 아직도 의구심을 품고 계신 분이 계시다면 다음 글을 소개하는 것으로 이 챕터를 마무리하겠습니다. 조금은 어렵더라도 인간이란 존재가 얼마나 복잡하고 섬세하며 물가치적이거나 단순한 존재가 아닌지 확인해 보는 기회가 되었으면 합니다.

우리는 상상력과 호기심을 발휘해서 우리 자신의 삶에서 '한 발 물러설' 수 있으며 '그것에 관해 알고자' 노력을 기울일 수 있다. 우리가 단지 살아 있을 뿐만 아니라 살아 있다는 것을 알게 되는 그 순간, 우리는 안다는 것을 알 수 있게 되고 따라서 우리는 좀 더 잘 알 수 있다는 것을 알게 된다. 상상할 수 있고, 호기심 넘치는 존재로서 우리는 배우고, 추구하며, 사물의 '이유'를 탐구하는 것을 결코 중지할 수 없다. 우리는 미래와 '현재 진행되고 있는 것'에 관해서 고민하지 않고는 존재할 수 없고, 나아가 무엇을 좋아하고 무엇을 싫어하며 누구를 좋아하고 누구를 싫어하는지에 관해서 고민하지 않고는 존재할 수 없다. 우리는 구체적이거나 '검증되지 않은 가능성'을 위해 싸우기 위해 어떻게 할 것인가를 고민하지 않고는 존재할 수 없다. 왜 그럴까? 그것은 우리가 '프로그램화'된 존재라고 해서 결정되어 있는 존재는 아니기 때문이다. 자신과 자신을 이끄는 삶에서 '한 발짝 물러날' 수 있는 것은 우리가 전진하는 존재이고 호기심 많은 존재이기 때문이다. 즉, 우리가 모험 정신과 '알려고 하는 열정'을 가진 존재이기 때문에 자유는 인간에게 반드시 필요하며, 이는 자유를 위한 투쟁 속에서 비록 우리가 '프로그램화'되었을지라도 결코 결정되어 있지는 않기 때문에 가능한 것이다. 그러므로 우리가 인간화를 위한 일종의 소명 의식을 가지고 살아가는 것은 '우리의 존재 방식'이다.

파울로 프레이리, 『희망의 교육학』 교육문화연구회 옮김, 아침이슬, 2002, pp.154~155.

2

우주는 어떻게
작동하는가?

1
우주는 그 안에 모든 것을 갖추고 있다

남을 따라 사는 삶, 남이 가치 있다고 인정하는 삶, 남의 시각에 맞추어 사는 삶은 본질적으로 우리가 사는 것이 아닙니다. 그건 남이 사는 것일 뿐, 그렇게 살면 우리는 그들의 시각에 따라 춤추는 꼭두각시에 불과하기 때문입니다. 그렇다면 우리 스스로 독자적인 우주로 살아가기 위해서는 어떻게 해야 할까요?

우주의 특징은 '그 자체로서 완성된 것'이라는 사실일 것입니다. 그런데 사람에 따라서는 우주라는 존재가 참으로 불합리한 것이요, 미완성인 것으로 여길 수도 있을 것입니다. 그러나 불합리하고 미완성이라는 특성 또한 완성을 구성하는 한 요소일 것입니다. 따라서 모든 인간이 개별적으로 우주라면 그들 또한 자신의 내면에 모든 것을 갖추고 있을 것이 분명합니다. 물론 내면에 많은 문제를 품고 있을지도 모릅니다. 질병, 고통, 절망, 불합리, 미완성 같은 요소들 말입니다. 그러나 그런 것조차 품고 있기에 우리 모두는 완결된 존재인 것입니다. 우리 아이들 또한 부족한 능력, 좌절, 절망, 고통, 반항 같은 요소를 품고 있겠지만 이는 하나의 우주로서 당연히 존재하는 요소인 것입니다. 그런데 우리는 우리 아이들에게 그 어떠한 것도 부족하거나 불완전하지 않을 것을 요구합니다. 그리고 이로부터 모든 교육의 불행은 싹을 피웁니다.

　다음의 〈TEST〉 표를 가지고 우리 아이의 특성을 한번 살펴보도록 하겠습니다.

■ TEST ■

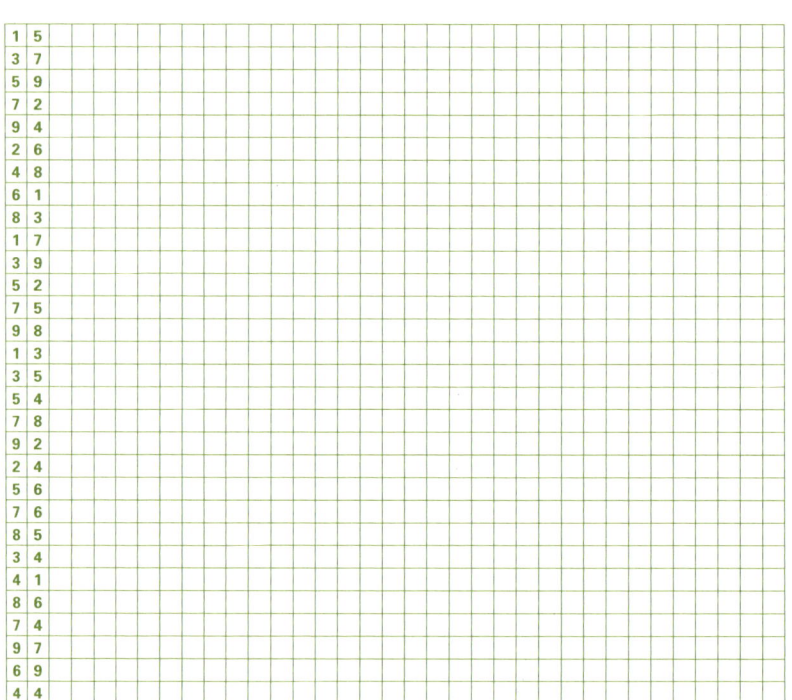

〈표 1〉

아이들이 빈칸에 숫자를 쓸 수 있을 만큼 이 표를 확대해서 나누어 주십시오. 그리고 "시작!"과 함께 맨 첫 줄의 주어진 두 숫자를 합해서 다음 칸에 쓰도록 하십시오. 정답은 6입니다. 그런 다음에는 두 번째 숫자 5와 세 번째 숫자 6을 합한 다음 10을 제외한 나머지 숫자를 쓰도록 하십시오. 정답은 11이므로 써야할 숫자는 1입니다. 이렇게 계속 쓰도록 하게 합니다. 전체는 30줄이고 옆으로 나아가는 칸수는 35칸입니다. 한 줄을 쓰는 데는 30초의 시간이 주어집니다. 그렇게 하면 전체를 써내려가는 데는 모두 15분이 걸리게 됩니다.[2] 이 실험을 할 때는 30초가 지나면 반드시 다음 줄로 넘어가야 한다는 사실을 미리 알려주어야 합니다. 두 번째 유의사항은 실험을 하는 동안에는 쉬지 않고 15분 동안 지속적으로 이루어져야 합니다.

이와 같은 방법으로 진행한 후 결과를 살펴보십시오. 이때 중요한 것은 답이 맞았느냐 맞지 않았느냐가 아닙니다. 물론 대부분의 답을 아무 숫자나 써 넣었다면 그건 규칙을 어긴 것이기 때문에 실험 결과 또한 무의미 하겠지만 전체 가운데 몇 개가 틀렸다면 그건 중요한 것이 아니라는 것입니다. 이 실험은 계산 능력을 알고자 하는 것이 아니기 때문입니다.

이번엔 〈그림 1〉~〈그림 6〉을 함께 살펴보겠습니다.

---

2. 이 표는 초등학생을 기준으로 한 것이고, 중고등학생의 경우에는 가로 칸을 60칸, 세로 줄을 50줄로, 한 줄에는 1분을 주어 모두 50분 동안 실험을 진행하도록 합니다.

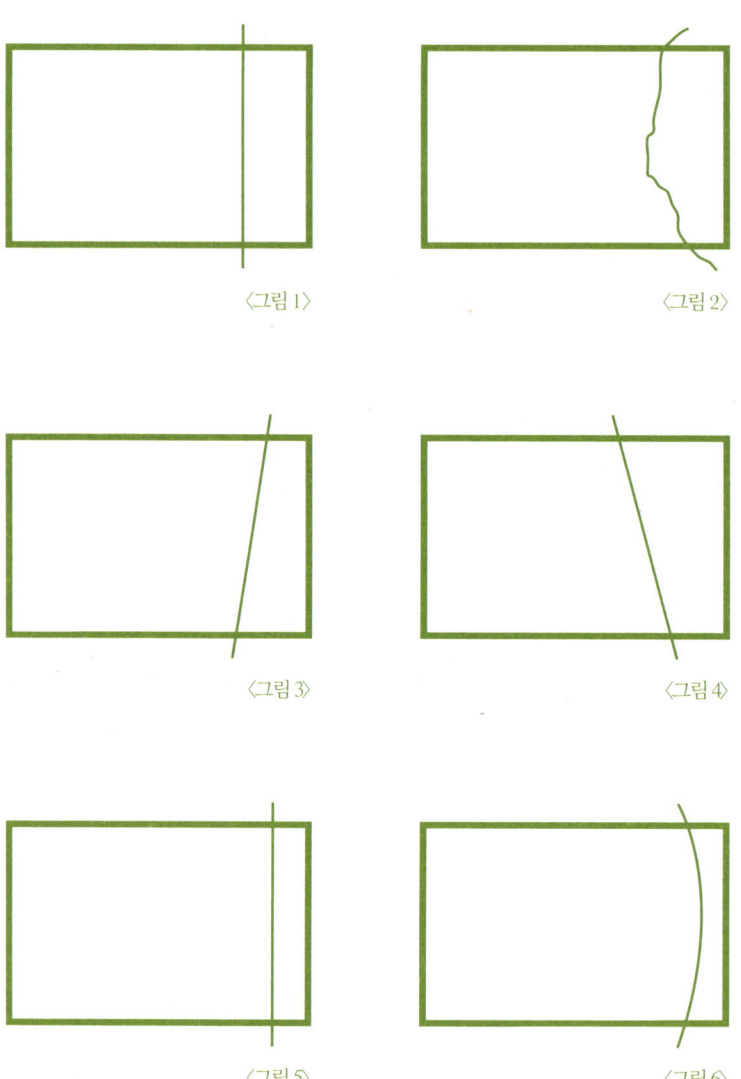

〈그림 1〉

〈그림 2〉

〈그림 3〉

〈그림 4〉

〈그림 5〉

〈그림 6〉

마지막으로 쓴 숫자의 칸을 선분으로 이으면 대략 〈그림 1〉~〈그림 6〉과 같은 모양이 될 것입니다. 물론 이 외에도 여러 형태가 있을 수 있겠지만 대표적으로 표기한 것입니다. 대부분의 부모들은 자신의 아이가 〈그림 5〉처럼 처음부터 끝까지 거의 모든 칸을 채우기를 바랄 것입니다. 하지만 가장 바람직한 아이는 〈그림 4〉와 같은 모습일지 모릅니다. 처음에는 부족하지만 시간이 갈수록 더 나은 결과를 낳는, 성실하고 집중력이 좋은 아이 말입니다. 이 실험에서 볼 수 있듯이 우리 아이들 가운데 우리가 생각하는 완벽한 아이는 거의 없습니다. 모두들 능력이나 성실성, 인내력, 집중력 등 어느 한 부분에서 부족한 부분을 가지고 있기 때문입니다. 그리고 그러하기에 인간입니다.

이 실험을 여러분의 뜻대로 완벽하게 해낼 수 있는 것은 오로지 컴퓨터밖에 없을 것입니다. 감정의 기복도 없고 희망과 절망의 차이도 모르며, 가끔은 일탈하는 인간적 성향을 갖지 않은, 그냥 기계 말입니다. 하지만 우리는 인간이기에 모든 아이들의 실험 결과가 다르게 나타나는 것입니다. 그러므로 우리 아이가 어떤 모양을 나타내든지 그건 우리 아이가 오직 하나뿐인 우주라는 사실을 알려주는 것임을 꼭 알아야 할 것입니다.

2
우주는 스스로 자신의 작동 방법을
깨닫기 마련

우주가 작동할 때 그 작동을 임의로 바꾸려고 하는 사람은 결코 성공할 수 없습니다. 우주는 그 자체로서 완결성을 이미 갖추었기 때문입니다. 아무리 무질서해 보이더라도 우주는 그 자체로서 완결된 존재입니다. 우리 아이가 독자적인 우주라면세상 그 어떤 존재와도 우리 아이는 바꿀 수 없고, 같을 수 없으며 대체될 수도 없습니다 당연히 우리 아이 또한 완결된 존재입니다. 따라서 우리 눈에는 뭔가 이상하게 작동하는 것처럼 보인다 해도 결국 그 우주는 제 길을 찾아 작동할 것입니다. 그래서 우리가 이제 앞으로 해야 할 일은 하나의 우주인 우리 아이가 스스로 작동할 수 있도록 믿고 바라보는 것입니다.

어떤 순간에 사람이 얼마나 많이 배울 수 있는가는, 해야 할 일과 그 일을 해낼 자신의 능력에 대해 어떻게 느끼는가에 달려 있다. 스스로 강하고 능력이 있다고 느낄 때에는 어려운 임무에도 쉽게 뛰어들 수 있다. 어려움은 우리를 좌절시키지 못한다. 우리는 이렇게 생각한다. '머지않아 해내고야 말 거야.' 하지만 또 어떤 때는 이런 식으로밖에 생각하지 못한다. '난 결코 이 일을 해낼 수 없을 거야. 나한텐 너무 어려워. 이런 종류의 일은 한 번도 잘해낸 적이 없어. 그런데도 왜 이 일을 해야 하지?' 등등. 학습자가 어떤 기분에 젖어 있는지를 감지하는 능력도 가르치는 이가 터득해야 할 중요한 기술 중 하나다. 그러니 우리가 해야 할 일은, 아이가 잠시 물러서서 압박감이 사라질 때까지 기다릴 수 있도록 기운을 북돋아주고 위로를 해주는 것이다. 그 일로 다시 돌아갈 에너지와 용기를 되찾을 때까지 말이다. 시간을 주라. 때가 되면 그들은 분명히 그렇게 한다.

존 홀트, 『아이들은 어떻게 배우는가』, 공양희 외 옮김, 아침이슬, 2007, pp.73~74.

부족하기에 인간이고 부족하기에 배워야 한다는 사실을 우리 아이들, 아니 우리 모두는 잘 알고 있습니다. 그렇기 때문에 아이들이 스스로 부족하다는 사실을 깨닫고 자신의 부족함을 어떻게 채워야 하는지 알 때까지 기다려야 하는 것입니다. 부족하다는 사실을 아무리 깨달은 사람이라도 옆에서 강제로 무언가를 채워 넣으려 한다면 이를 거부하고 저항하기 마련입니다. 그가 독자적인 인격과 판단력, 사고력을 갖추었다면 말입니다.

좁은 공간에 쥐를 여러 마리 함께 가두어놓으면 쥐
들의 행동이 거의 모든 점에서 뚜렷하게 악화된다는
사실이 연구를 통해 밝혀졌다. 조련사가 쥐에 대해
어떤 감정을 갖고 어떻게 느끼는가에 따라 쥐들의
임무 수행 능력이 엄청나게 달라질 수 있다는 사실
도 다른 실험을 통해 드러났다. 동일한 쥐를 놓고 조
련사가 영리하다고 말해주었을 때와 둔하다고 말했
을 때, 영리하다고 칭찬해준 그 쥐는 임무를 훨씬 잘
수행했다.

존 홀트, 『아이들은 어떻게 배우는가』, 공양희 외 옮김, 아침이슬,
2007, p.25.

아이들이 기계가 아니라는 것은 분명한 사실입니다. 그러나 우리는 무
의식중에 우리 아이들을 기계로 취급하고 있는 것은 아닌지 한 번쯤 짚어
볼 문제입니다. 이와 관련한 다음 글은 우리에게 많은 생각을 하도록 합니
다. 아이들을 새벽부터 밤까지 학교-학원-과외-학습지로 연결되는 단선
형單線形 삶의 궤적에서 한 치도 벗어나지 못하게 만드는, 그 이면裏面의 무
서운 논리가 결국 아이들뿐 아니라 우리 삶까지도 지배하고 있음을 깨닫
게 해 주기 때문입니다. 그리고 우리 사회를 움직이게 하는 그 지배 시스템
이 결국 아이들의 삶에 영향을 미치고 있음을 알고 나면 우리 교육 시스템
에 대해 다시 한 번 생각하게 될 것입니다.

새로운 상품을 시중에 내놓으면서 산업자본은 우리에게 시간이 흘러갔다는 사실을 받아들이라고 강요한다. 산업자본이 신제품으로 만든 새로운 시간 차이가 바로 유행이다. 유행은 다른 사람보다 우월하고 싶은 인간의 허영을 자극한다. 새 옷을 입거나 신형차를 몰 때, 우리는 자신이 유행에 뒤떨어진 옷이나 차를 가지고 있는 사람보다 우월하다는 착시 효과에 빠지게 되는 것이다. 유행을 선도하는 산업자본은 살아남아 번성할 테지만, 그렇지 않고 한때의 영화(榮華)에 취해 있는 산업자본은 무자비하게 도태할 수밖에 없다. 한때 휴대폰 시장을 장악했던 '노키아'라는 회사가 스마트폰의 유행 앞에서 도태되는 것도 이러한 이유에서다. 결국 새로운 유행을 만드는 기술 혁신은 산업자본으로서는 사활을 건 문제일 수밖에 없다. 이런 산업자본의 내적 메커니즘에 부응하기 위해 대학을 포함한 연구기관도 세분화되고 전문화된 인력을 양산(量産)하는 방향으로 변할 수밖에 없다. 좌우지간 열 개를 연구하는 것보다 한 개만을 연구할 때, 기술 혁신에는 더 유리할 테니까 말이다. 따라서 산업자본이 발달할수록, 종합적이며 전인적인 교육은 와해될 수밖에 없다. 산업자본은 분업체계의 한 구석을 담당할 수 있는 전문교육을 선호하니까 말이다. 산업자본 사이의 경쟁이 치열할수록 이런 경향은 강화될 수밖에 없다. 그 부작용이 아마도 인간을 총체적으로 이해하려는 인문학의 퇴조라고 할 수 있다. 대학에서, 그리고 직장에서도 이제 우리는 새로운 기술 혁신을 강요받는 존재로 변하게 된다. 그럴수록 우리는 기술 혁신이란 자본의 명령을 생존의 명령으로 수용할 수밖에 없다. 자기 개발과 자기 혁신은 생존을 위한 불가피한 사명이 된 지 오래다. 면접 때 우리는 자신이 자본이 원하는 능력을 가지고 있다는 것을 고해성사했다. 그렇지만 이런 고해성사는 이제 상시적인 일이 되었다. 매번 우리는 자신이 월급을 받을 만한 사람이라는 것을 입증해야 하기 때문이다.

서동욱 외, 『한평생의 지식』, 민음사, 2012, pp.142~143.

우리가 아이들을 기계와 같은 삶을 살도록 무의식중에 강요하는 이면에는 우리 스스로 그렇게 살지 않으면 생존을 보장받지 못한다는 위기의식이 자리하고 있기 때문일지도 모릅니다. 그렇다고 해서 스스로가 삶의 주인으로 살 수 없는 현실을 핑계로 우리 아이들을 그 숨 막히는 체제 안에 꾸겨 넣는 행동이 합리화될 수는 없는 노릇입니다. 잘못된 방식은 바꾸어야 하고, 잘못된 시스템이 있다면 그 시스템을 개혁하여 더 나은 사회로 만드는 것이 자신의 삶을 살아가는, 정체성을 갖춘 인간이기 때문입니다. 우리 아이를 비롯해 우리 스스로 또한 대체할 수 없는 우주이기 때문에 충분히 그렇게 할 수 있습니다.

3

등대 세우기

1
공부, 물론 잘해야 한다

제가 강연을 하게 되면 그 때마다 강조하는 내용이 있습니다.

"우리 아이들, 공부를 잘해야 합니다. 교육 현실이 좋지 않다고 해서 그 현실을 피해 산 속에 들어가 내 아이만 행복하도록 살게 해서는 안 됩니다. 교육 현실만 좋지 않은 게 아니라 우리가 사는 이 세상 전체가 그리 좋은 것만은 아닙니다. 분노와 절망, 비합리와 불법, 부정과 불의가 판을 치고 있는 게 현실이기 때문입니다. 그렇다고 이 현실을 떠나 어디로 간단 말입니까?"

하지만 이런 형편없는 현실을 만든 게 누구입니까? 기성세대인 바로 우리 어른들입니다. 기성세대의 천박하고, 이기적이며, 무지한 행동의 결과로 우리 아이들이 행복지수 최저 수준, 자살률 최고 수준의 고통을 받고 있는 것입니다. 그런데 이런 세상을 만든 것이 기성세대이기에 이것을 개선하기 위해 힘써야 하는 것도 당연히 기성세대이어야 합니다만 죄송하게도 기성세대는 아이들 앞에서 '실패했다'고 고해성사를 해야 하는 게 또한 현실입니다. 우리는 아이들에게 이렇게 이야기해야 합니다. "미안하다, 얘들아. 우리가 잘못해서 너희의 미래를 이토록 참담하게 만들었구나. 그러니 지금이라도 너희 스스로 나서서 더 나은 사회, 더 나은 세상을 만들도록 힘써야 한다."고 말입니다. 그런데 현실적으로 그렇게 하기 위해서는 무엇부터 해야 할까요?

아무리 부정하고 싶어도 '공부를 잘해야 한다'는 사실은 부정할 수가 없습니다. 공부를 잘해야 의사가 되어 고통 받는 이웃들을 위해 밤을 새며 그들의 아픔을 줄여줄 수 있는 참된 의사가 될 수 있습니다. 공부를 잘해야 법관이 되어 유전무죄有錢無罪, 무전유죄無錢有罪라는 말을 뿌리째 뽑아버릴 수 있습니다. 공부를 잘해야 변호사가 되어 사회 탓에 범죄자가 될 수밖에 없는 이웃들을 위해 한 줄기 빛을 비추어줄 수 있습니다. 공부를 잘해야 공무원이 되어 시민이 낸 세금을 소중히 사용해서 더 이상 불법적 정상모리배政商謀利輩들이 발붙이지 못하게 할 수 있습니다. 공부를 잘해야 뛰어난 교육자가 되어 제대로 된 교육을 통해 더 많은 등대를 키워낼 수 있는 것입니다.

공부를 안 하고 세상을 바꿀 수 있는 방법은 아무리 생각해도 떠오르지 않습니다. 그러니 우리 아이들을 공부를 잘하는 아이들로 키워야 합니다. 다만 행복한 1등으로 키워야 한다고 말하고 싶습니다. 불행 속에서 탐욕에 찌든 채, 학원에서 부모가 시키는 대로 기계처럼 공부만 하여 1등이 되는 아이는 커서도 결코 사회에 이바지하지 못할뿐더러 본인 스스로도 행복할 수 없습니다. 그들은 아마 돈만 밝히는 사람이 되거나 탐욕스러운 정치인이 되어 급기야는 폴리스라인에 서서 온갖 변명을 늘어놓는 신세가 될지도 모릅니다.

제 주장이 어쩌면 너무 과격하고 편파적으로 보일 수도 있을 것입니다. 그러나 저는 다른 방식을 찾기 힘들었습니다. 그래서 말 그대로 행복하게 지성의 샘을 파는 아이들을 위한 방법을 찾고 싶었습니다.

저는 학습지야말로 전형적인 사교육이면서 가장 문제가 많은 교육 방식이라고 봅니다. 우선 매일 점검하는 형식 때문에 주로 문제풀이 형태로 공부하는 것이 한 가지 문제점입니다. 학교에서도 두 달 정도 설명(수업)을 한 다음 시험을 봅니다. 그런데 매일 시험을 보는 형태의 공부라면 압박도 압박이지만 공부 자체가 '운전면허 시험공부' 같은 형태로 바뀝니다. 이해를 못해도 문제는 풀 수 있는 형태로 말이죠. 또 다른 문제점은 단계를 세분화해서 한 단계씩 차례차례 올라가도록 하는 것이 어떤 성격의 아이들에게는 창의력이나 의욕을 감퇴하게 만든다는 점입니다. 성격에 따라서는 전체를 파악한 다음에야 세부를 뚜렷하게 이해하고 기억하는 아이들도 있기 때문입니다. 그런데 가장 중요한 문제점은, 아이의 입장에서 보면 엄마는 어디 가고 '계모'가 나타난 것입니다. 작은 문제 하나하나마다 평가를 하고 끊임없이 지적하고 점검하는 현실이 벌어지니까요. 학습지 때문에 아이들은 엄마를 잃어버린 것입니다. 무조건적으로 신뢰할 수 있는 엄마, 내가 잘못했을 때에도 나를 끌어안아 주고 믿어줄 수 있는 엄마가 사라진 것입니다. 큰 틀에서 아이가 공부하는 활동에 관심을 갖지 않고 작은 활동에 평가를 한다면 아이는 숨쉬기도 힘들 것입니다.

유영호, 『우리 아이 12년 공부계획』, 서해문집, 2014, pp.78~80.

교육 전문가인 유영호의 이 글은 그 공부의 성격이 무엇인지는 차치하고라도 공부를 하는 것이 당연한 학생들에게 공부를 권하는 것이 왜 비난받을 수도 있는지 확인시켜주고 있습니다. 우리 사회는 공부의 본질이 아니라 결과에 목숨을 걸고 있습니다. 그렇다 보니 우리 아이가 제대로 공부를 해서 인격적인 측면에서 바람직한 인간으로 성장하느냐에 관심을 갖는 부모는 그리 많아 보이지 않습니다. 공부보다는 바람직한 인간, 나아가 행복한 삶을 사는 아이로 커주길 기대하는 부모와 바람직한 인간이니 행복 따위의 허황된 단어는 휴지통에 버리고 오직 SKY, 의대, 로스쿨만 들어가 준다면 메피스토펠레스Mephistopheles[3]와 거래도 서슴지 않을 부모, 이렇게 두 종류의 부모가 우리 사회를 양분하고 있는 것입니다.

그런데 이러한 상황에서, 행복하게 공부하면서도 좋은 성과를 낼 수 있다고 주장하는 사람이 있다면 비웃음을 사기 쉬울 것이라는 사실을 저도 잘 압니다. 그러나, 그렇다고 해서 제 생각을 굽히고 싶은 마음은 전혀 없습니다.

책은 그 한 권 한 권이 지식의 창고이다. 우리가 필요해서 읽는 책에는 우리의 필요를 채워줄 지식이 가득할 것이다. 그래서 책은 그 한 권 한 권이 지식의 보고(寶庫)가 된다.

그렇기에 사람들은 어릴 때부터 책을 읽기 시작하면서 책으로 자라게 된다. 아니, 책을 읽기 전부터 이미 책을 통해서 자라게 된다. 부모나 형이나 누나가 책을 통해서 얻은 것을 들려주면 아이는 그 이야기를 들으면서 호기심을 채우고 교양도 쌓아간다.

하지만 책은 사람들의 머리, 교양 그리고 지식만을 자라게 하는 데서 그치지 않는다. 그들의 감성도, 정서도, 감정도 자라게 한다. 책은 사람들 가슴에도 영양분을 공급한다. 그러니 사람들은 머리와 가슴으로 책을 먹으면서 자란다고 말해도 지나치지 않을 것이다. 그래서 한 권의 책은 그것을 읽은 한 사람의 이력서에서 일부를 차지하게 될 것이다. 즐겨서 읽고 또 읽은 책은 한 인간의 이력 속에, 그 개인의 역사 속에 깊이 사무치고 있을 테니까.

김열규, 『공부』, 비아북, 2010, pp.75~76.

공부란, 그 출발이 '의무'가 아니라 '호기심'입니다. 나를 둘러싼 모든 사물이 무엇이고 어떻게 작동하며 그 내부에는 무엇이 존재하는지 궁금해 하는 것은 호모사피엔스사피엔스^{지혜롭고 지혜로운 사람}인 현생인류의 본능에 가까운 성향입니다. 그래서 처음 책을 접하는 것이 재미를 추구하는 행동이라는 사실을 모르는 사람은 아마 없을 것입니다. 서너 살 유아들이 책을 펴는 것이 의무 때문이라고 여기는 사람이 당연히 없는 것처럼 말입니다.

☐ 3. 파우스트와 계약을 맺어 그 혼을 손에 넣었다고 알려진 독일의 유명한 악마.

2
오늘날 공부는 공부가 아니라
단순한 숙제일 뿐

오늘날 괴상한 공부법이 삶의 조화로운 일체성을 토막 내고 있습니다. 사람들은 교육을 받는답시고 인생의 첫 십오 년 혹은 이십 년을 통째로 쓰면서도, 살아가면서 일상적으로 해야 할 일들은 회피합니다. 그 뒤에는 책가방과 함께 자신이 받은 교육을 모조리 내팽개쳐 버리고 남은 나날들은 오로지 생계를 유지하는 일에만 골몰합니다.

이는 자연의 순리에 어긋납니다. 아이 어른 할 것 없이 그 누구도 자그마한 아기가 어떻게 해서 완전히 다 자란 어른이 되는지를 굳이 생각해볼 필요는 없습니다. 아이들의 몸은 날마다 조금씩 자라나기 때문에 그 차이를 거의 알아차리지 못합니다. 아이가 잠자리에 들 때는 육십 센티미터였다가 이튿날 아침 깨어날 때 팔십 센티미터가 되는 것이 아닙니다. 그러나 지금의 교육 체계에서 한 개인은 학교를 마치

는 해의 마지막 날까지 자기 삶의 일상적인 일들에
대해 아무런 책임도 지지 않다가, 마지막 해가 지나
고 그 다음 해의 첫날이 밝아오면 자기 일에 대해서
모든 책임을 질 준비가 되어 있어야 합니다.

비노바 바베, 『아이들은 무엇을 어떻게 배워야 하는가』,
김성오 옮김, 착한책가게, 2014, pp.39~40.

간디의 제자 비노바 바베가 쓴 이 오래된 책, 게다가 멀리 인도라는 곳
에서 출간된 이 책의 내용이 21세기 대한민국 교육 현실과 어쩌면 이리도
딱 맞아떨어지는지 섬뜩하기까지 합니다.

사실 이 책은 현대의 기능적 교육에 대해 근본적인 질문을 던지는 내용
으로 가득합니다. 그래서 어떤 면으로 보면, 이 책의 내용은 오늘날 바람직
한 교육의 방향을 탐구하는 데는 쓸모가 없을 수도 있습니다. 그러나 모든
해결방안은 본질을 상정想定한 다음, 그의 변주變奏를 통해 추출할 수 있는
것입니다. 본질도 모르는 상태에서 해결방안을 찾을 수 있다고 믿는다면
그건 하나의 만용일 것입니다.

논지의 초점은 책에 함몰된, 지적(知的)으로 편중된,
그리고 정서적으로 불안한, 경쟁에 익숙한, 독백적이
며 비협력적인, 능동적 적응력과 비판적·창조적 사
고력을 상실한, 지역사회 안에서 자립적이지 못한 괴

이한 인간을 양산하고 있는 학교에 대한 비판에 모아져 있습니다. 하지만 이 문제의식은 인도에 국한되지 않고, 현대 유수한 국가들의 교육 상황에도 상당 부분 들어맞는다고 할 수 있습니다. 이를테면 그 관점은 현대 미국 교육의 맹점을 간파한 존 테일러 게토(John Taylor Gatto)의 물음, 즉 "왜 우리는 교육을 받을수록 멍청해지는가?"라는 물음과도 맞닿아 있습니다. 이는 세계 여러 나라에서 이루어지는 현대 교육의 결함을 가차 없이 지적하는 것이며, 그런 점에서 현 상황의 철저한 전환을 촉구하는 목소리입니다. 오늘날 이에 상응하는 주제로는 주체성, 자기주도 학습, 자유 교육, 민주시민 교육, 생태적 교육공동체, 노작(勞作) 교육, 예술 교육, 몸, 생활 교육, 홀리스틱 교육(Holistic Education),[4] 영성 교육, 여성 교육 등을 들 수 있습니다.

비노바 바베, 『아이들은 무엇을 어떻게 배워야 하는가』,
김성오 옮김, 착한책가게, 2014, pp.6~7.

수십 년 전에 비해 훨씬 오랜 시간 공부하고 그 내용 또한 훨씬 깊이 있는 내용을 배우는 오늘날 대한민국 청소년들의 수준이 예전 청소년에 비해 나아졌다고 여기는 교육 전문가가 과연 얼마나 될지 의문이 드는 게 사실입니다. 게다가 영, 유아 시절에는 모두가 영재처럼 보이던 아이들이 시간이 지날수록 자기 앞가림조차 하지 못하는 의타적 인간이 되고, 비판적 창의력이니 어려운 상황에서도 능동적으로 적응해서 문제를 해결해 가기는커녕 성인이 되어서도 부모 품을 벗어나지 못하는 경우도 많습니다. 이런 상황에서 공부를 즐기라고 말하는 것은 허공에 대고 독백하는 것에 불과합니다.

　　다음의 문제는 2015년 수학능력시험 국어영역 문제 가운데 일부입니다. 독자 여러분 가운데 수학능력시험 문제를 풀어보신 분이 계신지 궁금합니다. 저는 제가 좋아하는 과목의 문제는 풀어봅니다. 제가 수능을 푸는 까닭은 단순합니다. 요즘 수학능력시험문제의 경우에는 재미있고 새로운 지문들이 자주 등장합니다. 게다가 문제에 비해 지문의 길이가 무척 길기도 합니다. 그래서 모든 책을 다 읽을 수 없는 상황이라서 요즘 시대의 화두가 되는 내용들은 무엇인지 알고자 한다면 수능에 출제되는 지문을 읽는 게 도움이 될 것이라고 여기기 때문입니다. 젊은이들의 능력을 평가하는 문제에 인용하는 글들은 아무래도 오늘의 시대를 이해하고 해석하는 데 도움이 되는 내용이 많을 듯합니다.

■ **4.** 분화된 교육이 아니라 전체적이고 포괄적으로 접근하는 교육 방식.

[31~33] 다음 글을 읽고 물음에 답하시오.

가)

해ㅅ살 피여
이윽한* 후,

머흘 머흘
골을 옮기는 구름.

길경(桔梗)* 꽃봉오리
흔들려 씻기우고.

차돌부리
촉 촉 죽순(竹筍) 돋듯.
물 소리에
이가 시리다. ─┐ㄱ

앉음새 갈히여
양지 쪽에 쪼그리고,

서러운 새 되어
흰 밥알을 쫏다.

─ 정지용, 『조찬(朝餐)』 ─

* 이윽한 : 시간이 지난.
* 길경 : 도라지.

(나)

파초는 언제 보아도 좋은 화초다. 폭염 아래서도 그의 푸르고 싱그러운 그늘은, 눈을 씻어줌이 물보다 더 서늘한 것이며 비오는 날 다른 화초들은 입을 다문 듯 우울할 때 파초만은 은은히 빗방울을 퉁기어 주렴(珠簾) 안에 누웠으되 듣는 이의 마음 위에까지 비는 뿌리고도 남는다. ㉡가슴에 비가 뿌리되 옷은 젖지 않는 그 서늘함, 파초를 가꾸는 이 비를 기다림이 여기 있을 것이다.

오늘 앞집 사람이 일찍 찾아와 보자 하였다. 나가니

"거 저 큰 파초 파십시오." 한다.

"팔다니요?"

"저거 이젠 팔아버리셔야 합니다. 저렇게 꽃이 나온 건 다 큰 표구요, 내년엔 영락없이 죽습니다. 그건 제가 많이 당해 본 걸입쇼." 한다.

"죽을 때 죽더라도 보는 날까진 봐야 않소?"

"그까짓 인제 뭐 달 더 보자구 그냥 두세요? 지금 팔면 올엔 파초가 세가 나 저렇게 큰 건 오원도 더 받습니다…… 누가 마침 큰 걸 하나 구한다뇨 그까짓 슬쩍 팔아 버리시죠."

생각하면 고마운 말이다. 이왕 죽을 것을 가지고 돈이라도 한 오 원 만들어

쓰라는 말이다. 그러나 나는 마음이 얼른 쏠리지 않는다.

"그까짓 거 팔아 뭘 허우."

"아, 오 원쯤 받으셔서 미닫이에 비 뿌리지 않게 챙*이나 해 다시죠."

그는 내가 서재를 짓고 챙을 해 달지 않는다고 자기 일처럼 성화하던 사람이다.

나는, 챙을 하면 파초에 비 맞는 소리가 안 들린다고 몇 번 설명하였으나 그는 종시 객쩍은 소리로밖에 안 듣는 모양이었다.

그는 오늘 오후에도 다시 한 번 와서 "거 지금 좋은 작자가 있는뎁쇼 …….” 하고 입맛을 다시었다.

정말 파초가 꽃이 피면 열대 지방과 달라 한번 말랐다가는 다시 소생하지 못하는지도 모른다. 그러나 내 마당에서, 아니 내 방 미닫이 앞에서 나와 두 여름을 났고 이제 그 발육이 절정에 올라 꽃이 핀 것이다. 얼마나 영광스러운 일인가!

― 이태준, 「파초」 ―

* 챙 : 햇빛이나 비를 막기 위해 처마 끝에 덧붙이는 좁은 지붕.

31. (가)에 대한 설명으로 적절하지 않은 것은?

① 선경후정의 방식을 활용하여 시상을 전개하고 있다.

② 모든 연을 2행으로 구성하여 형태적 통일성을 추구하고 있다.

③ 제2연에서는 명사로 연을 마무리하여 사물의 정적인 모습을 강조하고 있다.

④ 제2연에서 제3연으로 전개되면서 화자의 시선이 원경에서 근경으로 이동하고 있다.

⑤ 제4연에서는 비유적 표현을 활용하여 사물에 동적인 이미지를 부여하고 있다.

32. ㉠과 ㉡을 비교한 내용으로 가장 적절한 것은?

① ㉠은 청각을 촉각으로, ㉡은 촉각을 시각으로 전이시키고 있다.

② ㉠은 화자가 ‘구름’을, ㉡은 ‘나’가 ‘폭염’을 기다리는 이유를 나타내고 있다.

③ ㉠은 화자의, ㉡은 ‘나’의 감각적 경험이 정서를 자극하는 양상을 표현하고 있다.

④ ㉠은 ‘물’과 화자의 공통점을, ㉡은 ‘파초’와 ‘다른 화초’의 공통점을 드러내고 있다.

⑤ ㉠은 화자가, ㉡은 ‘나’가 고통에서 벗어날 수 있는 미래를 기대하는 근거로 제시되고 있다.

33. 〈보기〉를 바탕으로 (가), (나)를 감상한 내용으로 적절하지 <u>않은</u> 것은?

─────〈보 기〉─────

정지용과 이태준은 자연에 대한 관심을 서로 다른 방식으로 표현한다. 정지용은 『조찬』 같은 후기 시에서 자연을 초월과 은둔을 꿈꾸는 이상적 세계로 묘사하고 그에 대한 지향을 드러낸다. 하지만 자연은 현실의 번뇌와 억압으로 인해 그러한 지향이 좌절되는 공간으로도 나타난다. 한편 이태준은 『파초』 같은 수필에서 자연물과의 교감을 시도한다. 그에게 자연물은 속물적인 현실과 거리를 두게 하는 대상이며, 그는 그것들에 대해 심미적 감상의 태도를 드러낸다.

① (가)에 제시된 서러움이라는 정서는 현실의 번뇌로 인해 초월의 어려움을 자각한 데서 비롯된 것으로 볼 수 있겠군.

② (나)에서 '나'가 '앞집 사람'의 제안을 거절하는 이유는 '나'가 파초를 통해 얻는 경제적 이득보다 파초 자체를 감상하는 데 더 큰 가치를 부여하고 있기 때문이겠군.

③ (가)의 화자는 '새'를 통해 자신의 서러운 처지를 드러내고 있고, (나)의 '나'는 파초를 자신과 함께 살아가는 존재로 여김으로써 자연물과의 교감을 드러내고 있군.

④ (가)의 '흰 밥알'은 자연 속에서도 떨쳐버릴 수 없는 현실의 무게를 나타내고, (나)의 '챙'은 '나'에게 속물적인 현실에서 벗어날 수 있는 여유를 제공하는 대상이군.

⑤ (가)에서 풍경 묘사는 화자가 지향하는 이상적 세계를 보여주고 있고, (나)에서 파초가 비 맞는 장면에 대한 감각적 서술은 자연물에 대한 '나'의 심미적 감상의 태도를 보여 주고 있군.

이 시험 문제를 보면 두 개의 지문이 나옵니다. 하나는 우리에게 〈향수〉라는 노래의 작자로 유명한 시인 정지용의 작품 〈조찬朝餐〉, 그리고 또 하나는 〈파초〉라고 하는 이태준의 글입니다.

사실 두 작품은 수능이 아니라면 누구나 즐거운 마음으로 읽을 만큼 재미있는 글입니다. 그러나 이런 작품도 시험에 출제되는 순간 그 누구도 읽고 싶지 않은 글이 되고 맙니다.

독자 여러분도 부담 없이 한번 읽어보시기 바랍니다. 과연 공부라는 것이 그토록 괴로운 마음으로 해야만 하는 의무일 뿐인지, 아니면 우리에게 기쁨과 환희를 안겨주는 존재인지. 만일 공부라는 것의 본질이 우리 지성과 감성에 자극을 주어 새로운 세상으로 나아가게 만드는 추진력이라면 그 본질을 우리 아이들에게 되찾아주는 것이 급선무가 아닐까 생각합니다.

3
공부 권하지 않는 사회

세상 사람, 누구나 마찬가지일 테지만 스스로 선택한 일은 힘들어도 즐겁습니다. 그러나 누군가 시켜서 하는 일은 별 것 아닌 일조차도 지겹게 느껴집니다. 공부라고 다르지 않습니다. 저는 고등학교 때 물리와 화학을 공부해 본 적이 없습니다. 물론 학기 초에 시작은 했었습니다. 그러나 첫 단락을 넘기지 못했기 때문에 그 후로 물리와 화학 교과서에 어떤 내용이 담겨 있는지조차 모릅니다. 그만큼 하기가 싫었습니다.

반면에 역사와 국어는 공부를 따로 할 필요조차 없었습니다. 교과서를 받는 즉시 내가 읽고 싶어서 다 읽었습니다. 아마 저처럼 극과 극을 오간 학생도 그리 많지 않을 것입니다. 국어 과목은 전국에서 몇 위를 다툴 정도로 상위권이었지만 과학 과목은 반에서 꼴찌를 겨우 면할 정도였습니다. 오늘날, 내신에 목숨을 거는 친구들이 이렇게 했다가는 정말 큰일 날 것입니다.

이야기가 잠시 옆길로 샜습니다만 결론은 같습니다. 자신이 선택해서 가는 길은 아무리 힘겨워도 당당하게 나아가지만 남의 손에 이끌려 가는 길은 아무리 순탄한 길이라 해도 성과가 크게 나지 않는 게 세상 이치라는 것입니다. 그렇다면 어떻게 해야 우리 아이들이 <u>스스로</u> 공부의 길을 갈 수 있겠습니까?

이쯤 해서 요즘의 우리 교육이 아이들을 어떻게 이끄는지 살펴볼 필요가 있습니다.

자녀가 있는 사람이라면 수업 참관을 해본 경험이 있을 것이다. 나도 아이가 중학생일 때 몇 번 참관을 갔었다.

그런데 나는 수업 장면을 보고 깜짝 놀라고 말았다. 한 반 아이들이 같이 수업 중이라고는 도저히 생각할 수 없는 풍경이었다. 물론 요즘 학교가 그렇다는 이야기는 신문에서 읽기도 했고, 사람들의 말을 들어서 어느 정도 알고 있긴 했지만, 직접 보니 충격이 더했다. 교단 가까이 있는 열 명 남짓한 학생들만 선생님 이야기를 듣고 있었고, 그 뒤편의 나머지 스물다섯 명 정도는 대부분 잠을 자거나 자리에서 일어나 이리저리 돌아다니거나 다른 아이들과 떠들기도 하고 만화책을 보고 있었다. 수업 참관하는 날이라 당연히 교실 뒤편에는 부모들이 와 있었다. 뒤편에 줄지어 서 있는 부모 앞에서 선생님이 수업을 하고 있는 중인데, 아이들은 이리저리 돌아다니고 있었다.

나는 아이들이 그러고 있는 까닭을 알 수가 없었다. 나중에 우리 아이한테 "평소에도 그러냐?"고 물어보

앉더니 놀랍게도 "아니요. 수업 참관 있는 날이라 다른 날보다 그나마 얌전한 편이었어요."라고 대답했다. 그렇다면 평소에는 도대체 어느 정도라는 말인가?

우치다 타츠루, 『하류지향』, 김경옥 옮김, 민들레, 2013, p.28.

이 내용이 어느 나라의 이야기라고 생각하십니까? 사실 이 야이기는 우리나라의 이야기가 아니라 일본의 이야기입니다. 그러나 우리나라의 학교 현실을 조금이라도 알고 있다면 "어쩌면 우리나라의 상황과 이토록 똑같지?"라며 놀랄 것입니다.

그렇습니다. 오늘날 우리 아이들의 학교 교실은 이렇게 붕괴되어가고 있습니다. 그렇다 보니 교육에 열정적인 학부모들은 이런 학교에 아이를 보냈다가는 정말 큰일 나겠다는 생각에 특목고, 자사고 등을 찾아 맹모삼천지교의 교훈을 실천에 옮기고 있는 것입니다. 이런 상황이다 보니 그렇게 행동하는 부모들을 비난만 할 수는 없습니다.

그러나 특목고를 나왔든지, 자사고를 나왔든지 그리하여 SKY를 나왔든지, 그렇지 않든지 우리 아이들이 살아갈 나라는 대한민국이라는 이 땅입니다. 그런데 우리 아이들이 사회에 나왔을 때 사회 구성원들이 학교가 그토록 포기했던 그 친구들이라면 이 사회는 어떻게 되겠습니까? 아마도 비합리와 무지가 판을 치는 사회가 될 수밖에 없을 것입니다. 결국 물고기가 물을 떠나 살 수 없듯이 우리 아이들 또한 교실 뒤에서 떠들며 수업을 포기한 채 떠돌아다니던 친구들과 함께 살아갈 수밖에 없습니다. 교육 시스템 개선이 아무리 어려워도 포기할 수 없는 까닭이 여기에 있습니다. 그러나 현실은 그리 녹록치 않습니다. 아니 오히려 감당할 수 없을 만큼 잔인하게 변해가고 있습니다.

요즘 아이들은 무엇보다 먼저 소비주체로 자기를 확립할 것을 거의 제도적으로 강제당한다. 그 원인으로 몇 가지를 들 수 있다.

누구나 납득할 수 있는 원인은 자녀를 적게 낳는다는 것이다. 그 결과 부부에 자녀 하나가 있는 경우, 그 아이에게는 이른바 '여섯 개의 주머니', 그러니까 부모, 조부모, 외조부모라는 여섯 개의 주머니에서 용돈이 끊이지 않고 윤택하게 공급된다. 서너 살에 벌써 지폐를 들고 물건을 사러 가는 아이들이 있다.

우리 세대에는 태어나서 처음으로 한 사회적 활동이 노동이 아니고 소비였던, 그러니까 가사 일을 돕는 경험보다 먼저 돈을 쓴 경험이 있는 아이들이 거의 없었다. 반대로 지금 아이들은 거의 절반이 태어나서 처음으로 한 사회 경험이 물건 사기였을 것이다.

이 첫 경험의 차이는 대단히 결정적인 것이다. 아이들이 생전 처음으로 물건을 샀을 때 어떤 인상을 받았을까? 그리 어렵지 않게 상상할 수 있다. 그것은 '돈에는 색깔이 없다(돈은 사람을 차별하지 않는다)'일 것이다. 편의점 계산대에 돈을 내면 점원은 앵무새같이 "어서 오십시오."라는 인사말과 함께 네 살짜리 꼬마든 스무 살 청년이든 여든 살 노인이든 구별 없이 그에 상응한 상품이나 서비스로 교환해준다. 당연한 일이라고 생각하는가? 하지만 네 살짜리 어린아이에게는 틀림없이 짜릿한 경험이었을 것이다.

한 사람 몫으로 사회관계의 장에 등장하는 경우, 만일 그가 네 살짜리 어린아이라면 그를 교섭 상대로 대등하게 대우해줄 어른은 없다. 하지만 돈을 쓰는 사람으로서 등장한다면 그 사람의 나이나 식견, 사회적 능력 따위의 속인적(俗人的) 요소는 기본적으로 아무것도 따지지 않는다. 그 자리에서 쓰는 돈이 얼마인지가 중요하지, 돈을 쓰는 자가 누구인지는 아무도 고려하지 않는다. 바로 이것이 '돈의 투명성'이라는 특권적 성격이다.

우치다 타츠루, 『하류지향』, 김경옥 옮김, 민들레, 2013, pp.51~53.

『하류지향』이라는 책을 읽으며 일본의 한 학자가 했다는 말이 떠올랐습니다. "한국은 혜택 받은 나라다. 왜냐하면 일본이 갖지 않은 하나를 가지고 있기 때문이다. 그것은 일본이라는 실패 사례다." 맞는 이야기라 생각합니다. 정치 분야뿐 아니라 경제, 특히 사회 분야의 변화는 일본의 그것과 판박이처럼 똑같이 가는 게 우리나라 같습니다. 그런데도 왜 우리는 일본의 사례에서 깨닫는 바가 없는지 안타깝기 그지없습니다. 이 내용을 보면 대한민국 청소년의 오늘, 그들의 심리, 행동 나아가 미래까지도 보입니다.

그리고 그 암울함 속에서 절망을 보게 됩니다.

　다음 글은 『하류지향』의 저자가 일본^{우리나라와 전혀 다르지 않은} 교육 실패의 본질이 어디에 있는지 꿰뚫은, 탁월한 안목을 가지고 있음을 보여줍니다.

　　　　소비주체에게 '자신의 용도와 유용성을 이해 못하는 상품'이라는 것은 존재하지 않는다. 용도나 유용성을 모르면 처음부터 아예 상품으로 보이지 않는다.
　　　　초등학교에 입학해 얼마 되지 않았는데, 교사에게 "글자를 배우면 뭐가 좋아요?"라고 묻는 아이는 소비주체로서 지극히 자연스러운 질문을 던진 셈이다. "이 상품은 어디에 필요한가요?"라고 묻는 건 소비자의 권리이자 의무이기 때문이다. 이 어린 소비주체는 '가치와 유용성'을 이해할 수 없는 상품은 당연히 '살 가치가 없다'고 판단한다.
　　　　이런 질문이 아이들에게 일종의 전능감(全能感)을 부여한다고 앞에서도 말했지만, 교사가 제공하는 교육 서비스를 "그런 거 필요 없어요."라고 거절하는 것은, 지금까지 인류가 부지런히 쌓아올린 지적 구축물을 단박에 걷어차는 것과 다름없는 행위이기 때문에 전능감이 드는 것은 당연하다. 교사는 어안이 벙벙해 할 말을 잃고, 그러다 아이들의 눈치를 살피면서 "제발 공부 좀 해줘."하며, 공부하면 뭐가 좋은지 이런저런 이유를 늘어놓는다. 이 광경은 아이들 눈에, 시장에서 뭔가 결함 있는 상품을 팔아치우려고 "그런 건 필요 없어요."라며 달아나는 고객의 팔을 붙들고는 "싸게 줄게요."라며 애원하는 모습처럼 비칠 것이다.

게다가 더 위태로운 점은 아이들의 눈으로 봤을 때 학교가 제공하는 '교육 서비스' 중에서 그 의미와 유용성을 납득할 수 있는 상품이 거의 없다는 사실이다. 아이들에게는 교육의 장에서 제공되는 교육의 대부분이 그 의미와 유용성에서 아직 와 닿지 않는다. 당연한 말이겠으나, 그것들이 어디에 쓸모가 있는지 아직 잘 모르고, 자신이 갖고 있는 저울로는 그 가치를 잴 수 없다는, 바로 그 사실이야말로 그들이 배워야 하는 이유가 되는 것이다.

우치다 타츠루, 『하류지향』, 김경옥 옮김, 민들레, 2013, pp.54~56.

    사실, 오늘날을 사는 청소년 대부분에게 있어 공부란 아무런 쓸모가 없어 보일지도 모릅니다. 선택받은 친구들그들은 대부분 성적이 좋은 친구들이지요을 제외하고 나면 나머지 친구들에게 공부가 현실적으로 해줄 수 있는 것은 아무것도 없어 보이며 상위권이 아닌, 그렇고 그런 대학을 나온 주위 선배들을 보면 남은 것이라고는 빚과 백수라는 낙인뿐이기 때문입니다.

    반면에 눈만 뜨면 접하게 되는 온갖 영상물에서는 공부를 열심히 하는 대신 얼굴을 고치고 노래와 연기를 하거나, 말장난을 늘어놓아 인기를 끌거나, 유명한 프로선수 등이 되어 일확천금을 타게 된, 수많은 사람들의 화려한 삶이 그들을 에워싸고 있습니다.

뉴스 시간이라고 다르지 않습니다. 세계대회에서 1위를 한 골프선수의 뉴스가 공영방송의 첫 번째 자리에 오르는 나라는 아마도 대한민국이 유일할지 모릅니다. 우리 아이들에게, 문명의 흔적을 따라가는 일이 얼마나 황홀한 경험인지, 그 경험을 통해서 우리가 동물과 다른, 인간으로서 자부심과 긍지를 느끼게 되고, 그 과정에서 새로운 미래를 설계하는 창조자로 성장한다는 가르침을 주기를, 그런 방송을 하는 공영방송에게 바라는 것은 말 그대로 나무 위에서 물고기를 구하는 일처럼 어리석은 일일지도 모릅니다.

그러니 선생님들이 아이들에게 왜 공부를 해야 하는지에 대해 설득하는 것은 어렵고도 어려운 일일 것입니다. 어쩌면 『하류지향』에 나오듯이 "제발 공부 좀 해줘."라고 구걸해야 하는 일이 생길지도 모르겠습니다. 그러다 보니 요즘 선생님들 가운데는 선생님이 된 것을 후회하는 분도 심심치 않게 볼 수 있다고 합니다. 정말 좋은 선생님이 되고자 하는, 꿈이 큰 분들일수록 현실의 벽에 부딪혀 참담한 심경에 처하는 것이 현실인 듯싶습니다.

4
대화 없는 가정

오늘날 공부에 대해 아이들이 갖게 된 왜곡된 시각은 오로지 기성세대의 잘못된 삶의 방식 때문입니다. 돈을 위해 아이들을 이용하고, 눈에 보이지 않는 성과만을 신봉할 뿐 눈에 보이지 않는 가치에 대해서는 모두 폐기처분하는 기성세대. 그들이 과연 아이들을 비난할 자격이 있을지 생각해 볼 문제입니다.

요즘 사회의 현실은 성과에 매몰되어 있습니다. 부모는 경제·사회적 성과에, 아이들은 학벌과 성적의 성과에 매몰되어 있습니다. 그래서 부모와 아이들 사이에는 서로 대화를 나눌 접점이 없습니다. 경제·사회적 성과는 부모의 몫이요, 학벌과 성적은 아이들의 몫일 뿐입니다. 물론 부모도 학벌과 성적을 중요하게는 생각합니다. 그러나 그것은 아이들의 삶으로서가 아니라 자신들의 경제·사회적 성과의 일부일 뿐입니다. 그러므로 두 집단 사이에는 공유가 없습니다. 공유하지 않는 대상에 대해 대화하는 것은 대화가 아니라 명령과 복종만이 있을 뿐입니다. 명령과 복종을 대화라고 여기는 것이야말로 폭력이며 무지입니다. 부모가 이해하는 경제·사회적 성과와 아이들이 이해하는 경제·사회적 성과는 앞서 살펴본 것처럼 결코 일치될 수 없는 것이 오늘날 대한민국의 현실입니다. 학벌과 성적도 다르지 않습니다. 그렇기 때문에 두 집단 사이에 이루어지는 대화는 영혼의 침묵 속에 오가는 무의미한 기호의 나열일 뿐입니다.

침묵하는 가정은 건강할 수 없습니다. 그래서 우리는 결과를 공유하기 위한 대화를 해야 합니다. 행복을 공유하기 위한 대화를 해야 합니다. 목표를 공유하기 위한 대화를 해야 합니다. 정의를 공유하기 위한 대화를 해야 합니다. 예술적 환희를 공유하기 위한 대화를 해야 하며, 삶의 본질을 공유하기 위한 대화를 해야 합니다.

"저는 가수가 될 거예요."

"뭐? 요즘은 개나 소나 다 가수가 된다네. 너는 의사가 돼야 해."

"그래도 저는 가수가 되고 싶어요."

"안 돼! 넌 의사가 돼야 해."

"아빠도 〈나는 가수다〉를 보시면서 좋아하셨잖아요."

"그건 단지 오락 프로그램일 뿐이야. 넌 의사가 돼야 해. 알았어?"

이런 대화는 십 년을 계속해도 결론이 나지 않습니다. 그런데 이런 사례는 일일이 열거할 필요조차 없을 정도로 많을 것입니다.

"저는 가수가 될 거예요."

"왜 가수가 되려고 하는데?"

"재밌잖아요. 돈도 많이 벌고 사람들 앞에서 인기도 끌 수 있고요."

"음, 그건 그렇지. 그런데 네가 아는 가수들은 평생 동안 돈도 많이 벌고 인기도 끄니? 아빠가 아는 가수들 가운데는 엄청 인기를 끌다가 어느 순간 인기가 사라져서 잊히는 사람도 많던데."

"그렇긴 해요."

"그럼 너는 가수를 그만둔 다음에는 무얼 할 건데?"

"어, 아직은 생각 안 해 봤어요."

"아빠는 50살이 된 지금도 60이나 70살이 되면 어떻게 살아야 할까 고민하고 있거든."

"그러세요?"

"당연하지. 삶이란 게 단 한 번뿐이잖아. 그러니까 1년도 헤프게 보내면 안 된다고 생각하니까."

"저도 그렇게 헤프게 보내고 싶지는 않아요."

"그럼 지금부터라도 네 미래를 한 번 더 생각해 보는 건 어떨까? 가수가 되고자 했다가 안 되면 그때 가서 생각하지 말고. 정말 네가 가수로서 자질이 있는지, 요즘 가수가 되려고 하는 젊은이가 백만 명도 넘는다는데, 혹시 너도 많은 친구들처럼 텔레비전에 나오는 가수를 보고 부러워서만 그러는 건 아닌지 생각해 본 다음에 판단해도 늦지 않을 것 같은데, 어때?"

"알았어요. 한 번 더 생각해 볼게요."

대화의 방법은 많습니다. 그러나 상대방의 의견을 존중하고 논리를 갖춘 채 행하지 않는다면 그건 대화가 아닙니다. 다음 글을 보면 대화라는 것이 얼마나 대단한 사건인지 깨달을 수 있을 것입니다. 대화의 주인공은『페다고지』라는 역사적인 교육학 서적을 출간한 바 있는 파울로 프레이리Paulo Freire입니다.

"좋아요." 내가 그들에게 말했다.

"나는 뭔가 알고 있고 여러분은 모릅니다. 하지만 나는 알고 여러분은 모르는 이유가 뭐겠습니까?"

"선생님은 박사이기 때문에 많이 알고, 우리는 그렇지 않잖아요."

"맞아요. 나는 박사고 여러분은 아닙니다. 하지만 왜 내가 박사이고 여러분은 아니지요?"

"그건 선생님은 학교를 다니면서 책을 많이 읽었고 공부도 많이 했지만, 우린 그렇지 않았기 때문이죠."

"그럼 나는 어떻게 학교를 다닐 수 있었겠습니까?"

"부모님이 선생님을 학교에 보낼 수 있었겠죠. 우리 부모님은 그럴 수 없었고요."

"왜, 여러분의 부모님은 여러분을 학교에 보낼 수 없었죠?"

"그건 그분들이 우리와 똑같은 농부였기 때문입니다."

"농부라는 건 뭘 뜻합니까?"

"그건 못 배운 것…… 아무것도 소유하지 못한 것…… 동틀 때부터 해질녘까지 일만 하는 것…… 어떤 권리도 갖지 못하는 것…… 아무런 희망도 없는 것을 말합니다."

"왜 농부에겐 이 모든 것이 없는 걸까요?"

"그건 신의 뜻이겠죠."

"신은 누구입니까?"

"우리들 모두의 아버지입니다."

"이 자리에 아버지인 분 계십니까?"

거의 모두가 손을 들었고, 그렇다고 대답했다. 나는 그동안 아무 말도 하지 않은 사람 한 명을 택하여 물었다.

"자녀가 몇 명입니까?"

"세 명입니다."

"당신은 자녀 한 명을 학교에 보내 편안한 삶을 살게 하기 위해 나머지 두 명을 희생시켜 고통을 겪게 하시겠습니까? 당신은 자녀 사랑을 그런 식으로 실천합니까?"

"아닙니다."

"좋습니다. 살과 뼈를 가진 인간인 당신이 그 같은 불의를 저지르지 않는데, 하물며 신이 어떻게 그런 짓을 할 수 있겠습니까? 과연 이 모든 결과가 신의 뜻대로 이루어진 걸까요?"

모두가 입을 다물었지만, 이번의 침묵은 좀 전과는 종류가 달랐다. 뭔가를 공감하는 침묵이었다. 그러고 나서 이런 대답이 돌아왔다.

"아닙니다. 이 모든 것의 이유는 신이 아닙니다. 사장 탓입니다."

파울로 프레이리, 『희망의 교육학』, 교육문화연구회 옮김, 아침이슬, 2002, pp.73~75.

이런 대화를 통해 수백 년간 지주의 손아귀에서 벗어나지 못한 채 굴종의 삶을 하늘의 뜻으로 알고 살던 농민들이 자각하게 되었습니다. 그런데 우리 가정에서는 어떤 성격의 대화가 이루어지고 있었습니까? 명령과 복종, 의무의 끊임없는 강요 외에 도대체 무엇이 더 있었습니까? 이제부터라도 대화가 필요합니다. 우리 아이들이 기성세대보다 낫다^{적어도 나을지도 모른}는 믿음을 반드시 가져야 합니다.

5
저, 공부 할래요!

우리 아이들이 먼저 "저, 공부 할래요!"라며 스스로 다짐하는 모습이 가능할 것 같습니까? 저는 가능하다고 봅니다. 물론 단숨에, 한 마디 말로 가능하지는 않을 것입니다. 그러나 인간이라는 존재의 타고난 지적 호기심, 성취욕, 이타심 등을 고려한다면, 인간이 배우지 않으려고 안간힘을 쓴다는 사실을 어찌 당연한 것으로 여길 수 있겠습니까?

어른이 생각하는 3세 아이가 아니고, 진짜 3세 아이란 어떤 존재일까?

갓난아기는 배우고 싶어 하는 열망을 가지고 태어난다. 아기들은 온갖 것을 배우고 싶어 하고, 그것도 지금 곧 배우고 싶어 한다. 유아는 배우는 것이 자신의 삶 속에서 일어난 일 가운데 최고의 것이라고 생각하고 있다.

그런데 아이 주변의 세계는 배우는 것이 인생 최고

의 것이 아니라, 노는 것이 최고의 것이라고 말하면서 최초의 6년간을 보낸다. 아이는, 학습은 생존을 위한 기술이라고 생각하고 있다. 실제로 그런 것이다.

글렌 도만, 『아기의 지능은 무한하다』, 안영준 옮김, 민지사, 2006, p.129.

　　삶을 위해 필요한 지식을 배우는 것에 게으르거나 배우는 일을 거부하는 동물은 없습니다. 그건 삶을 포기하는 것과 다름없기 때문입니다. 하물며 호모사피엔스사피엔스, 즉 지혜롭고 지혜로운 사람이 어찌 그런 짓을 선택하겠습니까? 따라서 배우기를 거부하는 것은 본능이 아니라 후천적인 문제일 뿐입니다. 본능적으로는 배우고 싶어 하지만 배울 수 없도록 만드는 체제가 문제인 셈입니다.

　　그 가운데는 자본의 문제, 정치·경제적 체제의 문제처럼 우리가 해결할 수 없는 것들도 많습니다. 그래서 그런 문제를 인식한 부모들 가운데는 정규 교육 체제를 포기하고 대안교육 같은 새로운 교육 방식을 추구하는 분들도 많습니다. 그러나 모든 부모들이 그런 방식을 추구할 수는 없는 노릇입니다. 그래서 기존의 교육 체제 하에서 우리 아이들의 배우고자 하는 본능을 일깨우는 노력이 필요한 것입니다.

　　그렇다면 어떻게 해야 아이들 스스로 공부하고자 하는 본능을 깨울 수 있을까요? 그 첫 걸음은 바로 '믿음'에 있다고 저는 믿습니다. 다음은 제가 늘 부모들에게 하는 이야기입니다.

- 우리 아이는 스스로 성장하고자 하는 의욕이 있는 존재다.
- 우리 아이는 세상 만물의 움직임에 관심을 가지고 있는 존재다.
- 우리 아이는 나보다 더 크게 성장할 수 있는 정신적, 육체적 가능성을 가지고 있다.
- 우리 아이는 내가 갖지 못한 능력을 가지고 있다.
- 우리 아이는 미래에 그 누구도 상상할 수 없는 존재로 거듭날 수 있는 존재다.

만일 이 내용을 받아들일 수 없는 부모가 있다면 그 부모는 누가 뭐라고 하기 전에 스스로 비참해질 수밖에 없습니다. 자신의 자식을, 스스로 성장하고자 하는 의욕도 없고, 세상 만물에 아무런 관심도 없으며, 부모를 결코 넘어설 수 없도록 한정된 존재이자 뻔한 길을 갈 수밖에 없는 존재로 여기고 있기 때문입니다. 그럼에도 불구하고 대부분의 부모들은 이와 같은 생각을 절대 하지 않습니다. 그 대신 자신들이 짜 놓은 시간표, 미래 계획서에 따라 아이를 끌고 가려고 합니다.

우리 아이들은 물 즉 H_2O와 같은 존재입니다.

Hope(미래에 대한 무한한 희망과 소망)
Honor(자기 존재에 대한 명예, 존중)
Obligation(자기 책임감과 자신에 대한 의리)

물은 어떤 그릇에 담느냐에 따라 모양이 바뀝니다. 그만큼 무한한 가능성을 지닌 존재인 것입니다. 그뿐만이 아닙니다. 어디로 어떻게 흐르느냐에 따라 생명을 살릴 수도 있고 사람을 죽일 수도 있습니다. 사막을 헤매는 사람에게는 한 방울의 물이라도 생명수로 작동하지만 이 물이 집을 덮치는 홍수가 되면 사람을 죽이는 무기가 되는 것입니다.

우리 아이들에게는 미래에 대한 희망과 자신의 소망이 있습니다. 그러므로 자신이 얼마나 소중하고 값진 존재인지 알게 되고, 따라서 자기 존재에 대한 명예와 존경의 감정을 가지게 됩니다. 그리고 자신의 명예와 존경을 지키기 위해서는 스스로 책임을 져야 하며 자신에 대한 의리를 지켜야한다는 사실도 잘 알고 있습니다. 그러나 현실은 처음부터 빗겨나고 있습니다. 자신의 미래는 부모의 손에 의해 결정됩니다. 그 순간, 자신의 삶은 자신의 것이 아니라는 사실을 깨닫습니다. 그리고 그때부터 자신이라는 존재는 소중하고 값지기는커녕 다른 사람에 의해 조종당하는 신세임을 깨닫게 됩니다. 그런 깨달음을 자각하든지 못하든지 이미 상처 난 본능은 자신의 명예나 존경 따위를 인식할 수 없습니다. 명예와 존경이 없는 스스로를 위해 책임질 사람은 아마 없을 것입니다. 그렇게 불행은 시작되는 것입니다.

제 경험 하나를 이야기하고자 합니다. 강남 한복판에서 있었던 일입니다. 중학교 2, 3학년 정도 되었을 예쁜 여학생 셋이 대화를 주고받고 있었습니다. 그들 옆에서 차를 기다리고 있던 저는 무심결에 여학생들이 나누는 대화를 엿듣게 되었습니다. 그런데 생김새는 참으로 곱고 예쁘며, 이제 막 피어나는 꽃잎처럼 순수해 보이는 아이들 입에서 나오는 말이 저를 당혹하게 했습니다.

"야, 씨X, 존X 싫어."

"그 XXX가 나를 짱 나게 하잖아."

"그런 걸 XXX 해야지."

저는 순간 물끄러미 바라보다가 한 마디 건넸습니다.

"얘들아?"

부드럽게 부르자 아이들이 저를 쳐다보았습니다.

"네?"

"너희, 참 예쁘구나. 그런데 쓰는 말은 곱지 않네."

제가 워낙 부드럽게 말해서 그랬는지 아이들이 특별히 반감을 품는 것 같지는 않았습니다.

"앞으로 이 세상을 이끌어갈 사람들이 너희들이잖아. 너희가 더 곱고 아름다운 세상을 만들어야 하지 않겠니?"

그런데 제 말이 끝나자마자 그 예쁜 아이들 입에서 나온 말은 저를 지금까지도 참담하게 만들었습니다.

"저희는 아니에요."

아이들은 장난을 치는 게 아니었습니다. 진심으로 자신들은 이 나라를 이끌어갈 사람이 아니라고 저를 향해 말하였습니다. 그 순간 저는 도대체 누가 이 아이들이, 이 어린 나이에 자신의 삶을 포기하게 만들었는지 궁금해졌습니다. 우리나라 교육, 아니 사교육의 중심이라고 하는 강남 한복판에서 만난 아이들이 자신의 미래를 포기하는 상황. 이것이 우리 사회의 자화상입니다. 그 어리고 예쁜 친구들이 자기 스스로 자신의 미래를 포기하지는 않았을 것입니다. 성적이나 성과 등 모든 것을 어른의 잣대로 재고 평가하는 구조에서 밀려난 아이들이 선택할 수 있는 것은 자신을 포기하는 것 외에 없었던 듯합니다. 그런 상황에서 고작 열대여섯 살밖에 안 된 아이들에게 이 책임이 있다고 단정 지을 수는 없을 것입니다.

6
믿으십시오, 우리 아이들을!

지금 당장, 바로 오늘부터 우리 아이들을 믿어야 합니다. 우리가 우리 아이들을 믿지 않으면 우리 사회, 우리나라의 미래는 없습니다. 설령 아이들이 우리의 뜻에 조금 미흡하다 하더라도 믿어야 합니다. 왜냐하면 우리는 분명 우리 아이들에 비해 먼저 사라질 것이기 때문입니다. 먼저 사라질 사람이 나보다 뒤에 남아 책임을 다해야 할 사람을 믿는 것은 매우 당연합니다. 부족해도 믿어야 합니다. 믿을 수 없을 만큼 부족해도 믿어야 합니다. 믿으면 반드시 그에 상응하는 행동을 하는 것이 인간이기 때문입니다. 그런데 우리는 우리보다 더 나은 아이들을 믿지 못합니다. 아니 믿으려고 시도도 하지 않습니다. 그저 내가 가고 싶었던 길이지만 가지 못했기에 그 길로 아이들을 몰아넣고 있을 뿐입니다.

테스트의 목적은 학교가 언제나 주장하는 것처럼 학생이 무엇을 알고 있는가를 조사하는 것이 아니고, 무엇을 모르는가를 조사하는 데 있다. 누구든지 배우는 것을 좋아하고 테스트 받는 것은 대단히 싫어한다. 이 점에서는 아이는 어른과 똑같다. 누구든지 배우는 것은 좋아하고 테스트 받는 것은 대단히 싫어한다. 그런데 우리들은 아무도 모르게 스스로 시험하는 것은 좋아한다. 아이도 마찬가지다. 학교 교육은 이제껏 언제나 아이에게 패배감을 맛보도록 만들어 왔고, 슬프게도 아이들은 자주 패배감을 느꼈다. "하지만 테스트의 목적은 아이가 모르는 것을 찾아내서 확실하게 가르쳐 주는 것이 아닌가. 우리는 실제로 우리 자신을 테스트 하는 중이다." 학교장의 목소리가 들려온다.

이 문제에 대한 비참한 진실은 이렇다. 어린이가 아는 것을 선생님에게 보여주도록 시간과 힘을 얻는 것이 아니라, 어린이가 알지 못하는 것을 발견하고 그것에 등급을 매기는 것이 훨씬 효과적이라고 하는 주장이다. 그리고 어린이의 부족함이 발견되었을 때 동료의 비웃음에 직면할 사람은 선생님이 아니고, 잔소리를 듣게 될 사람은 아이다.

테스트는 어린이가 배우는 것을 도와주지 못한다. 반면에 끊임없이 규칙적으로 테스트를 하면 아이의 타고난 학습에 대한 사랑을 서서히 그리고 확실히 파괴할 것이다.

교사의 일은 가르치는 것이지 테스트가 아니다. 아이의 일은 배우는 것이다. 세상 사람은 완고하게 다음과 같이 믿고 있다.

– 성공은 강한 동기부여의 결과이다.

– 실패는 동기부여가 결여된 결과이다.

그러나 실제로 아이에 관해서는 이와 정반대이다. 아
이에 관해서는 강한 동기부여는 성공의 산물이고, 약
한 동기부여는 실패의 산물인 것이다.

글렌 도만, 『아기의 지능은 무한하다』, 안영준 옮김, 민지사,
2006, pp.167~169.

아기의 지능과 뇌 계발에 관해 처음으로 연구를 시작한 것으로 유명한
글렌 도만Glenn Doman의 이 글은 우리에게 많은 것을 알려줍니다. 그리고 그
의 글은 오늘날 우리의 교육 현실을 적나라하게 보여주고 있습니다. 마치
그가 우리나라 사람인 것처럼 말입니다. 아이들이 선천적으로 배우는 것
을 좋아한다는 사실을 처음 주장한 것은 그뿐만이 아닙니다.

동일한 본능이 인간의 온갖 능력을 자극한다. 뻗어나
가려는 신체의 활동에 이어 지식을 구하려는 정신의
활동이 나타난다.

처음에 어린이는 몸을 움직이고 있을 뿐이지만 이어
서 그들에게는 호기심이 솟아난다. 박식하다는 말을
듣고 싶은 욕망만으로 이루어진 지식욕도 있고, 신

변 가까이에 있는 것이건 멀리 있는 것이건 흥미를 느끼는 모든 것에 대한 인간의 자연적인 호기심에서 생기는 지식욕도 있다. 힘이 있고 가능성이 있는 상태 하에서는 자기의 존재를 확대하고자 하는 욕망이 우리를 밖으로 끌고 나가, 될 수 있는 대로 먼 곳으로 날아가게 한다.

당신들 제자의 주의(注意)를 자연현상으로 돌리도록 하는 것이 좋겠다. 마침내 그들은 호기심을 갖게 될 것이다. 그러나 호기심을 길러주기 위해서는 결코 서둘러서 그것을 채워주어서는 안 된다. 그의 능력에 맞는 여러 가지 문제를 주어 그것을 자기 스스로가 풀도록 해야 한다. 무슨 일이든지 당신이 가르쳤기 때문이 아니라 자기 스스로가 이해했기 때문에 알고 있다고 생각해야 한다. 그는 학문을 배우는 것이 아니라 그것을 만들어내야만 한다. 그의 머릿속에 이성 대신 권위가 자리를 잡게 되면 그는 이미 이성을 작용시키지 못하게 될 것이다.

J. J. 루소, 『에밀』, 정병희 옮김, 범한출판사, 1982, pp.240~242.

아무리 오래 되었다고 해도 진리가 변하지는 않습니다. 위 장 자크 루소Jean-Jacques Rousseau의 글 가운데 결코 잊어서는 안 되는 부분이 있는데 그것은 "머릿속에 이성 대신 권위가 자리를 잡게 되면 그는 이미 이성을 작용시키지 못하게 될 것이다."라는 대목입니다. 그러나 우리는 모든 청소년들에게 이성 대신 권위, 즉 교과서, 학교, 학원, 수학능력시험, 성적, 자격증, 권력 따위를 안겨주기에 바쁩니다.

이성은 대화와 설득을 통해 형성되지만 권위는 강압과 지시에 의해 작동됩니다. 그러므로 설령 그런 방식으로 좋은 성적을 거두고, 그 성적을 통해 좋은 대학에 입학했다고 한들 그 아이의 삶은 어떠하겠습니까? 그렇게 키운 부모의 뜻대로 행복하고 보람찬 삶을 살겠습니까? 그렇게 되지 않을 확률이 더 큽니다. 그들이 부모의 권위, 점수의 권위, 제도의 권위를 이기지 못하는 한 복종할 것입니다. 그러나 언젠가는 그 모든 권위를 이길 힘을 갖추게 되는 것이 인간입니다. 그리고 그 때가 되면 그 아이는 모범생에서 괴물로 변할지도 모릅니다. 우리 아이가 "저, 공부 할래요."라고 우리 앞에 나설 때까지 기다려야 하는 까닭이 바로 여기 있습니다.

세상은 변하고,
시험도 변한다

1
공부 능력

'우리 아이들을 믿어야 한다', '스스로 하는 친구들을 강요에 못 이겨 하는 친구들이 결코 이길 수 없다', '사교육이 능사가 아니다'와 같이 무수한 '옳은 이야기'를 모르는 사람은 아마 없을 것입니다. 다만 대한민국의 교육 현실 속에서 살다 보면 옳은 이야기에 의지하며 살아가기가 어렵다는 것이 문제입니다. 옆집 아이와 부모는 온갖 학습지에, 학원에, 과외에 무수히 개최되는 진학 관련 공개강좌를 쫓아다니는데, 우리 가족이 그에 대해 초연하게 살아간다는 것은 생각보다 그리 쉽지 않습니다. 끝없이 전해오는 강남의 대치동발 입시 전략과 정보로부터 자유로울 수 있는 사람도 역시 많지 않을 것입니다. 그래서 옳은 이야기를 잘 알고 있는 사람들조차 옳은 이야기 대신 '현실적인 방식'에 의지할 수밖에 없는 것이 오늘날 대한민국의 교육 현실입니다.

저 또한 그런 사실을 잘 알고 있습니다. 그래서 저는 앞서 '공부를 잘해야 한다'는 이야기를 먼저 드린 것입니다. "공부를 못해도 인성을 제대로 갖춘 아이로만 커다오."라며 초연할 수 있는 부모는 예외적인 존재라는 사실을 잘 알기 때문입니다. 그러니 우리 아이들이 공부를 잘할 수 있도록 도와주어야 합니다. 도와주되, 그렇게 해서 잘하게 된 '공부 능력'을 제대로 발휘할 수 있도록 도와주자는 것입니다.

> 일할 사람을 찾는 데에서도 그들은 뛰어난 능력보다 도덕성을 더 염두에 두었다. 정치란 사람에게 없어서는 안 되는 것이지만 어느 정도 능력만 된다면 누구나 할 수 있는 것이어서, 백 년에 세 명은 태어날까 싶은 천재만 할 수 있을 만큼 신비로운 것으로 만들지 않았다는 것이다. 모든 사람은 진실과 정의, 절제라는 덕을 가질 수 있다. 여기에 경험과 선의가 뒷받침되어 이 같은 덕을 실천한다면 누구나 국가에 봉사할 수 있다고 믿었다. 물론 전문지식이 필요한 경우가 아닐 때 말이다. 이와 달리 모자라는 덕성은 아무리 뛰어난 능력으로도 채울 수 없으므로, 그런 사람에게 공직을 맡기는 것처럼 위험한 일은 없다는 것이다. 타락했지만 능력이 뛰어난 사람이 대충 얼버무리고 변명을 늘어놓아 잘못을 크게 키우는 것보다, 도덕적인 사람이 잘 몰라서 저지른 실수가 사회에는 훨씬 덜 치명적이라는 것이다.

> 조너선 스위프트, 『걸리버 여행기』, 유영 옮김, 동서문화사, 2012, p.62.

우리 아이를 공부 잘하게 해서 좋은 대학에 보내고 높은 자리에 오를 수 있도록 하는 것이 많은 부모들의 바람이라고 합니다. 하지만 그 아이들이 오랜 시간이 지난 후 자기가 가진 온갖 권력과 힘을 이용해 나라에 피해를 끼치고 이웃의 원성을 사며 결국에는 개인적으로도 파멸하고 악명을 남기기를 원하는 부모는 당연히 없을 것입니다. 그래서 등대와 같은 존재, 같은 1등이라도 남을 위해 불을 밝히는 존재로 우리 아이들을 키우는 것이야말로 우리 모두가 진정 원하는 것이라 생각합니다. 그러나 사회가 형성된 후부터 인간의 본능인 이타성利他性을 대신해 이기성利己性이 극성을 부리는 것은 우리 모두가 아는 사실입니다.

　　『걸리버 여행기』에 나오는 이 글을 보더라도 부도덕하고 사적인 이익을 탐하는 자가 지도자가 되어 나라와 백성들에게 피해를 주는 것은 어제 오늘의 일이 아님을 알 수 있습니다. 오죽하면 능력보다 덕성이 나은 사람을 공직자로 선발해야 한다고 주장하겠습니까?

　　그러나 오늘날의 대한민국은 아직도 덕성보다는 능력을 선발 기준으로 삼고 있습니다. 물론 그 능력이라는 것도 참된 능력이 아니라 국민을 감언이설로 현혹하고, 없는 능력을 치장해서 '프로파간다'로 이용하는 것이지만 말입니다. 만일 모든 학부모들이 자기 자식의 더 나은 미래를 위해 '능력 위주의 자녀 기르기'를 택한다면 결국 이 나라는 파멸의 구렁텅이로 빠져들 것입니다. 그러므로 진짜 장사치가 당장의 이익을 위해 황금알을 낳는 닭을 죽이지 않듯, 진짜 부모라면 자기 자식만의 영화를 위해 물불을 안 가리는 짓을 하지 말아야 합니다. 나라가 안정되고 사회가 평안하며 영원한 평화가 유지될 때 비로소 우리 아이의 미래 또한 행복하고 평안할 것은 당연할 것이기 때문입니다.

2
우리 아이가 대학에 입학할 시기는?

독자 여러분의 자녀는 지금 몇 학년입니까? 그 자녀가 대학에 입학할 시기가 언제인지 혹시 아십니까? 초등학생이라면 최소 7년, 최대 13년 후에 대학에 입학하게 될 것입니다. 중학교 1학년이면 6년 후가 될 것이며 고등학교 1학년이라면 당연히 3년 후가 될 것입니다.

제가 강연 다니면서 느낀 점 가운데 하나가 바로 이 점이었습니다. 초등학교나 중학교에 가서 강연할 때마다 제가 이 질문을 던지면 대부분, 아니 거의 모든 학부모께서 당황해하며 그제야 손가락으로 햇수를 세보곤 하는 것입니다. 어쩌면 당연할지도 모르겠습니다. 하루하루 살아가는 데도 버거운데 수년 후를 그려보는 일이 생각처럼 그리 쉽지만은 않을 것이기 때문입니다. 사실 오래 전에는 대학에서 학생을 선발하는 방식이 시간이 흘러도 별로 변하지 않았습니다. 시대가 잘 변하지 않았기 때문에 학생 선발 방식 또한 오랜 시간 변하지 않았던 것입니다. 그러나 오늘날은 어떻습니까?

이쯤에서 대학에서 학생 선발 방식을 결정하는 이론적 기반을 살펴볼 필요가 있을 것입니다.

대학은 미래의 사회를 책임지고 이끌어갈 지성을 양성하는 기관입니다. 요즘에는 잘못된 신자유주의적 사고가 만연하여 대학이 단순한 직업인을 양성하는 기관으로 탈바꿈하고 있지만 그건 참으로 잘못된 정책이요, 대학의 의미를 스스로 격하시키는 어리석은 짓입니다. 너무나 안타까운 근시안적 정책이 시행되고 그로 인해 나라의 미래가 암울해지고 있지만 이를 지적하는 소수의 전문가를 제외하고 많은 학부모들은 이의 심각성을 인식하지 않으려 합니다. 그러나 결국 미래, 그것도 지금으로부터 수십 년 이후를 살아가야 할 아이들을 키우는 학부모들로서 이에 대해 눈과 귀를 막고 다만 몇 년 후의 성적에 관심을 집중하는 것은 결국 아이의 미래를 방치하는 것과 다름없는 것입니다.

우리 사회를 돌아보아도 수십 년[5] 전과는 모든 것이 완전히 달라져 있습니다. 그러므로 수십 년 전부터 미래를 준비한 사람은 개인적으로 성장하고 사회적으로도 큰 역할을 하고 있지만 그렇지 않은 사람들은 낭패를 보는 일이 비일비재한 것입니다.

> 인문학과 예술은 민주주의 역사에서 중심적인 역할을 수행하지만 오늘날 많은 학부모는 문학 또는 예술을 전공하는 자녀를 부끄러워하고 있다. 문학과 철

---

5. 지금 이 순간 초등학생 아이들이 장년이 되어 사회의 중심으로 활동할 시대는 2040년대일 것이 분명합니다. 유아라면 2050년대에 활동하겠지요. 그 먼 미래를 준비해야 하는 것이 학부모입니다.

학은 세계를 변화시켜왔지만 전 세계 모든 학부모들은 자녀의 인문학 훈련이 부족한 경우보다 금융 경제 쪽에서 그들이 백치인 경우 더 애를 태우기 십상이다. 모든 곳에서 예술과 인문학이 축소되면서 민주주의 자체에 필수적으로 요청되는 특질들이 심각하게 침식되고 있다. 예술과 문학을 배우는 학생들은 또한 타인의 상황을 상상하는 법을 배우는 바, 그 상상력은 민주주의의 성공에 근본적으로 필요한 능력이요, 이 상상력 훈련은 '내면의 시선'을 기르는 데 필요한 훈련이기도 하다.

마사 누스바움, 『공부를 넘어 교육으로』, 우석영 옮김, 궁리,
2011, pp.15~16.

시대가 변하고 패러다임이 변해도 결코 사라지지 않을 것은, 세계를 변화시켜 왔고 변화시킬 것이 분명한 '사회학적 상상력'일 것입니다. 사회학적 상상력을 갖춘 아이라면 사회가 어떤 방향으로 가든지 흔들리거나 불안해할 까닭이 없습니다. 그러나 사회학적 상상력 대신 그 시대가 필요로 하는 기능만을 추구한 아이들은 그 사회가 변화하는 순간, 불안에 떨며 '혹시라도 내 능력이 새로운 시대에 맞지 않아 도태되는 것은 아닐까?'라며 자문하게 됩니다. 그런데도 인간은 나약한 존재이기에 눈앞의 이익을 도외시하지 못합니다. 시대와 공간을 넘어 인문학이 필요한 것은 바로 이러한 까닭에 있습니다. 인문학적 사고가 바탕이 된 사람들은 미래를 예측할

줄 알고 인간 문명의 흐름에서 결코 벗어나지 않습니다. 그러므로 어떤 시대에도 불안해하지 않게 되는 것입니다.

향후 대학 교육의 흐름은 크게 두 가지로 변해갈 것이 분명합니다.

첫 번째는 앞서 살펴본 것과 같은 사회학적 상상력을 키워주는 기본 학문의 장려입니다. 여기엔 인문학, 기초과학, 예술 등이 포함될 것입니다. 두 번째는 시대의 흐름에 발 빠르게 대응할 수 있는 실용학문의 장려입니다. 이는 패러다임의 변화에 맞추어 늘 새로운 분야를 개척하고 변모해갈 것입니다.

우리나라의 사례를 살펴본다면, 산업화가 막 시작될 무렵에는 기초과학, 중공업, 일본 관련 학문 등이 각광을 받았습니다. 그러나 시대의 흐름에 따라 관심 분야 또한 변해왔습니다. 오늘날 시민들의 관심을 끄는 분야는 응용과학 분야, 실용과학의학 등 분야, 서비스 관련 분야, 레저 분야, 중국 관련 학문 등입니다. 그렇다면 지금부터 수십 년 후에도 마찬가지일까요? 아닙니다. 절대 그럴 리 없습니다. 제 개인적으로 2050년대를 선도할 분야를 추측해 본다면 환경 분야, 농업 분야, 사회교육 분야, 시민활동의 조직 그리고 영원히 주요 학문으로 작용할 인문학, 그 중에서도 특히 국학國學_국어국문학, 국사학, 민속학, 전통예술 등 분야가 될 것이라고 생각합니다.

대한민국 현실만을 놓고 본다면 2050년 무렵, 대한민국의 인구는 지금에 비해 약 20% 가까이 감소한 4,000만 명대 초반을 기록할 것으로 예측하고 있습니다. 이는 아파트 가격이 끝없이 오르는 시기가 끝나고 하락세로 접어들 때 받았던 충격만큼, 아니 그보다 더 큰 충격으로 우리 사회를 변모시킬 것입니다. 그러나 눈앞의 상황에서 벗어나지 못한 일반 시민들은 이러한 변화에 눈을 감고 있습니다. 사회의 거시적 변화를 고민하다 보면 머리가 아픈 반면에 미시적 변화에 대해서는 즉각적으로 반응을 할 수 있기 때문입니다.

교육도 마찬가지입니다. 30년 후, 내 아이의 미래를 고민하는 것은 공부를 필요로 합니다. 그러나 3년 후 내 아이의 미래는 내가 아니라 학원이, 사교육업체가 다 알려줍니다. 그래서 발품만 팔면 쉽게 다 알 수 있습니다. 한 사람이 발품을 팔아 동네에서 이야기하기 시작하면 다른 학부형들은 불안해지기 시작합니다. 그리고 '내가 게을러서 내 아이가 피해를 보는 건 아닌가?'라는 일종의 죄의식까지 덤으로 얻게 됩니다.

이런 이유로 아이를 믿지 못하게 되는 것입니다. 그래서 자기 스스로 아이의 학습계획을 세우게 되며, 학원을 알아보거나 아이의 전공을 직접 선택하게 되고, 나아가 대학에 입학한 자녀의 삶까지도 부모가 설계하기 시작합니다. 캥거루족이라는 단어의 탄생은 어미 캥거루가 없으면 가능하지 않은 현상입니다. 그런데 어찌 된 일인지 우리 사회는 어미 캥거루가 아닌 주머니 속에 머물고 있는 아기 캥거루를 비난합니다. 아무리 봐도 앞뒤가 전혀 맞지 않는 사고방식입니다.

3
시대가 변하고, 교육 또한 변하고

시대가 변화함에 따라 교육 또한 당연히 변해야 합니다. 만약 교육이 변하지 않는다면 그 사회의 미래는 없기 때문입니다.

　다음의 〈그림 7〉을 보기 바랍니다. 이 그림을 보면 우리나라 대학입시제도가 지금까지 쉴 새 없이 변해왔음을 알 수 있을 것입니다. 그렇다면 이러한 대학입시제도 변화의 핵심은 무엇이겠습니까? 그것은 앞에서도 언급한 바가 같이, 사회 체제의 변화를 선도할 인재 양성을 위해 시행하는 새로운 제도의 도입입니다. 사회의 체제가 변하는데, 그 사회를 이끌어갈 인재양성의 방식이 고정되어 있다면 당연히 고등교육의 역할 역시 제대로 수행할 수 없을 것입니다.

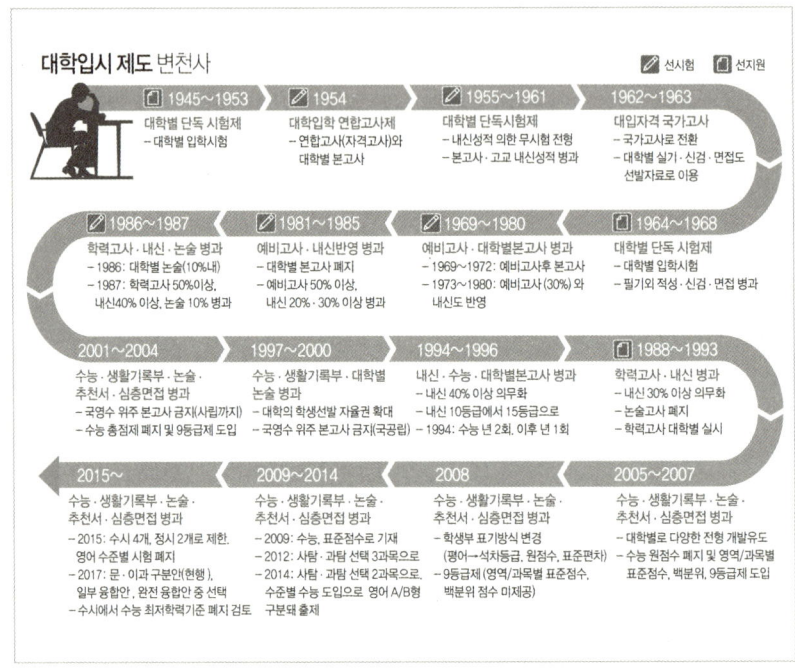

'대학입시제도 변천사', 〈연합뉴스〉 2013.08.27

〈그림 7〉

우리 사회는 다음과 같은 변화를 이어왔습니다.

먼저, 정치적으로는 권위주의 체제로부터 민주주의로 전환해 왔습니다. 경제·사회적으로는 농업 중심 사회에서 기초적인 제조업 중심 사회, 더욱 확장된 본격 제조업 중심 사회, 3차 산업 중심 사회, 첨단 기술 사회, 세계화에 따른 국제경제권역으로의 확대 사회로 변모해 왔습니다.

교육이 이러한 정치·경제사회적 변화에 대응하면서 한 걸음 더 빨리 변모해야 하는 것은 매우 당연한 것입니다. 그래서 기술자 양성으로부터 시작해 분야별 전문가 양성, 민주사회에 필요한 창의적 인재 양성, 나아가 새로운 국제경제권역으로의 확장에 대비하기 위한 비판적이면서도 상상력이 풍부한, 새로운 인재를 키우는 방향으로 변화해 왔습니다. 이러한 교육적 변화는 당연히 대학입시 방식의 변화에 투영되어 왔으며, 최근 들어 대학입시에 불고 있는 다양한 선발 방식은 이러한, 다양한 인재를 양성하기 위한 정책들입니다.

■ 시대의 변화에 따른 교육의 역할 변화 ■

시기	정치적 상황	사회적 상황	교육의 역할
1960년대	민주주의의 도입기	농촌경제에서 제조업 중심의 경제로 진입	각 분야별로 기술자 양성
1970년대	국가주의 독재체제	본격적인 제조업 경제의 발달	분야별 실용적 전문가 양성
1980년대	독재체제의 지속과 이에 대한 시민세력의 반발	정밀제조업 및 중화학 공업으로의 본격 진입	미래를 준비하기 위한 첨단 분야 전문가 양성
1990년대	독재체제의 종언과 민주주의의 착근	첨단 공업화 및 3차 산업사회로 진입	전문가 양성과 병행하여 개성을 갖춘 민주 시민 양성
2000년대	민주주의의 본격적 전개	IT산업 및 문화중심산업 등 3차 산업의 본격적 도입	민주사회에 걸맞은 다양한 분야의 전문가 및 창의적 인재 양성
2010년대	민주주의의 본격적인 전개에 따라 불거지기 시작한 이념적, 세대적 갈등의 확산	3차 산업사회의 본격적인 전개 및 세계화에 따른 국제 경제권으로 재편	정보화 사회 및 국제 경제권의 본격적인 도입에 대처하기 위한 전문가 양성

〈표 2〉

이렇게 교육 정책 및 사회의 변화 추세를 살펴보면 그리 어렵지 않게, 미래가 필요로 하는 인재는 어떤 능력을 갖추어야 하는가 그리고 그러한 인재를 선발하기 위해서는 어떤 형식의 선발 방식이 필요한가를 예측할 수 있습니다. 물론 우리 사회가 오늘날 민주주의의 합리적인 운용에 익숙하지 않아 교육 분야에서도 진보의 흐름을 거부하는 퇴행적 주장이 난무함으로써 교육의 발전에 가끔 장애가 되고 있는 것도 사실입니다. 그러나 역사의 흐름은 잠시 멈추거나 조금 뒤로 밀려날 수는 있어도 결국에는 앞으로 나아가기 마련입니다. 그러므로 우리 교육 체제 또한 합리적이며 비판적인 사고력을 갖춘 민주시민, 나아가 창의적이며 상상력이 풍부한 인간을 양성하는 방향으로 나아갈 것입니다. 그리고 이러한 인재가 갖추어야 할 몇 가지 요인은 다음과 같이 요약할 수 있습니다.

합리성 – '합리성'이란 이치에 맞는다는 뜻입니다. 즉 단순히 수학 문제를 잘 푼다든지, 국어 문제를 잘 이해하는 것을 넘어 어떤 주장을 하든지 이치에 맞게 해결할 수 있는 능력을 말합니다. 합리성이라는 말은, 어떤 면에서 보면 추상적이기도 하고 실생활에 불필요하다고 느낄 수도 있습니다. 그러나 앞으로의 사회는 합리적이지 못한 사람이 활동할 수 있는 범위가 극도로 축소될 수밖에 없습니다. 예전과 같이 정보가 몇몇 소수에게 독점되던 시대에는 그 정보의 옳고 그름을 판단하기도 힘겨웠습니다. 그러나 정보가 모든 시민들에게 공개되는 사회에서는 독단적이며 비합리적인 정보는 결국 외면당할 수밖에 없습니다. 따라서 한 사회의 지도자적 위치에서 그 사회를 이끌어갈 인재라면 당연히 모든 구성원들을 설득할 수 있는 합리성을 갖추어야 합니다. 사회의 운영 정책 역시 합리적이야 할 것은 두말할 나위도 없습니다.

비판력 – '비판력'이란 상대방의 주장에 대해 옳고 그름을 지적할 수 있는 판단력을 뜻합니다. 비판력이 결여된 사람은 상대방의 주장을 있는 그대로 받아들일 수밖에 없습니다. 그러므로 예전의 권위주의 체제나 제조업 중심 사회에서는 비판력을 갖춘 인재를 필요로 하지 않았습니다. 권위주의 체제는 정부의 주장에 반기를 드는 존재를 용납하지 않았기 때문에 자신들의 주장에 대해 그르다고 말하는 사람을 처벌할 수밖에 없었습니다. 또한 제조업 중심 사회에서도 비판력을 갖춘 인재를 필요로 하지 않았습니다. 제조업은 일정 수준의 기술을 습득한 후, 주어진 시간 동안 열심히 생산 활동에 전념하는 사람을 필요로 할 뿐입니다. 그래서 제조업 중심 사회에서는 교육 또한 비판력을 갖춘 인재보다는 주어진 일을 묵묵히 하는 사람을 키우는 데 힘을 기울였습니다.

이는 당연히 인재 선발 방식에도 투영되는데, 과거 1960~70년대에 대학 입시 방식이 사지선다형의 과목별 시험, 대학별 시험 등 기계적인 방식으로 운영된 것은 모두, 이러한 시대적 요구를 반영한 것입니다. 그러나 새로운 시대에는 컨베이어 벨트 위에서 흘러가는 부품을 하루 10시간 동안 조립하는 인재보다 1년 내내 혼자 골똘히 고민하다가 어느 날 문득 하나의 신제품을, 신 캐릭터를, 신문화를 산출하는 인재를 더 필요로 합니다. 일하는 시간의 양이 중요한 것이 아니라 일에 대한 집중력이 더 중요한 시대가 된 것입니다. 집중한다는 것은 현존하는 기존 질서 또는 법칙, 논리, 대상 등에 대해 더 많이 연구하고 관찰하여 무엇이 문제인지 확인하는 작업입니다. 이것이 비판력의 향상으로 이어지는 것입니다. 상대의 결점이 무엇인지, 단점이 무엇인지, 문제점이 무엇인지 파악하는 능력, 이것이 바로 비판력입니다.

비판력을 갖춘 인재는 상대방의 비합리적인 주장이나 명령에 맹목적으로 따르지 않습니다. 그래서 비판력을 갖춘 건전한 시민 양성이 교육의 목적인 서구 여러 나라에서는 초등학생 정도의 판단력만 갖추어도 비합리성을 금세 알아챌 수 있습니다. 그래서 불법 다단계 영업 따위는 발을 붙일 수조차 없습니다. 그뿐만이 아닙니다. 비합리적인 종교적 기적, 경제적 수익 창출, 정치적 프로파간다 따위를 주장하는 무리가 발붙일 곳은 거의 없습니다. 그런데 우리나라는 어떻습니까? 온갖 비합리적인 주장을 맹목적으로 받아들여 집안이 풍비박산 나고 가정이 파탄 나는 경우를 하루가 멀다 하고 보게 됩니다. 아마도 이런 것은 비판적 사고를 부정적으로 보는 과거의 사고가 아직도 우리 사회를 지배하고 있기 때문이라고 생각합니다.

비판적 사고는 결코 부정적인 사고가 아닙니다. 상대방의 비합리성을 깨닫는 것은 새로운 대안을 마련하기 위한 기초 작업이라고 할 수 있습니다. 기존의 방식이나 주장, 논리, 제품의 문제점과 비합리성을 깨닫지 못하는 사람이 어떻게 새로운 대안을 제시할 수 있겠습니까? 비판력이야말로 합리성으로 나아가는 기초요, 새로운 대안을 제시할 수 있는 기반이라 할 수 있습니다.

분석력 - '분석력'이란 상대방의 주장, 논리, 제안, 제품 등을 무조건적으로 수용하거나 거부하는 것이 아니라 잘게 나누어 어떤 점이 옳고 그른가, 어떤 점이 효율적이고 비효율적인가, 어떤 점이 이치에 맞고 그렇지 않은가를 확인하는 능력입니다. 우리는 현실 속에서 상대의 주장이나 논리 등에 대해 한 번만 보고 판단하는 경향이 매우 강합니다. 만일 누군가가 특정 제품에 대해 꼼꼼히 살펴보고 빈틈을 발견하여 지적하면 그 사람에 대해 "분석적이고 합리적인 판단을 내리는구나."라는 긍정적인 평가를 내리기보다는 "뭘 저렇게 꼼꼼하게 따지고 드나? 저러니 사람들이 피곤하게 여기는 게 당연해."라며 부정적으로 바라보는 사람이 더 많은 게 우리 사회의 현실입니다. 그러나 분석력을 제대로 갖춘 사람만이 기존 제품을 능가하는 새로운 제품, 기존 이론을 능가하는 새로운 이론, 기존 시각을 대체할 수 있는 새로운 시각을 제시할 수 있을 것입니다.

앞으로 다가올 미래사회는 이러한 합리성, 비판력, 분석력을 고루 갖춘 인재를 필요로 합니다. 지금까지 우리 사회가 "좋은 게 좋은 거지."라며 합리적, 비판적, 분석적인 인재를 경시했다고 해도 앞으로는 그런 인재 한 명이 백만 명을 먹여 살리는 시대가 올 것이라는 점을 반드시 명심해야 합니다. 그리고 당연히 우리의 교육 목표 또한 이러한 능력을 갖춘 인재를 키우는 방향으로 전개되어 나가야 할 것입니다.

4
새로운 시대가 요구하는 인재상

앞서 우리는 새로운 시대가 필요로 하는 능력에 대해 살펴보았습니다. 따라서 새로운 시대는 그러한 능력을 갖춘 인재를 양성하는 데 교육의 주안점을 둘 수밖에 없습니다. 만일 교육이 그러한 역할을 제대로 하지 못한다면 그 사회는 발전은커녕 도리어 퇴보할 수밖에 없을 것입니다. 그리고 시대의 변화에 따른 교육의 역할을 재정립하지 않고 과거의 방식만을 고집하거나, 정치를 하는 사람들의 입맛에 따라 기득권 세력의 이익을 대변하는 방식으로 교육 체제를 유지한다면 그 사회는 발전을 중단하게 될 것입니다. 우리는 그러한 사례를 먼 곳이 아닌, 가까운 일본에서 찾아볼 수 있습니다.

오늘날 새로운 창조의 세기를 준비하는 서구 여러 나라는 창의적이고 자유로우며 비판적 사고를 갖춘 인재 양성을 위해 교육 또한 그러한 방식으로 변모시키고 있습니다. 그러나 일본의 경우에는 오늘날에도 경쟁 교육, 입시지옥을 방불케 하는 상급학교 진학 방식, 사교육과 참고서 위주의 교육을 고집하고 있습니다. 그뿐만이 아닙니다. 전 세계적인 변화와는 정반대로 자신들의 역사만이 옳다는, 역사 교과서 왜곡에서 볼 수 있 듯이 위정자들은 교육을 자신들의 주장을 확산시키고 강화하는 수단으로 활용할 뿐, 교육을 나라의 백년지계百年之計로 생각하지는 않습니다. 그러므로 그러한 교육을 받고 자란 젊은이들이 능동적이며 창의적인 인재로 성장하기란 매우 어려울 것입니다.

그런데 일본은 꾸준히 노벨상 수상자를 배출하고 아무리 정체되고 침체를 겪는다 해도 아직도 세계 강대국의 자리를 유지하고 있습니다. 이는 일본 교육계에 침투하여 자신들의 하수인으로 전락시키고자 하는 기득권 세력의 기도를 막아내는 최후의 보루로서 교육인들이 조직적이고 체계적으로 활동하기 때문입니다.[6]

첫째, 학교 성적표에 등수가 나옵니다. 제가 찾아봤는데 세계적으로 한국과 일본 외에는 등수가 나오는 성적표를 보지 못했습니다. 서구 선진국 어디를 봐도 없습니다. 그러면 성적표에 뭐가 나올까요? 대학 다닌 경험이 있는 사람들은 대학 성적표 다 봤잖아요.

◻ 6. 최근 들어 논란이 되고 있는 일본 보수 정치인들의 '독도 망언'에 대해서도 일본교직원노동조합은 "독도가 일본 땅이라는 근거가 없다."고 주장하고 나서며 역사교과서의 개정에 강력히 반발하고 나섰습니다. 만일 우리나라에서 정치인들이 특정 지역을 자국 영토라고 주장하는 데 대해 교육을 담당하는 이들이 나서 "아니다."라고 외칠 때 어떤 일이 벌어질 것인지를 상상한다면 일본 교육계의 행동이 얼마나 용기를 필요로 하는 것인지, 그리고 그러한 행동이 가능한 사회는 그래도 희망이 있다는 것을 알게 될 것입니다.

'00과목 A, 00과목 B, 00과목 C'라고 되어 있죠. 그 거 받아보고 혹시 내가 몇 등일까 궁금해 했습니까? 가끔 평점 말고 점수가 적히는 나라도 있습니다. 캐 나다가 그렇습니다. 하지만 등수를 매기진 않습니다. 한국과 일본의 성적표에는 등수가 있습니다. 굉장히 희한한 현상입니다.

둘째, 교육에 대한 국가의 통제가 굉장히 강합니다. 국정교과서만 있다가 검인정 교과서가 도입되는 과 정에서도 엄청난 논란이 있었습니다. 여러 과목에 검 인정 교과서가 도입되어 있지만, 제가 보기엔 붕어빵 에 가깝습니다. 오십보백보입니다. 왜냐하면 검인정 교과서에 어떤 내용을 써놓아야 하는지에 대해 아주 철저하게 관리하고 있기 때문입니다.

이렇게 국가가 교과서를 강력하게 통제하는 제도가 한국과 일본에 자리 잡혀 있다 보니, 한국과 일본이 공통적으로 겪는 문제가 있습니다. 역사 교과서 논 란입니다. 일본도 과거의 침략전쟁을 어떻게 서술할 것인가에 대해 일본 내 논란이 생기고, 또 한국과 중 국이 이에 항의합니다. 한국에서는 일제시대와 박정 희·이승만 정권에 대해 어떻게 서술할 것인가, 근· 현대사 교과서 문제를 두고 논란이 붙었습니다. 그게 결국은 국가가 교과서를 관리하니까 교과서에 뭐라 고 쓰여 있는지가 중요해지는 것이죠.

서구 선진국은 이른바 자유교과서제도가 많습니다.

학교 교사들이 모여 A라는 책을 교과서로 쓰자고 하면 그게 교과서가 됩니다. 검정제도가 없는 나라가 많죠. 대부분 없습니다. 심지어 제가 확인했는데, 몇 개국에서는 교사에게 교과서를 쓸 수 있는 권한을 줍니다. 공식적으로 그런 권한을 부여하고 있는 나라는 핀란드, 스웨덴, 프랑스 등입니다.

이범 외, 『굿바이 사교육』, 시사IN북, 2010, pp.27~28.

이 글을 보다보면 아이러니한 점이 한두 가지가 아닙니다만 크게 두 가지만 살펴보겠습니다.

첫째, 우리나라의 교육은 일본과 겉모습은 흡사하지만 실제로는 일본보다 훨씬 형편없다는 사실입니다. 일본은 그래도 자신들이 선택한 방식입니다. 그러나 우리나라의 제도는 우리의 선택이 아니라 일본의 잔재를 그대로 받아들인 것입니다. 아무리 형편없는 제도라 해도 자기가 만들 때는 최소한의 논리라도 갖추기 마련입니다. 그러나 그것을 그대로 베껴 사용하는 자는 아무 논리도, 그 어떤 철학도 없다는 말과 다르지 않습니다. 그러니 우리나라의 교육 제도는 일본보다 훨씬 못한 것입니다.

둘째, 우리나라의 교육 전문가와 학부모들이 입만 열면 떠드는 핀란드니 프랑스 같은 나라의 교육 체제는 우리의 그것과는 북극과 남극만큼이나 차이가 있습니다. 그런데도 핀란드 교육방식이 유독 한국과 일본에서 선풍적인 인기를 끄는 걸 보면 참으로 실소失笑를 금할 수 없습니다. 핀란드의 교육 제도와는 가장 다른 길을 가는 두 나라가 그 나라 교육 방식을 본받겠다고 나서는 모습을 도대체 어떻게 해석해야 할지 모르겠습니다. 무엇이 옳고 무엇이 그른지도 모르면서 우리보다 나은 나라에서 행한다고 하니까 무비판적으로 받아들이는 모습, 바로 비판력과 합리성, 분석력이 두루 결여된 자들의 전형적인 행동일 것입니다.

5
이제는 바뀌어야 합니다

우리는 지금까지, 너무 오랫동안 말로만 혁신교육, 창의교육을 외쳤습니다. 그러나 그 결과는 참담한 정도를 넘어서 비극적인 결론에 도달하고 있습니다.

우리나라의 자살사망률은 세계 1위입니다. 10대의 경우 사망 원인 1위가 교통사고, 2위가 자살입니다. 20·30대의 사망 원인 1위는 자살입니다. 행복 순위는 178개국 중 102등으로, 꼴찌에 가깝습니다. 그러니까 대학 경쟁력은 낮고 인재 경쟁력은 별로입니다. 매우 불행히 사는 게 우리의 현주소이지요. 결국 우리의 교육이 병에 걸린 것은 분명합니다.

조기숙 외, 『굿바이 사교육』, 시사IN북, 2010, p.195.

이런 상황에서도 무한경쟁을 주장하는 이들이 사회의 주류를 이루고 있다는 것이 놀랍기만 합니다. 그만큼 우리나라의 기득권 세력이 공고하고 그들의 벽을 넘어서는 게 어렵다는 사실을 반증하는 것이라 생각합니다. 그러나 결국 그러한 움직임은 소멸되고 말 것입니다. 그렇지 않으면 우리나라 또한 일본의 전철을 밟게 될 테니 말입니다. 저보다 훨씬 교육 문제를 심도 있게 연구한 이화여대 조기숙 교수의 이야기를 참고하시기 바랍니다.

제가 100만 명을 먹여 살리는 천재를 연구해보았습니다. 노벨 물리학상을 받은 파인만, 빌 게이츠, 스티븐 스필버그, 워렌 버핏, 아인슈타인, 구글을 만든 페이지와 브린, 야후를 만든 제리 양, 냅스터를 만든 숀 패닝 등을 연구했더니 빌 게이츠 외에는 모두 공립학교를 다녔습니다. 동네 공립고등학교, 그리고 주립대학 등을 다닌 사람이 많았습니다. 결론은 부모랑 오래 산 사람들이 성공한다는 겁니다. 부모와의 관계가 굉장히 중요합니다.

천재는 학교 교육으로 만들어지지 않습니다. 사립 영재학교를 만들어 교육하면 천재가 만들어질까요? 그렇지 않습니다. 천재는 길러지는 게 아니라 발견되는 것입니다. 부모가 좋은 눈으로 천재를 발견해내는 것입니다. 천재는 어떻게든, 누군가에 의해서든 발견됩니다. 왜 미국은 노벨과학상을 수상하는 사람이 많고 우리나라에는 없습니까? 우리나라에는 천재가 없어

시일까요? 아닙니다. 교육이 잘못되어 천재가 사장(死藏)되었기 때문입니다.

조기숙 외, 『굿바이 사교육』, 시사IN북, 2010, p.214.

미래사회는 가치 중심 사회로 변화할 것입니다. 이것이 미래 리더십의 특징이기 때문에 결국 이런 리더를 키워내려면 대학 입시도 바뀔 수밖에 없습니다. 사교육으로 지식을 불리기보다는 어려서부터 엄마가 리더십을 발휘해 아이에게 목적의식을 심어주는 게 아이의 경쟁력 향상에 훨씬 좋습니다. 그것이 바로 21세기 대학이 원하는 인재상입니다.

대학 입시 때 학생들을 면접해보면 알 수 있습니다. 학원을 안 다닌 아이들이 무척 드문데, 그런 학생들은 자신감이 넘치고 자연스럽습니다. 그런 애는 딱 뽑고 싶습니다. 대다수 아이들은 학원에서 면접하는 법도 배우고 옵니다. 그런 아이들은 천편일률적입니다. 문도 쾅쾅 두드립니다. 자신 있게 행동하라고, 그렇게 시키나 봅니다. 우리는 국제학부라서 영어로 면접을 보는데, 손을 앞으로 모으고 90도로 머리 숙여 인사하면서 "굿모닝 써, 굿모닝 마담"이라고 말하는 모습이 너무 어색합니다. 학원에서 배운 대로 하는 아이들은 감점을 받습니다. 교수들이 학원에서 키운 학생을 별로 좋아하지 않습니다. 우리는 정말 학원을 안 다닌 아이들만 뽑고 싶습니다. 그런데 대부분 학원을 다녔기 때문에 어쩔 도리가 없습니다.

조기숙 외, 『굿바이 사교육』, 시사IN북, 2010, pp.220~221.

이 글을 보면 새로운 사회가 요구하는 인재상이 무엇이고, 그에 따라 대학이 요구하는 아이들이 어떤 아이들인지 잘 알 수 있을 것이라 믿습니다.

5

교과서의 변화

1
교육의 헌법, 교과서

이번에는 우리 사회가 '교육의 헌법'처럼 여기는 교과서의 변화에 대해 살펴보겠습니다. 교과서에 대해 살펴보는 것은 현재 대한민국에서는 교과서가 교육의 시작이요, 끝의 역할을 하기 때문입니다. 교과서에 나오면 그 내용이 사실에 부합하든지, 부합하지 않든지 무조건 맞다고 여기는 것이 현실입니다.

다음의 시험문제는 2014년도 대학수학능력시험 세계지리 8번 문항으로 북미자유무역협정NAFTA과 유럽연합EU에 대한 옳은 설명을 고르는 문제입니다. 그런데 세계지리 교과서에는 '유럽연합이 북미자유무역협정보다 총생산액의 규모가 크다'고 나와 있어서 2번을 정답으로 처리했으나, 통계청이 발표한 자료를 보면, 2010년부터 2012년까지 북미자유무역협정의 총생산액 규모가 유럽연합보다 큰 것으로 확인되었습니다. 결국 이 문제로 인해 피해를 본 학생들을 구제하는 조치가 취해지기는 했지만 이미 입시 결과가 나온 후여서 피해 보상 소송까지 제기되는 등 큰 문제를 야기했습니다. 그 외에도 우리의 입시 역사를 살펴보면 교과서와 다른 답이 존재한 까닭에 문제가 된 경우가 여러 번 있었습니다. 왜 그럴까요? 그건 앞서 말씀드린 바와 같이 우리나라에서는 교과서가 교육의 헌법과 같은 역할을 하기 때문입니다. 그리고 우리는 이러한 사실을 당연한 것처럼 받아들이고 있습니다. 그러나 그래도 되는 것인지는 분명 생각해 볼 문제입니다.

---

8. 지도는 지역 경제 협력체 A, B의 회원국을 나타낸 것이다. A, B에 대한 옳은 설명만을 〈보기〉에서 있는 대로 고른 것은? [3점]

― 〈보 기〉 ―

ㄱ. B가 등장하면서 멕시코에 대한 외국 자본 투자가 급증했다.

ㄴ. A, B 모두 역외 공동 관세를 부과한다.

ㄷ. A는 B보다 총생산액의 규모가 크다.

ㄹ. B는 A보다 총무역액 중 역내 교역 비중이 크다.

① ㄱ, ㄴ   ② ㄱ, ㄷ   ③ ㄱ, ㄴ, ㄹ

④ ㄱ, ㄷ, ㄹ   ⑤ ㄴ, ㄷ, ㄹ

2
교과서의 탄생

교과서는 한 나라에서 자국민에게 전달하고자 하는 필수 지식이 담긴 정형화된 책입니다. 즉, '이것만은 국민에게 꼭 알려야겠다, 우리나라의 국민이라면 이것만은 꼭 알고 있어야 한다'고 여기는 지식이 담긴 책이지요. 그래서 교과서가 탄생하기 위해서는 국민에 대해 강력한 힘을 가진 나라가 필수적입니다. 국민을 완전히 지배하고 있지 않다면 그 나라가 전달하고자 하는 필수 지식을 강제로 배우려고 하지 않기 때문입니다. 또한 한 나라에서 국민의 지적 욕구를 지도간섭, 관여, 통제하고자 하는 의도가 있어야 합니다. 그러한 의도가 없다면 정형화된 책을 만들지도 않을 테니까요.

이 두 가지 조건이 충족될 때 교과서가 탄생합니다. 교과서가 근대에 들어오면서 탄생한 데는 이런 조건이 근대 이후에 갖추어졌기 때문입니다. 특히 우리나라를 비롯한 동양의 경우에는 교과서가 더욱 강제성을 띨 수밖에 없었습니다. 그 이유는 다음과 같습니다. 처음 서양 문명을 수용하고 큰 충격을 받은 일본에서는 섬나라 특유의 개방성을 발휘해 하루라도 빨리 서양 문명을 받아들여 전 국민에게 전파하고자 하였습니다. 그 과정에서 필요했던 게 선진문물을 요약, 정리해서 전 국민에게 전하는 수단인 교과서였던 것입니다. 그래서 일본에서는 처음부터 교과서가 국가에서 정한 교과서, 즉 국정교과서로 결정되었습니다. 그리고 일본의 침략이라는 비참한 과정을 통해 서양 문물을 받아들일 수밖에 없었던 우리나라 또한 그 전철을 밟아야 했던 것은 당연지사였습니다. 교과서가 그렇게 나라에서 국민을 가르치고 인도하는 수단으로 작동하는 순간 교과서는 절대선, 즉 교육의 헌법이 될 수밖에 없습니다. 반면에 서양의 교육 선진국에서는, 뒤에서 자세히 살펴보겠지만 그러한 교과서는 존재하지 않습니다. 정해진 지식만을 정해진 방식으로 주입시키는 교육을 선택한다는 것은 근본적으로 교육의 본질에서 벗어난 것이기 때문입니다.

한편 교육의 헌법으로 작동하는 교과서를 채택한 일본에서 자습서니 전과니 학습지니 하는 따위의 교과서를 보조하는 수단의 학습물이 탄생한 것은 우연이 아닙니다. 오직 교과서만 공부하면 지도자가 될 수 있으니 교과서 공부에만 몰두하게 되는 것이고, 따라서 교과서를 반복 학습하여 좋은 성적을 거둘 수 있기 위해서 필요한 것이 바로 반복학습을 조장하는 참고서요, 학습지였던 것입니다. 당연히 우리나라에도 일본의 학습지가 본질은 그대로인 채 내용만 바꾸어 상륙했습니다. 요즘도 일본어로 붙여진 학습지가 버젓이 판매되고 있는 나라가 바로 대한민국입니다. 생각해 보면 이해할 수 없는 일이지만 현실이 그러합니다.

3
교과서의 다양화

교과서에는, 앞서 살펴본 것처럼 국민의 지적 욕구를 통제, 간섭, 관여하겠다는 국가의 의도가 담겨 있습니다. 물론 이러한 개입이 무조건 부정적인 것은 아닙니다. 개입하지 않으면 국민들 가운데 지적 욕구가 강한 사람은 스스로 지적 성취를 이루겠지만 그렇지 않은 사람은 사람으로서 갖추어야 할 최소한의 지적 성취도 이루지 못할 것이기 때문입니다.

그러나 처음에는 긍정적인 의도로 출발한 교과서도 시간이 흐름에 따라 부정적으로 바뀔 수 있습니다. 예를 들면 국민들의 지성을 국가가 의도하는 방식으로 통제하기 위해 조작된 지식을 전달하거나 국가가 설정한 목표를 국민을 통해 달성하도록 하기 위해 교과서를 이용하는 일 등이 적지 않습니다. 최근 우리나라에서 불거진 '일본 역사 교과서 파동' 그리고 우리나라 내부에서 일어난 '뉴라이트 역사 교과서 문제' 등이 그런 경우입니다. 이런 부정적인 면 때문에 선진국일수록 교과서의 정형화 정도는 약합니다. 즉, 교과서에 국가가 관여하는 정도가 크지 않다는 말입니다. 그리고 우리나라도 시대의 변화에 따라 교과서 정책이 변화해 왔습니다.

그럼, 몇몇 나라의 교과서 정책에 대해 살펴보기로 하겠습니다.

스위스

스위스는 교과서 제작 또는 검정제도를 채택하고 있지 않아 사실상 자유발행제도를 따르고 있습니다. 이와는 별도로 각 칸톤^{행정구역}별로 구성되어 있는 교과서 위원회에서 교과서로 사용할 수 있는 서적들을 목록으로 정하고 이 목록에 따라서 각 교사들이 교과서를 선정하도록 하고 있습니다.

스웨덴

스웨덴 또한 교과서에 별다른 제한이 없어 자유발행제를 채택하고 있습니다. 내용은 출판사가 자율적인 판단에 따라 제작합니다.

영국

영국도 교과서 자유발행제를 채택하고 있습니다. 그뿐만 아니라 교과서 전문 출판사에서 발간한 교과서를 사용하지 않는 경우가 많기 때문에 '교과서'에 대한 개념 자체가 우리나라와는 매우 다릅니다.

일본

일본에서는 민간 교과서 발행자가 교과서를 제작 ·

편집하고 있습니다. 각 발행자는 학습지도요령, 교과
용 도서검정 기준 등을 바탕으로 교과서를 제작하여
검정 신청을 하고, 정부에서는 검정을 거쳐 교과서
자격을 부여합니다.

프랑스
프랑스 역시, 교과서 자유발행제로서 교육부에서 공
시한 교육 과정에 따라 누구든지 자유롭게 저작 · 발
행이 가능합니다. 일반적으로는 출판사가 저자를 선
정, 출판합니다.

이런 내용에서 알 수 있듯이 서구 여러 나라들은 교과서 정책이 느슨한
반면 일본의 경우에는 검정을 거쳐 교과서를 선정하는 등 매우 엄격함을
알 수 있습니다. 우리나라의 경우에도 일본과 크게 다르지 않은 것으로 보
입니다.

4
우리나라의 교과서 정책

교과서는, 정도의 차이는 있지만 국가가 국민에게 강제하는 성격이 강합니다. 그런 까닭에 국가가 시행하는 여러 자격시험에서 교과서가 차지하는 비중이 클 수밖에 없습니다. 교과서가 강력한 힘을 갖는 까닭이 여기에 있습니다. 그래서 교과서라는 단어에는 '즐거움이나 행복, 자율' 등의 개념이 포함되지 않습니다. 대신 '타율, 강제, 의무'라는 개념이 강합니다. 이것이 우리 청소년들로 하여금 교과서를 멀리하거나, 고통의 근원으로 여기게 만드는 것입니다. 그런데 더욱 큰 문제는 많은 학생들이 교과서라고 하는 책으로 인해, 모든 책을 멀리하거나 독서를 하나의 '의무'로 여기게 된다는 점입니다. 이는 교과서가 시험에서 차지하는 비중이 커질수록 독서를 멀리하는 현상에서도 확인할 수 있습니다. 즉, 유아기에는 책을 좋아하던 아이들이 초등학교, 중학교, 고등학교, 나아가 대학교에 입학하면서 점차 책을 멀리하게 되는 것이 최근의 현상입니다.

물론 이러한 현상이 발생하게 된 데에는 고학년이 될수록 성적에 급급해 아이들을 학원이나 과외로 내모는 어른들의 책임이 훨씬 큽니다. 그러나 그런 상황에서도 책에 대해 긍정적인 태도를 가진 학생들은 책 속에서

휴식을 취하고 스트레스를 풉니다. 반면에 책에 대해 부정적인 태도를 가진 학생들은 학습시간 외에는 모든 책에서 멀어집니다. 이러한 문제를 해결하는 것이 우리나라 독서 환경의 변화, 더 나아가 청소년들의 상상력과 창의력, 비판력, 지성의 양성이라는 독서의 목표를 달성하는 지름길이라고 하겠습니다.

우리나라의 교과서 정책 또한 날이 갈수록 진화하고 있습니다. 과거에는 정부에서 일률적으로 만들던 교과서가 검인정 교과서 제도로 변하였고, 이후 검인정 교과서의 종류 또한 극히 제한된 숫자였던 것이 최근에는 과목별로 수십 종에 이를 만큼 다양해졌습니다. 그러나 아직도 교과서 제작의 자율성은 교육 선진국의 수준에는 못 미치는 것이 현실입니다. 이러한 점이 앞서 살펴본 교과서의 타율, 강제, 의무 개념을 강화시키고 있습니다.

현재 우리나라의 경우, 초등학교는 몇몇 과목을 제외하고는 국정교과서 제도입니다. 이러한 정책 또한 시간이 흐름에 따라 자연스럽게 검정 제도로 전환될 것입니다. 중·고등학교의 경우에는 검정교과서 제도로 전환했을 뿐 아니라 교과서의 종류 또한 과거에는 상상할 수 없을 만큼 다양해졌습니다. 이러한 변화는 궁극적으로 교과서 자율 발행 제도로 가는 과정이라고 할 수 있습니다.

그러나 최근 들어 우리나라의 교과서 정책이 오히려 과거의 국정교과서 방식으로 퇴행하는 듯해 안타까운 마음이 들지만, 그러한 움직임은 일시적인 것일 뿐, 결국에는 우리나라도 자유발행제를 향해 나아갈 것입니다. 이는 창의적인 인재 양성에 필수적인 지식의 확장과 다양성, 창의성이라는 미래의 교육 목표를 달성하기 위해서 천편일률적인 내용을 모든 청소년에게 똑같이 전달해서는 결코 안 된다는 사실을 역사가 증명하고 있기 때문입니다.

5
교과서랑 친해지기

교과서를 어떻게 하면 효과적으로 이용할 수 있을까에 대해 한번 살펴보
겠습니다.

사실 교과서가 우리 아이들에게 주는 압박감에도 불구하고 교과서에서
정리한 내용은 이 사회를 이해하고 미래를 준비하는 데 필수적인 것들입니
다. 따라서 지금의 교과서가 미흡한 부분이 있다고 해도 그것을 송두리째
부정해서는 안 됩니다. 그래서 저는 가능하면 우리 아이들이 교과서를 긍
정적이고 능동적으로 활용할 수 있는 방안이 무엇일까 고민해 보았습니다.

교과서와 친구하기

청소년들을 교과서와 친구가 될 수 있도록 할 수만 있다면 그보다 더
좋은 방법은 없을 것입니다. 교과서와 친구가 되는 순간, 학습 활동이 적
극적이고 자율적으로 변할 것은 불문가지요, 책이라는 존재에 대해서도
긍정적으로 변할 것이기 때문입니다. 그렇다면 다음과 같은 방법은 어떨
까요? 만일 세상에 한 종류의 교과서만 있다면 결코 교과서와 친구가 될
수 없을 것입니다. 친구란 복수가 존재할 때만이 가능하기 때문입니다.

그런데 다행스럽게도 우리나라에는 수많은 종류의 교과서가 존재합니다. 게다가 교과서는 그 질에 비해 아직은 가격이 매우 저렴한 편입니다. 이러한 상황을 잘 활용한다면 교과서와 친구가 되도록 청소년들을 유도할 수 있을 것입니다.

어떤 학교든지 하나의 학교는 한 종류만의 교과서를 채택하고 활용하게 됩니다. 그런데 그렇게 해서 채택된 교과서는 그 학교를 다니는 학생들에겐 책이 아닌, 단순히 교과서에 불과합니다. 그리고 앞서 말씀드린 바와 같이 그 교과서는 '의무'의 대상이 되고 맙니다. 하지만, 그 학교의 학생이 바라보는 다른 학교의 교과서는 다릅니다. 교과서라는 이름은 같지만 다른 학교에서 활용하는 교과서는 호기심의 대상이 되기도 하고, 읽고 싶은 책이 되기도 하고, 크게 나오는 상관이 없다는 생각이 들어 부담도 없습니다. 그러므로 그 다른 학교의 교과서를 읽을 때면 마음도 가볍고, 재미도 있고, 의무감도 느끼지 못하다보니 친구가 될 가능성이 더 커지게 되는 것입니다. 더구나 최근 들어서는 교과서의 편집이나 디자인 등이 여느 교양도서에 버금가거나 더 나을 만큼 잘 만들고 있는 게 현실입니다. 따라서 여러 종류의 교과서를 청소년들에게 제공하는 것은 교과서와 친구하기의 첫 번째 단계인 것입니다.

교과서에 나오는 읽기물의 완성본 미리 접하기

국어와 영어 같은 탐구 과목의 경우, 다양한 읽기물이 수록되어 있습니다. 그러나 그런 읽기물은 교과서의 특성 때문에 일부분만이 실려 있는 경우가 대부분입니다. 그런데 글의 일부분만 보고 흥미를 느끼기란 무척 어렵습니다. 따라서 교과서에 흥미를 갖게 하기 위해서는 전체의 글을 접하고 이해하는 게 중요합니다. 여기서 더 중요한 것은 예습적 측면이라는 것입니다.

이미 배운 글을 다시 읽는 것은 공부입니다. 그러나 아직 배우지 않았고, 앞으로 배울 것이라는 사실조차 모르는 글의 경우에는 즐거운 독서의 첫걸음이 될 수 있습니다. 즉 읽기물의 경우, 앞으로 배우게 될 교과서에 나오는 작품을 먼저 읽을 기회를 가정이나 도서관 등에서 제공하는 것이 중요합니다. 당연히 공부라는 말 대신 즐거움의 대상으로 말입니다. 이를 위해 부모나 관련된 분들이 먼저 읽고 그 작품의 즐거움을 함께 공유하는 것이 중요합니다. 이런 책읽기는 학원에서 일반적으로 행하는 선행학습과는 목적부터 분명히 다릅니다. 그리고 읽기물을 먼저 읽었다고 해서 학교 수업을 등한시하는 청소년은 없을 것이며, 오히려 자신이 읽은 읽기물이 나오는 수업 시간에는 더욱 관심을 갖고 집중하는 것이 더 일반적입니다.

각급 도서관에 타 교과서 비치하기

앞서 청소년들을 위해 친구 교과서를 준비하는 것이 필요하다고 했습니다. 그런데 모든 친구들이 그럴 만한 상황에 놓여 있는 것은 아닙니다. 따라서 각급 도서관에서 각 학년별 교과서를 비치하는 것이 중요합니다. 그러면 다른 학교 친구들이 무엇을 배우는지 알고자 하는 친구들에게 도움을 줄 수 있을 뿐 아니라 호기심을 불러일으킬 수도 있습니다. 또한 교과서가 도서관에 비치되어 있는 모습을 보면 그 순간 교과서도 책이라는 의식이 자신도 모르게 형성됩니다. 게다가 일반인들 가운데서도 교과서를 접하고자 하는 분들이 의외로 많습니다. 왜냐하면 새로운 공부에 대한 열정뿐 아니라 요즘 교과서가 워낙 잘 만들어져 있기 때문에 흥미로라도 접하게 되는 것입니다.

결론적으로 말하자면 교과서가 즐거움의 대상이 될 수 있다는 사실을 그 누구보다 먼저 어른들^{부모님, 선생님}이 깨닫는 게 중요합니다. 어른들이 교과서가 재미없는 것이라는 생각을 갖고 있는 한 아이들에게 교과서의 즐거움을 제공하기란 거의 불가능하기 때문입니다. 그런데 저는 어른들 가운데 교과서가 즐거움의 대상이라고 여기는 분을 만나본 적이 없습니다.

　　어른은 청소년의 거울입니다. 어른이 하는 행동이나 사고를 벗어나는 청소년은 보기 드뭅니다. 따라서 어른들이 교과서가 즐거움의 대상이라는 확신을 가지고 교과서에서 참 즐거움을 느끼는 순간, 청소년들도 교과서를 더 이상 의무의 대상으로 보지 않을 것입니다.

6

부모를 보면
아이를 알 수 있다

1
무엇보다 중요한 부모의 역할

지금까지 우리는 우리나라의 교육 제도를 살펴보았고, 우리 아이를 미래의 지도자로 키우기 위한 필요충분조건에 대해서도 살펴보았습니다. 그리고 부족하지만 내린 결론은 이렇습니다.

첫째, 아이들을 믿어야 합니다. 아이들을 믿을 때 아이들 스스로 지적 호기심을 채우고자 노력할 뿐 아니라 그런 능동적 노력이 수동적 강요에 비해 상상할 수 없는 효과를 가져온다는 사실도 확인했습니다.

둘째, 교육 체제가 시대의 변화에 따라 변화해 간다는 사실입니다. 교육은 새로운 시대를 준비하는 인재를 양성하는 행동이기 때문입니다. 따라서 나라가 앞으로 나아가기 위해서는 당연히 시대 변화에 따라 교육 제도 또한 변화하는 게 필요합니다. 만일 그렇지 못하다면 나라의 발전은 더딜 수밖에 없습니다.

셋째, 새로운 시대가 요구하는 인재는 과거의 인재상, 즉 학벌과 졸업장으로 대표되는 형식적 인재가 아니라 창의적이고 상상력이 뛰어나며 합리성과 비판력, 분석력을 갖추어야 합니다. 그럴 때만이 단순히 학벌로 사람을 평가하지 않는 새로운 시대를 리드할 수 있기 때문입니다. 그리고 그런 인재를 기르기 위해서 사교육이나 특수한 교육기관이 필요한 것이 아니라 부모를 비롯해 곁에서 함께 생활하는 사람이 중요합니다.

이렇게 얻은 결론을 바탕으로 한다면 학교 교사나 학원 교사, 과외 교사, 학습지 교사 그리고 무엇보다도 학부모의 역할이 중요하다는 사실을 누구나 깨달을 수 있을 것입니다. "콩 심은 데 콩 나고, 팥 심은 데 팥 난다."는 우리 속담은 거짓이 아닙니다. 그런데 이때 말하는 콩과 팥이 가지는 의미는 무엇이겠습니까? 그것은 바로 유전자가 같다는 것으로 좋은 학원이 중요한 게 아니라 좋은 부모가 중요하다는 말입니다. 거짓말과 사기를 일삼는 부모가 그렇게 모은 돈으로 뛰어난 과외 교사를 붙여준다고 해서 아이가 뛰어난 인재로 자라기는 쉽지 않습니다. 눈만 뜨면 보고 배우는 게 거짓말과 사기인데 어떻게 그 아이가 진실과 정의를 배울 수 있겠습니까? 물론 아이 또한 거짓말과 사기를 배워서 현실적으로 성공돈을 벌고 거들먹거리는 권력을 잡는할 수도 있을 것입니다. 그러나 그런 성공이야말로 이 사회에 폐가 되는 성공일 것이며 결코 오래가지도 못할 것입니다. 반면, 아무리 물질적으로는 풍요롭지 못하다 해도 늘 진실과 정의로운 삶을 추구하는 부모 밑에서 자란 아이가 사기꾼으로 자라는 것 또한 쉽지 않을 것입니다.

그렇다면 독자 여러분은 자신의 아이들에게 어떤 모습을 보이고 있습니까? 시인 황동규 교수의 산문집 한 부분을 인용해 보겠습니다.

당시는 전쟁 직후라 경쟁이 적어서였겠지만 내 고등학교 성적은 꽤 괜찮았다. 어머님은 물론 내가 의과나 법과를 택하기를 기대하고 계셨고, 소설을 쓰시는 아버님[7]도 내놓고 말씀은 안 하셨지만 당신처럼 고생을 안 하는 길로 갔으면 하는 분위기를 은근히 만들고 계셨다. 사실은 나 자신도 딱히 진로를 결정하지 못하고 있었다. 고등학교 2학년 때는 작곡과를 택하려고, 지금 생각하면 좀 허황된 꿈을 가지기도 했고 문과반과 이과반으로 나누어 수업하기 전이라 물리학자가 되려는 생각도 했다. 졸업반이 되면서는 의과대학을 심각히 고려하기도 했다. 특히 의사가 되었으면서도 지금도 열심히 시를 쓰는 동기동장 친구 마종기가 의과를 택했을 때 내 마음은 한 번 크게 그쪽으로 쏠렸다.

(중략)

고민 끝에 비록 고난의 길일지라도 문학 외곬의 길을 택하기로 마음을 정하고 말았다. 그 순간의 비장감이란! 그리고 다음날 아버님을 만나 그 말씀을 드렸다. 그 무엇보다도 문학에 약하셨던 아버님은 조금 생각에 잠기시더니 하고 싶은 대로 해보라고 하셨다. 그리고 덧붙여서 후회 없이 살 용기만 있다면 무슨 일을 해도 좋다고 하셨다. 나는 그 말을 지금 내 자식에게도 하고 제자에게도 하고 있다.

(중략)

■ 7. 〈소나기〉라는 작품으로 유명한 소설가 황순원입니다.

평탄한 길은 아니었다. 문학은 대체로 들인 노력에 비해 성과가 적은 길이다. 시 열 편을 쓰면 여덟 편 혹은 아홉 편을 버리기가 일쑤였다. 나처럼 다작(多作)이 아닌 사람에게는 그야말로 괴로운 일의 연속이었다. 생활력이 없어 상과(이즈음 용어를 쓰자면 경영학과)를 나온 동생이 먼저 결혼을 했고, 부모님은 동생에게 새치기당한 내가 콤플렉스를 가지지 않도록 신경을 쓰시는 것이 눈에 역력히 보였고, 그것이 내 신경을 약간씩 건드리기도 했다. 5.16 직후, 대학원에 들어가도 앞날은 불투명했고, 한 학기를 마치고 군대에 들어갈 때는 앞날이 더 어두워지기도 했다. 그 어두움 속에서 매달린 것이 연작시 '비가(悲歌)'였다. 그 연작시에 매달려 있는 동안 나는 모든 것을 잊을 수 있었고 모든 것에서 새로 의미를 발견하기도 했다. 그러다 차차 문학만이 나를 구해주리라는 생각을 하게끔 되었다.

황동규, 『젖은 손으로 돌아보라』, 문학동네, 2001, pp.27~29.

만약 황동규 교수가 요즈음에 태어났다면, 우리나라 문학계를 빛낼 시인으로 성장할 가능성은, 제가 보기에는 거의 제로에 가깝습니다. 그러나 다행히도 황동규 교수의 부모님은, 오늘날 자신의 선택이 마치 아이의 행복을 위한 것처럼 스스로를 속이는 부모들과는 달랐기에 공부 잘하는 아이의 선택을 믿어주었고, 그 덕분에 우리는 황동규 시인의 아름다운 작품들을 읽게 된 것입니다.

결국 우리 사회의 미래는, 오늘날 부모라는 직업을 가진 우리 모두에게 달려있다고 해도 과언이 아닙니다. 지혜로운 부모 밑에서 지혜로운 아이가 자랍니다. 지혜로운 부모와 함께 살아본 아이가 지혜로운 아이를 키웁니다. 그래서 오늘을 사는 부모들이 지혜로워야 하는 것입니다.

2
지혜를 키우는 인문학

인문학은 '人^{사람}+文學^{문학}'으로 구성된 단어입니다. 사람을 위한 문학인 셈인데, 이때 문학은 우리가 말하는 소설이나 시를 뜻하기보다는 문학紋學^(무늬 문, 배울 학)을 뜻합니다. 그러니까 인문학은 곧 '사람이라는 존재의 다양한 무늬를 배우는 학문'이라는 것입니다.

과거에는 인문학을 가리켜 문사철文史哲이라고도 했습니다. 문사철은 '문학+사학+철학'에서 따온 말로서 이를 인문학이라고 생각했는데, 요즘의 개념과는 약간 빗겨난 듯합니다. 사실 인문학이란 '사람이라는 존재의 다양한 모습과 삶, 행동을 규명하는 학문'입니다. 따라서 과거에 학문이 오늘날처럼 나누어있지 않았을 때는 문사철이 인문학의 본령本領이었지만 오늘날처럼 학문이 무수히 많은 종류로 분화된 시기에는 문사철만으로 인문학을 규정짓기는 어려울 것입니다. 이제는 심리학, 예술, 경제학, 사회학, 심지어 생명과학에 이르기까지 우리 인간의 삶을 규명하는 모든 기본학문을 가리켜 인문학이라고 하는 게 옳을 것입니다. 그래서 우리 삶의 본질을 다루는 모든 학문을 인문학이라고 해도 지나친 말은 아니라 생각합니다.

이렇게 규정짓고 나니 왜 인문학이 지혜를 키우는 존재인지 쉽게 이해할 수 있을 것입니다. 인문학은 현실과 동떨어진 형이상학을 다루는 학문이 아닙니다. 인문학이야말로 우리 삶의 기본에 대해 꼼꼼히 살피는 데서 출발하기 때문에 우리가 제대로 살기 위해서는 결코 멀리해서는 안 되는 기본 학문인 것입니다. 그런데도 인문학을 현실에서는 쓸모없는 것으로 몰아가는 사람들이 아직도 무수히 존재한다고 하니 실로 참담한 심경입니다.

우리가 말해볼 수 있는 것은(설사 지금 우리가 단순히 경제적 성공만을 목표 삼고 있다 할지라도), 선구적 기업의 간부들은 비판적 목소리가 묵살되지 않는 기업 문화, 개인성과 책임성 양자를 중시하는 기업 문화를 창조하는 일의 중요성을 매우 잘 이해하고 있다는 것이다. 내가 이야기를 나누어본 적이 있는 미국 내 선도적 기업 교육가들은 미국의 최대 비극적 재난들 중 일부(확실한 단계에까지 갔던 나사 NASA의 우주 왕복선 프로그램의 실패, 엔론과 월드콤의 더욱 끔찍한 실패들)가 권위와 동료 압박이 사태를 좌지우지하게 하며, 비판적 사고는 전혀 표명되지 못하게 하는 문화인 '예스피플(yes-people) 문화'와 관계있다고 지적한다.

기업 관련 두 번째 이슈는 바로 '혁신'이다. 인문교양 교육이 성공적 혁신 문화의 지속에 필수 사항인 상상력과 독립적 사색 기술을 강화시켜준다고 생각할 만한 이유는 많다. 되풀이하지만, 선도적 기업 교육자들은 으레 학생들에게 여러 다채로운 영역들에 두루 발을 담그는 학습 프로그램을 선택하고 상상력을 계발하라고 촉구한다. 또 수많은 기업들은 협애(狹隘)한 교육을 받은 졸업생보다는 인문교양학부 졸업자들을 선호한다. 비록 그 주제에 관한 통제된 실험을 하는 것은 어렵지만, 미국이 지닌 경제력의 특징적 면모 가운데 하나는 미국인이 그동안 인문교양 교육에 의지해왔으며, 과학에서는 응용 기술에 협애한 초점을 맞추는 대신 기초 과학 교육·연구에 의지해왔다는 것이 사실인 것으로 보인다.

마사 누스바움, 『공부를 넘어 교육으로』, 우석영 옮김, 궁리, 2011, pp.101~102.

인문학을 통해 창조적 혁신이 이루어지자 이제 그 기본을 잊은 채 눈앞의 현실만을 바라보며 인문학을 고사시키고 장사의 논리만을 도입하는 인간의 모습이야말로 인간이라는 존재가 얼마나 나약한지, 그리고 한시라도 한눈을 팔면 인간 또한 동물의 수준으로 떨어지고 만다는 사실을 역으로 보여주는 것이 아닐까 합니다. 그러나 마사 누스바움Martha Nussbaum 같은 사람이 있어 지속적으로 인문학의 중요성, 본질적인 요소가 얼마나 소중한 것인지를 일깨워주고 있다는 사실에서 우리는 희망을 가져봅니다.

3
오늘날 인문학의 진원지는 기업

요즘, 갑자기 우리 사회에 불어 닥친 인문학 열풍의 진원지가 기업이라는 사실은, 대학에서 인문학 관련 학과들이 무참히 사라져가는 현실을 빗대어 본다면 참으로 아이러니합니다. 한 나라의 미래를 걱정하고 대책을 마련해야 하는 문화 담당 부서도 아니고 교육계도 아닌, 돈벌이에 급급하다고 여겼던 기업이 인문학을 강조하고 나선 것이기 때문입니다.

돌이켜보면, 대한민국이 신자유주의의 광기 속으로 빠져 들어가던 1998년 IMF 구제금융 체제 이후 대한민국의 인문학은 급속히 쇠락의 길로 접어들었습니다. 반면에 경제니, 경영이니, 자기계발이니, 처세니, 영어니 하는, 말 그대로 현실을 다루는 수단들이 범람하기 시작했습니다. 그와 동시에 인문학에 대해서 물질주의자들, 성과주의자들은 사망선고를 내렸습니다. 인문학이 해결할 수 있는, 보이지 않는 세상은 더 이상 존재하지 않는 것처럼 여겨졌기 때문입니다.

그러나 불과 10여 년이 지난 오늘날, 우리 사회는 다시 인문학을 이야기하고 있습니다. 그리고 신주처럼 떠받들던 경제경영이니, 자기계발이니, 처세 따위는 한낱 사람이 살아가는 삶의 행태에 불과하다는 사실을 깨달게 되었습니다. 물론 아직도 본질을 깨닫지 못한 사람들은 눈앞의 이익을 추구하며 좌우를 살필 눈동자만 갖고 있겠지만 말입니다. 그뿐만이 아닙니다. 영어만 잘하면 모든 업무에 탁월한 능력을 보일 것이라고 여기며, 단 한 가지 영어 성적만으로 직원을 선발하던 대기업들은 불과 몇 년 지나지 않아 영어 실력이 도깨비방망이가 아님을 깨닫게 되었습니다. 그리고 그들은 다시 독서경영^{이때 독서경영의 본질이 인문학을 가리키는 것은 당연하지요}, 창조적 인간을 찾아 헤매기 시작합니다.

그 이유를 한번 살펴보겠습니다.

기업은 단기-중기-장기적 사업계획을 수립합니다. 그리고 그에 걸맞은 창조적 사고를 필요로 합니다. 그런데 영어를 잘하는 친구들이 영어라는 수단은 갖추었을지언정 창조적 사고와는 거리가 멀다는 사실을 깨닫게 된 것입니다. 경제 현상과 재테크에 정통한 친구들은 현재 이루어지는 투자의 효율성은 따질 줄 알지만 그 투자가 장기적으로도 효율적인지 그리고 그 투자가 변화하는 사회와 어떻게 융합되어 상승작용을 일으킬지에 대해서는 알지 못합니다. 자기계발에 열심인 친구들은 더합니다. 아침에 일찍 일어나 운동하고 영어를 배우는 아침형 인간이 되고, 협상의 법칙을 열심히 공부하여 협상업무에는 뛰어났지만 결국 그들이 이룰 수 있었던 것은 상급자가 시키는 일을 해내는 수준을 넘어서지 못하였습니다.

결국 창조하는 인간, 미래를 예측하는 인간, 인간의 본질이나 사회의 움직임을 파악하는 인간이 될 수는 없었던 것입니다. 그리고 기업은 이러한 기능적 인간들이 보여주는 한계를 현장에서 간파하였습니다. 이러한 사실을 기업에서 깨달았기에 그들이 인문학적 사고를 갖춘 인재를 선발해야겠다고 판단한 것은, 어찌 보면 지극히 현실적인 결단이었던 셈입니다. 그리고 이제야 깨달은 것입니다. 인문학이야말로 현실과 가장 거리가 먼 것처럼 보이지만 실은 현실이 안고 있는 본질적 문제를 다루고, 그 문제의 원천이 무엇이며, 문제가 발생한 과정은 어떠하며, 그런 문제를 다루는 인간이란 존재가 어떻게 움직이는지 그리고 이 모든 것을 감안한 결과 논리적 해결 방안은 무엇인지를 제시해 준다는 사실을 말입니다. 결국 우리가 해야 할 일은 현실에 매몰되어서는 안 된다는 것입니다. 매몰되어서는 결코 현실의 문제를 직시하지도 못하고 해결할 수도 없기 때문입니다. 현실을 직시하고 그 문제가 무엇인지 파악한 후, 단·중·장기적 해결방안을 찾기 위해서는 당연히 현실을 조망하는 위치에 올라서야 합니다. 그런데 그 위치는 우리의 현실 속에 존재하지 않습니다. 우리가 현실을 박차고 우주로 도약해야 하는 까닭이 바로 여기에 있습니다. 우주로 떠오른 우리 존재 그리고 우주의 어둠 속에서 바라보는 밝은 현실. 그 위치에 서게 되면 그 누구라도 환하게 밝은 현실의 문제가 무엇인지 한눈에 들어오게 될 것입니다. 그리고 그 문제가 무엇인지 깨닫는 순간 우리는 황홀경에 빠지게 될 것이며, 그 문제를 일거에 해결할 수 있을 것입니다. 아무리 사소한 문제라도 그 문제를 해결하는 순간 우리의 이름은 역사에 기록될 것입니다.

이것이 인문학의 위대한 힘입니다. 이것이 인문학이 우리를 인간으로 우뚝 서게 하는 본질이며, 우리를 영원히 살게 하는 과정이며, 우리를 황홀경 속으로 인도하는 열쇠인 것입니다. 인문학이라는 열쇠를 가진 인간은 아무리 나이를 먹어도, 아무리 아파도, 아무리 고독해도, 아무리 배가 고파도 환희 속에서 살아갈 수 있습니다. 역사에 등장하는 수많은 인간들이 이 사실을 증명하고 있습니다. 그럼에도 우리는 오늘 이 순간, 한 푼의 동전, 한 줌의 먹을거리, 한갓 헛된 명예와 삶의 변치 않는 환희를 바꾸고 있는 것이 현실입니다. 이제 그 무지한 삶에서 빠져나와야 할 때입니다.

4
부모야말로 아이의 거울

과연 우리는 아이들의 삶에 긍정적인 영향을 끼치는 삶을 살고 있을까요? 이 글을 쓰고 있는 저 역시도 자신 있게 "그렇다!"고 답할 수는 없습니다. 아마 대다수 부모들도 그럴 것입니다. 게다가 우리 아이가 우리처럼 살기를 바라는 부모도 그리 많지 않을 것입니다.

나보다는 나은 삶.
지나고 후회한 나와는 달리 후회하지 않는 삶.
나보다는 더 자신이 원하는 삶.
평생을 쫓기듯 살아온 나와는 달리 여유롭게 사는 삶.
사회의 주도층이 한 번도 되어보지 못한 나와는 달리 지도자로 사는 삶.

아마 대부분의 부모들이 우리 아이만은 이렇게 살기를 바랄 것입니다. 그러나 우리 아이들이 이렇게 살게 하기 위해서는 어떻게 해야 하는지 고민하는 분은 썩 많지 않은 듯합니다. 그러므로 대부분의 부모가 성적표 하나에 아이의 삶 대신 자신의 삶을 거는 것일지도 모릅니다. 오직 성적표만

이 그러한 삶을 보장해 줄 것처럼 말입니다.

그러나 제 판단은 조금 다릅니다. '늦었다고 생각할 때가 가장 빠른 때다'라는 말처럼 우리 삶에서 늦은 시간이란 없습니다. 그렇다면 왜 우리는 늘 후회를 하면서 살까요? 제가 무수히 많은 분들을 보면서 느낀 사실은 늦었다고 생각하는 분, 많이 후회하는 분일수록 행동하지 않는다는 점이었습니다. 후회할 시간이 있으면 무엇을 할 것인지 배우고 실천하고 행동하는 편이 더 낫다는 사실을 모르는 분은 안 계실 것입니다. 그러나 첫 단계, 즉 배운다는 것은 주어진 삶의 시간을 흘려보내는 것과는 전혀 다릅니다. 그건 능동과 수동의 차이라고 할 수 있습니다.

'能능'이란 한자를 풀어보면 '내가 직접 칼을 잡고 고기를 저미는 것'입니다. 그 옛날, 그러니까 한자가 처음 탄생하던 시절에는 누가 해주기를 기다리는 것이 아니라 스스로 하지 않으면 굶어죽을 수밖에 없으니 스스로 칼을 잡고 나서서 고기를 잡고 손질해야 했을 것입니다. 그렇다면 '受수'라는 글자는 어떻게 탄생했을까요? 지금의 형태는 후에 변형되어 정리된 모습으로 나타난 것이지만 처음에는 손에서 손으로 필요한 물건을 건네는 모습이었습니다. 그러니 자신에게 필요한 것을 자신이 구하는 대신 누군가가 건네준다는 뜻입니다.

우리가 그저 문장의 구조를 구분할 때 쓰거나 별 생각 없이 사용하는 '능동'과 '수동'이라는 단어가 결국 우리 삶의 방식을 규정짓는다는 사실을 기억하는 것은 의미가 있을 것입니다. 배운다는 행위는 능동의 행위요, 자기 삶의 주인으로 자신을 선택한다는 것입니다. 그러므로 어떤 경우에는 힘들 수도 있고, 책임이 따를 수도 있으며, 두려운 길을 가야 할 때도 있습니다. 그래서 '평생교육'이라는 단어를 모르는 분은 안 계실 테지만 평생 배우는 분은 거의 안 계신 것입니다. 지금 우리 사회에서 평생교육이라는 명칭 아래 이루어지는 학습의 대부분은 기술을 배우거나 몸의 건강과 즐거움을 안겨주는 것들입니다. 그러나 그런 것은 지혜를 키우는, 말 그대로 배움의 본질이라고 하기는 어렵습니다.

배움의 본질은 나이를 먹음에 따라 필요한 지혜를 키우는 행위입니다. 그러하기에 배움은 남이 주는 것이 아니라 자신이 캐는 금광석과 같은 것입니다. 누군가 금광석을 캐는 기술은 가르쳐줄 수 있으나 금광석을 손에 넣기 위해서는 스스로 곡괭이를 잡고 파야 합니다. 그러나 저는 그런 분을 별로 보지 못합니다. 너무나 어릴 때부터 배움이란 '자신이 스스로 선택하는 것이 아니라 누군가가 – 그것이 부모가 되었든지, 학교가 되었든지, 선생님이 되었든지, 학원이 되었든지, 교육방송이 되었든지 – 강요하는 것'이라는 사실을 체득했기 때문이 아닐까 생각합니다. 우리가 참으로 우리 아이들을 세상의 지도자로 키우기 위해서는 우리 스스로 능동적으로 배우는 모습을 보여주어야 합니다.

아이들은 어른의 말을 들으며 자라는 것이 아니라 어른들의 행동을 보며 자랍니다. 하루의 시작을 텔레비전으로 시작하며, 신문 하나 구독하지 않고, 스마트폰으로 주식시세를 확인하고, 홈쇼핑에서 끊임없이 사라고 주문을 외우는 사람들의 목소리에 귀를 기울이는 부모들의 행동을 보면, 그 환경에서 자란 아이의 미래 모습을 저는 특별히 확인할 필요성을 느끼지 못합니다. 반면에 좋은 음악으로 하루를 시작하고, 신문을 보며 세상과 이웃들이 어떻게 살아가는지 파악하고, 부부 사이에 앉아서 궁금한 사실들에 대해 의견을 나누는 모습 등을 보며 자란 아이의 미래 역시 확인할 필요가 없다고 생각합니다.

여러분의 아이들이 어떻게 살아갔으면 좋을지 고민하기보다는 그 전에, 여러분이 어떻게 살아야 할 것인지를 고민하십시오. 그러면 아이들 또한 시키는 대로 끌려가는 것이 아니라 자신의 삶을 어떻게 가꾸어가야 할 것인지 고민하고 여러분이 원하는 것보다 훨씬 높은 곳으로 솟아오를 것이라고 확신합니다.

이제 제가 드릴 말씀은 모두 마쳤습니다. 이 짧으면서도 부족한 글에서 제가 독자 여러분께 드린 말씀이 핵심은 간단합니다.

바로 '부모야말로 아이의 거울'이라는 것입니다.

부모 자신은 "아!"라고 하면서 아이에게는 "어!"라고 하기를 바라는 것은 부모와 아이, 모두의 삶을 우연에 의지하거나 또는 거짓에 의지하는 것입니다. 부모가 "아!"라고 하면 아이도 반드시 "아!"라고 한다는 사실만 깨달아도 우리 아이들의 미래는 지금보다 훨씬 넓고 높은 곳으로 뛰어오를 것입니다. 그런데 우리가 우리 아이보다 앞에 서서 "아!"라고 외칠 수 있으려면 참된 인간으로서 갖추어야 할 자세와 행동을 아이보다 먼저 실천해야 할 것입니다. 실천하지 않는 이론은 말 그대로 탁상공론일 뿐이기 때문입니다. 그리고 그 아이가 우리를 넘어서는 순간, 우리는 아이를 끌고 가려는 욕심을 미련 없이 버려야 합니다. 나아가 가능하면 빠른 시간 내에 우리가 아이를 끌고 갈 수 없다는 사실을 깨닫는 날이 어서 오기를 기다려야 합니다. 아이들이 우리보다 나은 삶, 우리가 살아온 세상보다 더 나은 세상, 우리와는 달리 후회 없는 삶을 살게 하기 위해서는 가능한 빨리 우리를 넘어서야 하기 때문입니다.

그러나 불행히도 오늘날의 부모들은 우리 아이들이 자신을 넘어서기를 바라지 않는 듯합니다. 아니, 넘어서는 것을 용납하지 못하는 듯합니다. 그러기에 어른이 되어서도 사사건건 아이의 삶에 개입하고자 하는 것 아니겠습니까? 젊은이가 그들의 부모를 능가하지 못하는 사회, 그런 사회를 한 마디로 규정한다면 '퇴보하는 사회'라 할 것입니다. 제가 독자 여러분께 진심으로 바라는 것은 바로 이러한 사적 욕심으로부터 우리 아이들을 놓아 주었으면 하는 것입니다.

아이들이 한없이 넓고 큰 세상으로 나아갈 수 있도록 뒤에서 흐뭇하게 바라보는 세상, 오늘도 저는 그런 세상을 꿈꿉니다. 그리고 그런 세상으로 나아가게 하는 나침반은 돈도 아니요, 권력도 아니며, 더더군다나 부모의 과도한 관심은 절대 아닐 것입니다. 그것은 바로 인류 문명에 대해 바르게 이해하기 위한 인문학적 상상력의 고양高揚이요, 우리 아이를 비롯한 인간에 대한 믿음일 것입니다.

부족한 글을 끝까지 읽어주셔서 감사합니다.

Part 2

삶을 새롭게 하는 부모
꿈을 이루며 사는 자녀

1. 당당한 부모로 거듭나기
2. 교육 '신화' 넘어서기
3. 기본기 잘 다지기

1

당당한 부모로
거듭나기

|

왜,
학부모 리더십이
중요한가?

1
학부모 리더십 요소

'부모'는 자식에게 절대적 존재다. 부모–자식은 육친의 관계를 맺는 불가분의 관계다. 특별한 경우를 제외하곤, 부모는 자식에게 최초의 세상이 된다. 어린 자식은 부모를 통해 세상을 배우고, 삶의 기초를 익히게 된다. 이런 점에서 부모는 자식에게 최초의 담임선생님인 셈이다. 또 삶의 여정에서 다양한 차원의 영향을 주고받는다는 점을 놓고 보면, 부모는 평생 동안 함께하는 담임선생님과도 같은 존재인 것이다.

그런데 부모는 '부모'라는 한정된 정체로만 살지 않는다. 생의 일정한 순간은 '학부모'라는 정체성을 가지고 살기도 한다. 특정 시기엔 학부모의 정체가 더욱 도드라진다. 대개는 유아교육기부터 대학 졸업 시기까지가 이에 해당된다. 즉 학부모는 자식의 교육적 성장을 위해 양질의 지원·조력·후원하는 존재로 자신의 정체를 규정한다. 따라서 다양한 차원의 자녀교육 지원 행위에 참여하고, 경우에 따라서는 상식과 법에 반하는 문제적 현상을 유발하기도 한다.

모든 학부모의 바람은 같을 것이다. 그리고 그 바람은 아마도 자식의 '교육적 성공'일 것이다. 그 구체적 내용이 무엇일지 각자 다를지라도, 교육적 성공의 전제 조건은 변함없다. 즉 '학부모가 바르게 안내하고 지원해야 한다'는 것이다. 이런 점에서 학부모가 일상적으로 자녀와 긍정적인 영향을 주고받는 과정이 무엇보다 중요하다. 즉 학부모 리더십이 그만큼 중요하다는 것을 의미한다.

프랑스의 철학자 샤를 페펭Charles pepin은 학교의 역할을 "삶과 앎의 공모관계를 가르쳐야만 한다."[1]고 압축해서 설명한다. 이 말은 '어떤 삶을 살 것인지', '삶의 가치가 무엇인지', '가치 있는 삶을 위해 무엇을 배워야 하는지', '배움을 통해 삶을 풍요롭게 한다는 것은 어떤 의미인지', '왜 제대로 배워야 하는지', '제대로 배우기 위해서는 어떤 조건을 갖추어야 하는지'에 대한 고민을 강조하는 것이다. 학부모의 역할도 이와 다르지 않을 것이다. 이런 맥락에서도 학부모가 어떤 리더십을 갖는지는 매우 중요하다.

학부모 리더십이란 '자녀가 목표하는 교육적 성취에 도달할 수 있도록 조력하고 자극하는 영향력의 총체'를 이르는 말이다. 즉 학부모는 자녀가 학교교육을 통해 일정한 지적 수준을 갖출 수 있도록 자극하고 조력한다. 그리고 부모는 자신이 믿고 있는 '좋은 삶'의 의미를 자식에게 전달하고, 그런 삶을 살 수 있는 조건을 갖출 수 있도록 지원한다. 어디 그뿐인가? 학부모는 자식의 가치관이나 태도 형성에도 중요한 영향을 미친다.

이처럼 학부모는 자식의 성장과정에서 중요한 변수로 작용하게 되는데, 그 영향력을 미치는 과정이 바로 학부모 리더십이다. 이런 학부모 리더십은 크게 네 가지 요소로 구성된다.

첫째는 관계방식이다. 즉 학부모와 자녀의 관계방식은 학부모 리더십의 핵심 요소 중 하나다. 학부모가 자녀와 민주적이고 수평적인 관계를 맺고, 경청과 소통의 자세를 보이는 경우 대개는 긍정적인 영향을 미치게 된다. 이에 비해 학부모와 자녀가 권위-추종의 관계를 맺는 경우에는 학부모의 자녀 지원이 오히려 부정적 영향을 미칠 수도 있다. 이런 점에서 학부모 리더십 구성에 있어 관계성은 매우 중요하다.

둘째는 학부모의 가치관과 태도이다. 학부모가 자녀의 교육적 성공을 위해 어떤 지원 행위를 한다면, 그 행위의 정당화 근거는 바로 자신의 가치관과 삶에 대한 태도다. 즉 학부모는 자신의 입장에서 옳고, 가치 있고, 삶에 유용성이 있다고 믿는 입장에서 자녀교육의 내용과 수준을 결정하게 된다는 것이다. 따라서 학부모가 어떤 가치관과 삶의 태도를 가지고 있는가에 따라서 자녀교육 지원 방식은 천양지차를 보이게 된다. 입시성공이란 관점에서 자녀교육을 지원하는 학부모가 있는 반면 인격적 성숙이란 관점을 강조하는 학부모들도 있는데, 이런 차이는 바로 가치관에 근거한 것이다.

셋째는 성품인성이다. 즉 학부모의 성품은 자녀 양육 과정에서 중요한 부분 중 하나다. 학부모가 어질고 부드러운 성품인 경우 자녀의 성품 또한 학부모를 닮기 십상이다. 학부모가 자녀의 인성을 중요하게 생각할 것이고, 인성 함양에 적합한 지원 전략을 채택할 것이기 때문이다. 이에 비해 인성을 가볍게 여기는 학부모라면 자녀교육 지원 방식에 큰 차이가 있게 된

1. 샤를 페펭, 『7일간의 철학여행』, 현대문학, 2008, p.159.

다. 일차적으로 인성보다는 다른 영역에 더 많은 관심을 기울일 가능성이 높다. 이런 점에서 볼 때, 부모의 품성은 그 자체로 리더십의 원천이 된다.

마지막으로는 학부모의 학습양식이다. 이는 학부모가 일상에서 어떤 배움의 태도를 보이는지, 문제에 직면했을 때 어떻게 해결하는지, 자신의 지적 훈련과정을 어떻게 조직하는지 등에 관한 것이다. 학부모가 일상적으로 사회 사상事象에 대한 사유와 지적 도전을 즐기는 경우라면 자녀들에게는 의미 있는 교육적 모델로 인식될 가능성이 높다. 이 경우 학부모들은 자녀들에게 사유의 힘이 얼마나 중요한지, 지적 훈련을 하기 위해서는 어떤 학습태도가 중요한지 등을 알려줄 것이다. 그러나 학부모의 학습양식이 빈곤한 경우라면 자녀의 학습태도나 사유습관 형성에 긍정적인 영향을 미치기란 쉽지 않을 것이다.

요컨대, 학부모는 가정에서 자녀에게 가치관의 형성, 생활태도, 감수성 함양 등 여러 영역에서 영향을 주는 존재이다. 자녀가 어떤 삶의 형식을 살 것인지를 결정하는 데 있어 중요한 역할을 하는 존재가 학부모라는 것이다. 이런 점에서 학부모에게 교육적인 리더십이 필요하다. 특히 학부모 역할에 대한 인식은 시대에 따라 변화한다. 교육에 대한 관념도 마찬가지다. 어디 그뿐인가, 삶에 대한 관점도 역시 시대에 따라 변한다. 자녀교육에 대한 기대나 욕구의 변화도 물론이다. 이런 맥락에서 학부모 리더십에 대한 성찰과 재정립이 필요하다.

에세이스트 이수태는 자신의 책 『어른 되기의 어려움』에서, 어떻게 생각하느냐에 따라 엄청나게 다른 세상을 살 수 있다고 말한다. 그의 말은 모든 이에게 성찰을 자극한다. 학부모에게도 마찬가지이다. 생각함에 따라서는 이전과 전혀 다른 존재가 될 수 있음을 말하지 않는가? 이 책은 이런 믿음에 기초한다.

> 우리는 똑같이 아홉 시 텔레비전 뉴스를 보고, 똑같은 세상 소식을 듣고, 똑같은 물가상승과 패션의 변화 속에 살고 있지만 이 세상을 똑같이 보고 있지는 않다. 우리가 세상을 보는 시각은 서로 다르고 그 다른 시각에 따라 완전히 다른 세상이 존재한다는 것을 인정할 필요가 있다……. 우리가 아무 생각 없이 세상을 살아서는 안 된다는 것, 지혜와 안목을 얻기 위해 생사를 걸고 발분해야 한다는 것도 바로 그 때문이다. 우리는 생각함으로써 엄청나게 다른 세상을 살 수 있는 것이다.
>
> 이수태, 『어른 되기의 어려움』, 바오, 2012, p.17.

2
학부모의 존재 증명 방식

한국 사회에서 자녀들의 공부는 바로 학부모의 일이 된다. 학부모들은 자신이 어떤 희생을 치루더라도 자녀의 교육적 성공은 꼭 이루어야 한다는 생각을 한다. 그리고 실제로 그것을 위해 자녀지원에 헌신한다. 그렇다 보니, 자녀의 교육적 성공은 바로 학부모 역할의 모범적 사례로 인식되고, 이런 사례는 다른 학부모들에게 하나의 모델로 인식되곤 한다.

그렇다면 왜 학부모들은 이토록 자녀의 교육적 성공에 집착하는 것일까? 자녀의 교육적 성공이라 할 만한 사례는 사실, 확률적으로 퍽 드문 일이다. 웬만한 노력이나 운이 따르지 않고서는 쉽게 달성할 수 있는 일이 아니기 때문이다. 그럼에도 학부모들이 이에 집착하는 이유는 무엇일까? 여러 가지 이유가 있겠지만 그 중 하나는 자녀의 성취수준을 바로 학부모 자신의 존재 증명 근거로 삼는 것과 무관치 않을 것이다.

자녀에 대해 큰 기대를 갖는 학부모일수록 자녀의 시험 성적에 따라 일희일비하는 경향이 뚜렷하다. 학부모 스스로 자녀의 교육성공 기준을 타인으로 삼는다. 즉 다른 집 아이가 바로 내 자녀의 성공 여부를 판단하는 기준이 되는 것이다. 그렇다 보니, '남들보다 잘하면 위너winner, 못하면 루저loser'라고 인식한다. 그리고 이런 인식의 저변에는 자녀교육 성패의 책임이 학부모에게 있다는 과도한 책임감이 강하게 깔려 있다는 것이다.

그렇다 보니 학부모들은 '희생'을 각오한다. 가정사에서는 자녀의 교육 지원이 우선순위가 되고, 무리를 해서라도 자녀 뒷바라지를 하게 된다. 학부모는 자신의 능력을 고려하기보다 '남부럽지 않을 만큼' 지원하면서 자녀의 교육적 동기를 추동하고자 노력한다. 특히 자신이 희생하는 만큼 자녀가 공부에 더 몰입하길 기대하고 실제로 그것을 강하게 요구한다. 이러한 학부모의 '희생'과 '요구'의 순환 고리는 자칫 자식을 '포식'하는 현상으로 나타나기도 하는데, 이승욱은 이런 현상에 대한 은유로 '아이를 포식하는 엄마'라고 한다.

아이를 포식하는 것이 반드시 쥐고 흔들고 무지막지하게 통제하는 것만은 아니다. 부모가 이루지 못한 꿈을 대신 이루어주기 위해 공부하는 '철난' 아이로 만드는 것, 성적이 떨어지면 슬퍼하는 엄마를 보며 죄책감을 느끼는 '효자' 아이로 만드는 것, 부모의 칭찬과 인정이 사라질까 불안해서 열심히 공부하는 '착한' 아이로 만드는 것, 자신이 엄마에게 유일한 기쁨인 것 같아서 외롭고 힘들어 보이는 엄마를 늘 걱정하고 살피려는 '속 깊은' 아이로 만드는 것, 이것이 모두 아이를 포식하는 방법이다. 자신이 가진 것이라고는 아이밖에 없다고 생각하는, 삶의 공허를 느끼지

않으려 발버둥치는 엄마들이 하는 일이 바로 아이를
잘 길들여서 삼키는 것이다.

이승욱 외, 『대한민국 부모』, 문학동네, 2012, pp.110~111.

이런 일을 가능하게 하는 학부모의 심리적 배후는 과연 무엇일까? 그
것은 다름 아닌 자녀의 교육적 성공이 바로 자신의 존재를 확인하고 증명
받는 기회라는 믿음에 기인한다. 즉 학부모는 자녀교육을 지원하는 과정
과 그 결과를 통해 자신이 어떤 사람이고 얼마나 능력 있는 사람인지를 확
인하게 되는 것이다.

이런 점에서 철학자 김용석의 관찰은 시사적이다. 그는 학부모들이 입
시를 통해 '사는 맛'을 느낀다고 역설한다. 자녀교육에 대한 총괄경영자로
서의 학부모 역할이 고된 것은 사실이지만 다른 한편에서는 자신의 존재
를 확인하는 과정이라는 지적이다.

기획하고 전략을 짜고, 정보를 취득하고, 지휘하고,
경영하는 일은 대단히 매력적이다. 입시를 총괄 경영
하는 것, 그것이 바로 '입시 엄마'가 사는 맛이다. 이
건 역설이 아니다. 오히려 그 일을 못하면 의욕을 잃
고 삶의 의미마저 상실하는 경우가 생길 것이다. 대
개 40대인 입시 엄마들은 여성으로서 왕성하게 일할

시기이기 때문에 일에 대한 관심이 높고 에너지가
넘친다. 그것을 어떻게 해서든지 분출해야 한다.

김용석, 『일상의 발견』, 푸른숲, 2002.

대중문화평론가 황미진에 따르면, 입시부모들은 부모가 교육에 매달리지 않아도 아이들이 알아서 잘하는 것을 보았을 때 자기 존재와 가치를 부정당한 듯한 공포를 느낀다고 한다. 이는 입시에 몰입하는 학부모들이 자신의 교육신념이나 경쟁논리를 자기 존재의 증명 기제로 인식하는 데서 연유한다고 할 수 있는데, 어쩌면 학부모들에게 자녀교육에 대한 뒷바라지는 바로 인정투쟁의 성격을 띤다고 볼 수 있다.

학부모의 에너지가 '입시'로 귀착되는 구조의 문제도 있지만, 학부모 당사자 역시 자녀교육에 집중된 에너지를 돌려 쓸 수 있는 길을 열어가는 것이 필요하다. 자기 자신을 위한 문화 활동이나 사회적인 참여 활동에 양질의 에너지를 분출시킨다면, 학부모의 그런 모습 자체가 자녀에게는 중요한 교육적 자원이 될 수 있다는 점이다. 이런 점에서 학부모 스스로 자신의 존재 증명 근거를 '자녀'로부터 '자신'이나 '사회'로 전환하는 노력이 필요한 것이다.

3
배움의 속화현상과
부모의 인식 전환 필요성

우리는 배움을 통해 온전한 인간으로 성장한다. 배움을 통해 세상 이치를 깨치게 되고, 또 배움의 과정 속에서 사람 관계의 이치도 익히게 된다. 어디 그뿐인가. 배움을 통해 눈에 보이지 않는 '개념의 세계'를 만나게도 되고, 또 그 속에서 자신만의 개념을 갖게도 된다. 물론 자신의 행위를 구성하는 요소, 즉 가치와 지식, 마음^{인성}도 배움의 과정을 통해서 얻게 된다. 이런 점에서 균형적인 배움은 매우 중요하다.

그렇기에 지·정·의·체의 조화를 강조하는 전인교육이 강조되는 것이다. 그런데 학생들의 인성^{마음새}도 건강한 것만은 아니다. 학생들은 특정한 삶의 형식을 선호한다. 주류사회의 성공법칙^{입시성공-명문대학-일류기업}을 선호하는 경향이 짙어간다. 실제로 경제적 풍요를 성공적인 삶이라고 생각하고, 이를 위해서는 부정도 마다하지 않겠다는 비율도 점차 늘어가는 추세다.[2] 이는 아마도 일차적으로는 기성세대가 추구하는 '경제적 성공'이라는 시대규범에 조건화된 탓일 게다. 그리고 교육적 이유를 찾자면, 아마도 가치교육의 형해화^{形骸化}와 무관치 않을 것이다. 삶에 관한 고민을 자극하는 학교가 드문 것은 사실이다. 그렇다 보니 존재론적 고민의 기회가 부족하다. 이로 인해 인격적 성숙이 지체되는 경우도 나타나곤 한다. 이외에도 타인과 약자에 대한 배려와 사회적 정의에 대한 의식도 점차 낮아지는 추세다.

그리고 자신감, 열정, 협업능력, 공동체 능력, 관계능력, 민주적 태도 등과 같은 비인지적 사회적 능력도 질적으로 높은 수준이라고 판단하기 어렵다. 한국청소년정책연구원의 보고에 의하면, 사회적 관계 형성과 관련된 핵심역량 중에서 타인에 대해 신뢰하고 정당하게 대우해 주는 긍정적인 태도는 학년이 올라갈수록 오히려 낮아지는 것으로 나타났다.[3] 이는 신뢰나 인적 네트워크와 같은 사회적 자본이 상급학교로 갈수록 오히려 약화되고 있음을 보여주는 결과다. 또한 사회적 관계 형성에 도움을 주는 공동체 참여 활동을 살펴보면, 중·고등학생 중에서 1년에 한 번이라도 지역모임이나 지역공동체 활동에 참여한 경우는 3.8%에 불과한 것으로 나타났다.

이런 경향은 좀 더 근본적으로는 '배움의 속화俗化'현상과 연결되어 있다고 할 수 있다. 배움의 속화현상이란 '배움을 물질적 부의 획득 수단으로 인식하고 성공적인 입시를 통해 이를 실현하려는 삶의 형태'를 이르는 말

---

2. 흥사단 투명사회운동본부 윤리연구센터 조사결과에 따르면, '10억 원이 생긴다면 잘못을 하고 1년 정도 감옥에 들어가도 괜찮다'는 항목에 대해 2013년에는 초등생 16%, 중학생 33%, 고교생 47%가 괜찮다고 응답하였다. 동일 항목에 대해 2012년엔 초등 12%, 중학생 28%, 고교생 44%가 괜찮다는 응답을 보인 바 있다.
〈출처 : 흥사단 투명사회운동본부 윤리연구센터〉

3. 김기헌, 『2010 한국청소년 핵심역량진단조사』, 한국청소년정책연구원, 2011.

이다. 이러한 속화현상은 부모들이 선호하는 주류의 성공법칙과 무관하지 않고, 성공법칙을 따르자면 입시중심의 지식 학습을 강조하게 된다. 그렇다보니 '어떤 삶이 좋은 삶인지', '삶의 참된 가치는 무엇인지', '존재의 풍요로움을 누리는 삶은 어떤 삶인지' 등과 같은 존재론적 고민에 대해서는 가볍게 생각하는 경향이 나타나게 되는 것이다. 따라서 자녀의 인격적 성숙이나 타인과 약자에 대한 배려, 사회적 정의에 대한 의식 등도 부차적인 문제로 인식될 가능성이 있다.

다음 에피소드는 인문학자 고미숙의 『공부의 달인 호모 쿵푸스』에 나오는 한 대목이다. 성장세대들이 공부하려는 이유를 어디에 두고 있는지를 잘 보여준다. 이 사례는 특정한 경우라기보다는 당대 성장세대의 대표단수 격이 아닐까 싶다.

"공부를 왜 하지?"
"돈 많이 벌려구요."
"얼마나 벌고 싶은데……."
"한 10억쯤 있음 좋겠어요."
"지금도 잘 사는데 왜 그 돈이 필요해?"
"……."
"예전엔 다들 가난해서 가난을 벗어나려면 공부를
잘하는 것 말고는 방법이 없었어. 헌데, 지금은
가난하지 않잖아? 밥걱정도 없고. 근데, 왜 돈을 위해
공부를 하지?"

"……암튼 폼 나게 살려면 돈이 많아야 돼요."

고미숙, 『공부의 달인 호모 쿵푸스』, 북드라망, 2012, 프롤로그 중에서.

이러한 배움의 속화현상을 넘어서기 위해서는 부모 스스로 전인적 성장의 필요성을 인식하고, 자녀들에게 균형적인 성장의 길잡이 역할을 하는 것이 무엇보다 필요하다. 전인적 성장은 자식을 인간적인 매력 있는 존재로 키우는 일이거니와 자녀의 지적 수준을 높이는 일이기도 하다. 정범모 교수는 전인교육을 '인간의 폭과 깊이 또는 높이에 모두 다 같은 관심을 갖는 교육'이라고 했는데,[4] 학부모는 이 말의 참 뜻을 새길 필요가 있다. 전인교육은 비단 학교교육만의 과업이라기보다는 가정교육을 통해 그 바탕이 형성되기 때문이다.

[4] 학교가 전인교육을 해야 하는 데에는 두 가지 목적이 있다. 하나는 모든 학생들에게 폭넓은 학습경험을 제공함으로써 건전한 인간생활과 사회생활에 기본적으로 필요한 전인적 바탕을 함양하려는 목적이고, 또 하나는 그런 폭넓은 학습경험의 프로그램 속에서 학생 개개인이 자기의 취미와 적성에 맞는 일을 발견하고 그것을 더 깊이 탐구할 수 있는 기회를 제공하려는 목적이다. 전인교육은 인간의 폭과 깊이 또는 높이에 모두 다 같은 관심을 둔다. 정범모, 『내일의 한국인』, 학지사, 2011, p.45.

4
'얀테의 법칙'이 주는 교훈

한국의 부모들은 자식들의 세속적 출세·성공을 기대한다. 자녀들이 다른 사람들보다 더 높은 지위를 차지하고 더 많은 재산을 갖길 바라는 것이다. 이러한 자녀에 대한 기대가 충족되기 위해서는 부모의 자녀교육 지원이 충분해야 하며, 필요에 따라서는 전략적인 투자가 필요하다는 생각을 갖는다. 좀 더 구체적으로 중산층 부모들이 가지고 있는 자녀교육 지원 원리를 살펴보면, '일류라야 한다^{수월지향}', '남들만큼 해야 한다^{타자준거}', '엄마가 챙겨주어야 한다^{엄마주도}', '돈을 써야 한다^{투자지향}', '내 아이가 잘돼야 한다^{가족 이기주의}', '자식이 상전이다^{권위포기}' 등이다. 부모가 이런 원리를 채택하는 심리적 배후에는 분명 자녀가 타인보다 우월한 성공과 출세를 하길 바라는 기대가 놓여 있을 것이다.

　문제는 대개의 부모들이 비슷한 기대와 바람을 갖는 조건에서 자녀들이 실제로 그런 기대를 충족할 가능성은 그다지 높지 않다는 점이다. 과잉 경쟁이 유발될 것이고, 그 속에서 부모의 기대를 충족하는, 소위 성공하고 출세하는 경우는 극히 일부분에 지나지 않기 때문이다. 대개의 자녀들은 실패를 경험하게 될 것이고 경우에 따라서는 좌절의 늪에서 헤어나지 못하는 경우도 있다. 이런 점에서 부모가 자녀들에게 어떤 삶을 기대할 것인가 그리고 그런 기대를 충족시키기 위해 어떤 지원행위를 할 것인가는 매우 중요하다. 부모의 입장에서 자녀들에게 어떤 삶을 안내할 것인가는 어떤 삶을 가치 있는 삶으로 볼 것인가의 주제를 함축한다. 그렇다면 부모의 입장에서 자녀에게 무엇을 강조할 것인가? 그 좋은 예로 스웨덴 사회에서 강조된다는 '얀테의 법칙^{Law of Jante}'은 참고할 만하다.

얀테의 법칙

1. 당신이 특별하다고 생각하지 말라.

   Don't think you're anything special.

2. 당신이 남들과 같은 위치에 있다고 생각하지 말라.

   Don't think you're as much as us.

3. 당신이 남들보다 똑똑하다고 생각하지 말라.

   Don't think you're wiser than us.

4. 당신이 남들보다 더 나은 위치에 있다고 생각하지 말라.

   Don't convince yourself that you're better than us.

5. 당신이 남들보다 더 많이 안다고 생각하지 말라.

   Don't think you know more than us.

6. 당신이 남들보다 중요하다고 생각하지 말라.

   Don't think you're more than us.

7. 당신이 모든 것에 능하다고 생각하지 말라.

   Don't think you're good at anything.

8. 남들을 비웃지 말라.

Don't laugh at us.

9. 아무도 당신을 신경 쓰지 않는다.

Don't think anyone cares about you.

10. 다른 사람을 가르치려 하지 말라.

Don't think you can teach us anything.

11. 당신에 대해서 우리가 모른다고 생각지 말라.

Don't think there's anything we don't know about you.

이 법칙은 '잘난 척 하지마라'는 겸손과 '네가 특별한 만큼 다른 사람도 특별하다'는 평등의 정신을 강조하고 있다. 스웨덴 국민이 수입의 50% 가량을 세금으로 내며 복지제도를 운영할 수 있는 것도, 상대적으로 직업에 귀천이 없다고 생각하며 하고 싶은 일을 할 수 있는 것도, 지위나 수입의 차이가 커도 서로 어울릴 수 있는 것도 이러한 정신적 태도와 평등의 문화가 있었기 때문이 아닐까 한다. 내 아이만이 아니라 모든 아이가 제대로, 골고루, 소외됨이 없이 성장하기 위해서는 학부모들의 삶의 철학이 바뀌어야 한다. 백낙청 교수의 언급처럼 '걸인의 철학the philosophy of a beggar_ '잘 먹고 잘 사는 사람처럼 살아보세'라는 소망이 '더 잘 먹고 더 잘 사는 사람처럼 살아보세'로 진화할 뿐 '잘 사는 것'의 참뜻에 대한 성찰이 없는 생활철학'5이 지배적인 조건에서는 욕망 추구가 끝이 없고, 이로 인해 자녀들의 교육경쟁을 강화될 수밖에 없기 때문이다.

■ 5. 백낙청, '박정희시대를 어떻게 생각할까?', 『창작과 비평』, 2005, 여름호(통권 128), p.294.

5
삶의 의미와 형식에 대한 고민

대개 사람들은 '의미'를 중심으로 일상을 구성한다. 여기서 의미란 지향하는 삶의 가치일 수도 있고 자기 자신에 대한 모종의 자기기대라고도 할 수 있다. 또는 자기 자신을 사회적으로 어떻게 위치 지울 것인가에 대한 명확한 자기목표일 수도 있다. 따라서 사람들이 추구하는 의미에 따라서 사람들의 삶의 형식은 다양하게 나타난다.

특히 부모의 입장에서는 자녀가 잘 살기를 고대한다. 지극히 당연한 바람이다. 그런데 그 '잘 살기'는 구체적으로 어떤 의미를 담고 있는지는 살펴볼 필요가 있다. 부모들이 지닌 잘 살기의 의미는 어쩌면 다수의 사회구성원들이 공유하고 있는 의미와 유사할 것이다. 과연 현재를 살고 있는 부모, 아니 기성세대가 공유하고 있는개인적으로 의미를 배척하는 사람이라 하더라도 그 의미의 엄연함을 부정하지 못하는 '잘 산다'는 삶의 의미는 무엇일까?

부모들, 즉 기성세대들은 자신의 자녀들에게 현실적 가치를 강조할 가능성이 많다. 사회학자 정수복은 한국인이 '현세적 물질주의'에 집착한다고 말한다. 즉 지금 살고 있는 이곳에서의 물질적 행복을 인생의 최고 가치로 놓는 가치관이 지배한다는 것이다.[6] 이러한 진단이 새로운 것은 아니다. 원로 윤리학자 김태길도 현대의 한국인들이 추구하는 삶의 목표는 돈과 재물, 권력과 지위, 관능적 쾌락 이렇게 세 가지라고 밝힌바 있다.

문제는 이러한 부모들의 삶의 지향과 태도가 자녀세대들에게 부지불식간에 그대로 전승되고 있다는 점이다. 어쩌면 삶의 불확실성이 높아진 현실 조건에서 자녀들의 물질주의 추종 경향은 더욱 강화되고 있는지도 모른다.

최근에는 젊은이들의 속물성을 지적하는 우려도 있다. 요즘의 젊은 속물들은 인정 투쟁에서 이기기 위해 직업, 지위, 돈, 자신의 몸 등 모든 것을 다 바쳐 자기 계발에 집중한다. 그들은 매우 독자적인 기준을 가지고 있는데 그것은 상대 자체의 주체성이 아니라 가족, 재산, 지위 등 그가 가진 것이나 그의 주변 것을 중심으로 점수를 매긴다는 것이다. 부모의 입장에서 자녀가 품격 낮은 삶을 살길 바라는 경우는 아마 없을 것이다. 물질이 중요하다 하더라도 사람이 타인과 어울려 살아야 하는 존재인 만큼 품격을 유지하는 것은 무엇보다도 중요하다. 이런 점에서 부모는 자녀들에게 '삶의 가치가 무엇인지?', '어떤 삶이 품격 있는 삶인지?', '삶의 존엄을 지키는 것이 어떤 의미인지?' 등에 대한 질문과 자극을 반복하는 것이 필요하다.

효암학원 채현국 이사장은 효암고등학교 교정에 '쓴맛이 사는 맛'이라고 쓴 조경석을 세워 놓았다고 한다. 학생들에게 삶의 참 의미가 어디 있는지를 생각하게 할 요량이 아닐까 싶다.

본디 세상은 순탄치만은 않다. 따라서 삶은 반듯하기보다는 우여곡절의 에움길로 나타나기 마련이다. 불확실하고 실패가 예견되는 상황에서도 새로운 시도와 도전을 하고 그런 행위에 가치를 부여하는 것이 바로 인간사가 아니겠는가? 이런 삶의 이치를 일깨우는 일은 그 어떤 지식학습보다도 가치 있는 교육활동이다. 실제로 이와 같은 삶의 본질에 대해 고민해본 자녀와 그렇지 않고 시험공부만을 열심히 한 자녀가 자기 자신과 세상을 보는 수준에는 차이가 있을 것이 분명하다. 이런 점을 보더라도 부모의 입장에서 자녀에게 어떤 삶의 형식이 좋은 삶인지를 고민할 수 있도록 자극하는 일은 매우 중요하다고 할 수 있다.

거창고등학교에서 강조하는 직업선택 10계명은 요즘 학부모들에게 매우 시사적이다. 거창고등학교에서는 왜 다음과 같은 역설을 강조했을까? 세속의 가치보다 자신의 삶의 가치와 품격을 어떻게 지키고 살 것인가를 고민하게 하는 것은 아닐까?

직업선택 10계명

1. 월급이 적은 쪽을 택하라.
2. 내가 원하는 곳이 아니라 나를 필요로 하는 곳을 택하라.
3. 승진의 기회가 거의 없는 곳을 택하라.

□ **6.** 정수복, 『한국인의 문화적 문법』, 생각의 나무, 2007, p.110.

4. 모든 조건이 갖추어진 곳을 피하고 처음부터 시작해야 하는 황무지를 택하라.

5. 앞을 다투어 모여드는 곳을 절대 가지 마라. 아무도 가지 않는 곳을 가라.

6. 장래성이 없다고 생각되는 곳으로 가라.

7. 사회적 존경을 바랄 수 없는 곳으로 가라.

8. 한가운데가 아니라 가장자리로 가라.

9. 부모나 아내가 결사반대를 하는 곳이면 틀림없다. 의심치 말고 가라.

10. 왕관이 아니라 단두대가 기다리고 있는 곳으로 가라.

세상이 말하는 성공은 너무나 단조롭고 거칠다. 한심하거니와 한편으로는 난폭하기까지 하다. 이런 성공관은 우리의 소중한 삶을 모욕하는 경우도 많다. 부모의 입장에서 자식이 잘 살길 기대하는 것은 인지상정이지만 세속적인 성공관이 갖는 문제에 대해서 경계하게끔 일러 주어야 한다. 사람답게 사는 것이 어떤 것인지를 지속적으로 고민할 수 있도록 안내할 필요가 있는 것이다. 만약 피터 모린Peter Maurin의 시詩 〈사람을 사람답게 만드는 것들〉을 자주 읽어 주는 부모라면 자녀에게 멋진 삶을 안내해 주는 참으로 멋진 부모가 되지 않겠는가?

사람을 사람답게 만드는 것들

뺏는 것이 아니라 주는 것
그것이 사람을 사람답게 만드는 것
군림하는 것이 아니라 봉사하는 것
그것이 사람을 사람답게 만드는 것
짓누르는 것이 아니라 돕는 것
그것이 사람을 사람답게 만드는 것
집어 삼키는 것이 아니라 보살피는 것
그것이 사람을 사람답게 만드는 것
그리고 필요하다면
목숨을 부지하는 것이 아니라 버리는 것
그것이 사람을 사람답게 만드는 것
타협하기보다 이상을 지키는 것
그것이 사람을 사람답게 만드는 것
욕심 부르기보다 신념을 지키는 것
그것이 사람을 사람답게 만드는 것

피터 모린

6

교육의 기본 전제前提와
가정假定을 되묻자

교육! 우리는 모종의 성취를 기대하고 교육행위를 하게 된다. 그리고 그 기대를 충족시키기 위한 한 방편으로 학교라는 제도를 조직·운영한다. 학부모가 자녀교육을 지원하는 것도, 자녀를 학교에 보내는 것도 그 기대 충족을 가정하기 때문이다. 그런데, 학부모에 따라서는 자녀에 대해 기대하는 구체적인 내용이 다를 테지만, 공통적으로 전제하는 그 어떤 기대가 있지 않을까 싶다. 이것을 교육의 기본 전제와 가정이라 해 보자. 좀 더 구체적으로는, 학부모들은 학교에서 어떤 기대가 충족될 것이라는 가정 하에서 자녀들을 학교에 보내겠는가?

가장 우선하는 첫 번째 가정은 바로 '가치관의 정립'이 아닐까 싶다.

사람들은 삶의 과정에서 수많은 선택을 하게 된다. 어린 시절에야 부모가 그 선택을 대신해 줄 수 있지만, 성장하면 할수록 그것은 당사자의 몫이 된다. 이때 선택의 기준은 바로 '옳고 그름 혹은 의미부여에 대한 자기 나름의 일관된 입장'이 된다. 즉 선택의 준거는 바로 '가치관'이 되는 것이다. 이런 점에서 어릴 때부터 바람직한 가치관의 형성이 강조된다. 물론 학교교육을 통해서만 가치관이 형성되는 것은 아니다. 그러나 부모들은 학교가 여러 교육적 의도와 기획을 전문적으로 실행하는 기관인 만큼 올바른 가치관, 인간적 품격을 손상하지 않는 바람직한 가치관 형성을 기대하는 것이다. 가치관은 바로 인간적 값의 결정 요소이기 때문이다. 그런데 현실 조건에서 학생들이 가치관 교육을 긍정적이라고 볼 만한 단서를 찾기란 쉽지 않다. 여러 가지 조사 연구 결과를 보더라도 학생들은 특정 가치목록에 대한 선호 경향이 강하다. 공공의 가치, 공동체의 가치, 인간적 덕성의 가치보다는 가시적이고 물질적인 가치를 선호하는 경향이 짙어진다는 점에 주목할 필요가 있다.

두 번째 가정은 바로 '지적 발달'이다.

부모들은 자녀가 학교교육을 통해 세상의 이치를 캐묻고 현상의 본질에 대해 사유할 수 있는 힘을 갖길 기대한다. 세상의 현실은 복수로 존재한다. 즉 눈에 보이는 현상은 하나의 관점으로만 해석되는 것이 아니라 다양하게 읽힐 수 있는 입체성을 가지고 있다는 것을 의미한다. 따라서 현상을 입체적으로 살피기 위해서는 사물을 다양한 차원에서 볼 수 있는 관점이 필요한 것이다. 이런 점에서는 지식의 습득 이상으로 사유훈련과 논리 실험 과정을 조직하는 것이 중요하다. 그렇다면 당대 학생들의 지적 발달은 어떤 수준인가? 그다지 양호하다고 판단할만한 근거가 그리 흔치는 않다. 많은 연구원들이나 교육관련자들은 입시용 지식교육이 낳는 폐해를 여러 차원에서 지적한다. 인문학과 도정일의 다음과 같은 지적은 적확한 관찰이 아닌가 싶다.

(우리 교육은) 두 가지 치명적 특성을 가진 정신습관을 길러놓는다. 지적 무기력성과 호기심 상실이 그 특성이다. 지적 무기력성 상태는 암기력이나 수리계

산력의 부족과는 다르다. 지능지수와도 별 관계없다. 암기도 잘하고 수리능력도 있고 집중력도 있다. 그런데 질문하고 생각하고, 생각한 것을 비판적, 논리적, 분석적으로 점검하는 일에 이르면 정신은 절인 배추와도 같은 무기력 상태에 빠진다. 생래적 저능이 아니기 때문에 이 무기력성은 수동적 반응만이 강하게 요구되는 환경에 오래 노출되고 거기에 적응하면서 '길러진' 정신습관이다. 호기심 상실의 경우도 선천적 저능이 아닌 경우에는 지능과도 큰 관계가 없다. 지적 자극에 대한 반응 능력의 둔화, 뭔가 알고 싶다는 적극적 자발적인 탐구욕의 결여, 무관심, 집중력 부족 등이 호기심을 잃어버린 정신의 특징이다.

도정일, '경쟁력, 수월성, 창의성의 비극', 『비평』제15호, 생각의 나무, 2007.

세 번째 가정은 '비인지적 성장'을 전제한다.

자녀들이 학교에 가는 경우 공부는 차치하더라도 정서가 안정되고, 감성이 발달하고, 미적 감각이 신장되길 기대할 것이다. 뿐만 아니라 사람들과의 관계방식도 깨치고, 사회구성원으로 갖추어야 할 시민적 책무성도 갖추기를 희망한다. 그러나 자신감, 열정, 협업 능력, 공동체 능력, 관계 능력, 민주적 태도 등과 같은 비인지적 능력이 질적으로 높은 수준이라고 판단하기는 어렵다. 한국청소년정책연구원의 보고에 의하면,[7] 사회적 관계 형성과 관련된 핵심역량 중에서 타인에 대해 신뢰하고 정당하게 대우해 주는 긍정적인 태도는 학년이 올라갈수록 오히려 낮아지는 것으로 나타났다. 이는 신뢰나 인적 네트워크와 같은 사회적 자본이 상급학교로 올라 갈수록 오히려 약화되고 있음을 보여주는 결과다.

네 번째 가정은 바로 '진로 정체감'이다.

이는 바로 일정기간 학교교육을 받은 자녀가 자기 자신에 대한 이해를 바탕으로 진로에 대해 판단할 수 있기를 기대하는 것이다. 특히 자기 취향과 재능 그리고 자기만의 고유성을 확인하고 이를 자부심의 근거로 삼길 바라는 것이다. 그런데 학교교육의 현실은 어떤가? 최근, 진로교육의 중요성이 강조되고는 있지만, 여전히 편향된 진로의식의 틀을 크게 벗어나지 못하고 있는 실정이다. 기존의 직업체계를 상정하고 이에 학생 개개인의 '진로희망'을 조응Matching시키는 형식의 진로교육이 지배적이다. 그렇다 보니 '자신이 어떤 진로를 선택하는 것이 최선인지', '자신이 선택할 진로와 전공은 자신의 흥미나 적성에 부합하는지', '자신의 진로 선택을 위한 노력은 적합한지', '자신이 가지고 있는 진로정보는 신뢰할만한지', '자신이 선택한 진로와 살고자 하는 인생의 방향 간에는 일관성이 있는지' 등에 대한 질문과 고민을 할 기회가 부족하다.

이러한 현실을 극복하기 위해서는 학교교육의 노력이 절대적으로 필요하지만, 부모의 노력 또한 중요하다. 부모의 자녀교육 지원 방향이 전제와 가정을 충족하는 방향으로 조정될 필요가 있다. 부모가 입시성적을 올리기 위한 기술적인 처방이나 방법적 조정을 강조하기보다는 근본을 강조하는 조건에서 자녀가 높은 수준의 성취를 달성할 수 있기 때문이다.

■ **7.** 김기헌, 『2010 한국청소년 핵심역량진단조사』, 한국청소년정책연구원, 2011.

7
당당한 부모 되기

부모의 입장에서는 자신의 자녀가 '엄친아', '엄친딸'이 되길 기대한다. 그 열망이 강한 만큼 다른 집 아이들과 비교하게 되고, 옆집 부모들이 어떻게 자녀교육을 지원하는지 곁눈질을 하게 된다. 그런데 정작 '엄친아'와 '엄친딸'을 둘 수 있는 부모들은 그다지 많지 않다. 전국단위 고3 학생비율을 놓고 볼 때, 엄친아와 엄친딸 비율은 대략 1.6%^{SKY대}이고 그 범위를 넓게 잡는다 해도 고작 10%$^{in서울 진학비율}$ 정도다. 그러니 자녀의 교육적 성공을 기준으로 자신을 판단하는 부모라면 '당당하게 살기'란 여간 쉽지 않은 일이다.

실제로 대학입학 수학능력시험을 마친 이후에는 동문·친구 모임에 발길을 끊는 엄마들이 생긴다고 한다. 특히 고3 자녀를 둔 엄마들이 많은 모임인 경우, 자녀 성적 때문에 자존심이 상하는 게 싫은 엄마들이 두문불출하여 모임이 쉽지 않다. 입시 엄마들에게 '수능은 자식농사 성적표'라는 인식이 강하다 보니 자녀의 성적이 신통찮을 경우 모임에서 사라지곤 한다[8]는 것이다.

이렇듯 다수의 학부모들은 자녀교육과 관련하여 '쓰라린 기억'을 갖게 될 수밖에 없다. 이는 통계적으로도 입증된다. 그럼에도 불구하고 많은 학부모들이 자녀교육에 과도할 만큼 기대를 걸고, 지원을 아끼지 않는 현상이 눈덩이처럼 왜 점점 더 커지는 것일까? 이는 아마도 관계의 힘이 큰 사회에서 나타나는 동조현상^{다른 사람들과 같은 전략을 채택하려는 경향}의 일종으로 볼 수 있다. 관계의 힘이 큰 사회에서는 개인의 자유는 물론 선택 행위조차도 집단의 그것과 분리되기 쉽지 않다. 그렇다 보니, 대개의 사람들이 서로 곁눈질하면서 비슷하게 닮아가게 된다.

부모들 사이에서 동조현상이 일어나는 이유는 크게 두 가지 영향 때문이다. 하나는 '정보적 영향'이다. 부모는 자녀의 교육적 성공에 대한 열망이 강한데 비해, 그것을 가능하게 할 수 있는 정보가 충분치 않다. 그렇다 보니 유명 진로전문가를 찾고, 그가 일러주는 대로 따라하게 된다. 그리고 성공적으로 자녀를 키운 부모들의 성공담이나 합격 수기는 값진 매뉴얼이 된다. 이뿐이 아니다. 입시철이 임박해서는 유명학원이 작성한 배치 기준표나 입시컨설턴트들의 분석은 절대적인 권위를 갖게 된다. 이와 같은 정보의 비대칭 문제에서 발생하는 동조로 인해 부모들은 동질적인 자녀교육 지원전략을 구사하게 된다. 비유컨대, '서로 닮아가면서 서로에게 상처주는 선택'을 하게 되는 것이다.

'규범적 동조'가 일어나는 또 다른 이유는 '규범적 영향' 때문이다. 이 규범적 동조란 '집단 다수의 선택이 자신의 뜻하고는 맞지 않는 경우에도 이를 따라 하게 되는 것'을 의미한다. 이런 규범적 동조의 대표적인 예가 바로 유행에 따른 소비다. 무엇인가 새로운 것이 떠오르면 그것을 갖지 않

□ **8.** 김민정, '엄마 송년회는 아이 수능성적이 좌우', 〈조선일보〉, 2014.11.18.

은 사람은 유행에 뒤처지는 것처럼 여겨지고, 유행하는 제품을 사고 나면 최소한 남들보다 뒤떨어지지 않는다는 안도감을 느낀다. 이런 심리적 메커니즘이 자녀교육 장면에서 그대로 적용되는 것이다. '옆집 아줌마'들이 그들의 자녀 교육을 위해 지원하는 행태캠프 보내기, 학원 보내기, 어학연수 보내기 등를 보면서 자신이 만든 내적 기준을 지키기가 힘겨워지는 것이다. 자신의 내적기준을 지킬 때 불안과 초조함이 동반되는 탓에 이런 상황에서는 판단의 확신을 외부에서 얻는다. 그런 탓에 부모들은 큰 효과가 있을 것이란 기대가 없으면서도 '남들 하는 대로', '남들만큼', '남들에게 뒤처지지만 않게'라는 비슷한 선택을 하게 되는 것이다.

관계의 힘이 큰 사회에서도 상대적으로 동조 경향이 덜한 부류는 자아가 강한 사람이다. 자아가 약하고 낮은 자존감을 지닌 사람들에서 동조가 쉽게 일어난다. 이는 결국 부모가 자아를 어떻게 세우느냐에 따라서 자녀 지원 행태도 달라질 수 있음을 시사한다.

부모 스스로 당당한 부모가 되고자하는 노력이 필요하다. 육친의 관계를 맺고 있는 부모-자식 관계에서 부모가 자신의 내적 기준을 일관되게 유지하는 것은 그리 간단한 일이 아니다. 그럼에도 부모 자신은 물론 자녀의 건강한 성장을 위해서는 부모 스스로가 자기 기준을 명확히 하고, 이를 지켜가고자 노력하는 것이 중요하다.

또한 당당한 부모가 되기 위해서는 우선 자녀교육 지원의 목적을 명확히 설정하는 것도 필요하다. 따라서 '내 자녀가 어떤 사람으로 성장하길 기대하는가?', '내가 자식에게 전해줄 가치세계는 무엇인가?', '자식이 어떤 삶을 살아가길 원하는가?'와 같은 질문들에 대한 기준 설정이 중요하다. 만약 자녀를 특정 학교에 입학시키는 것을 주된 목적으로 한다면, 이는 단기적 목적인 만큼 순간순간 어떤 처방을 쓸 것인가에 관심을 기울이게 될 것이다. 그리고 그 과정에서는 앞서 살펴본 동조현상이 일어날 개연성이 크다. 이런 점에서도 당당한 부모가 되기 위해서는 장기적 차원의 목적, 즉 자녀에게 삶의 차원에서 기대하는 것을 갖출 수 있도록 지원하고 안내하는 것이 중요하다.

부모가 세파에 휘둘리지 않고 당당하게 서기 위해서는 자녀 스스로가 자립할 수 있도록 책임과 의무의 한계를 명확하게 설정하는 것이 중요하다. 부모가 아무리 자녀를 사랑한다 한들, 자녀의 삶을 대신 살아 줄 수 없는 일이다. 그렇기 때문에 자녀가 하나의 온전한 독립적 인격체로 성장할 수 있도록 자립심을 키워주는 것이 반드시 필요하다. 따라서 작은 일부터 자녀 스스로 할 수 있도록 과잉간섭은 금물이다. 자기 방 청소하기, 학습준비물 스스로 챙기기부터 시작하여 용돈을 관리하고 공부계획을 세우는 것까지 자기책임으로 부여해야 한다. 자신의 생활을 구성하는 것, 장래 어떤 진로를 선택할 지에 대한 고민도 온전하게 자녀 자신의 몫이 되게 해야 한다. 그래야 자녀 스스로도 자기 삶에 대한 책임감을 갖게 될 것이고, 부모 또한 자녀의 성취수준 때문에 자신을 자책하는 일로부터 벗어나게 될 것이다.

더불어 당당한 부모가 되기 위해서는 무엇보다도 부모의 자존감이 높아야 한다. 부모 스스로 자신을 존중하고 사랑하는 마음이 높아야 한다. 자존감이 높은 부모는 자식의 문제로 자기 자신을 책망할 가능성이 낮다. 자식의 문제는 그의 문제로 한정해서 보기 때문이다. 그러나 자존감이 낮은 부모들은 자녀의 삶을 자신의 이상대로 설계하려는 경향이 강하다. 이런 경향이 강한 부모 밑의 자녀는 행복하지 않다. 부모의 자존감을 채우는 것을 신경쓰다보니 도리어 자신을 제대로 돌보기가 쉽지 않기 때문이다. 부모의 낮은 자존감으로 인해 부모-자녀 관계가 왜곡되고, 이로 인해 서로가 상처받는 모순이 반복되는 것이다. 전문가들에 따르면, 실제로 부모의 기대에 부응하느라 스스로 자존감을 세우지 못한 아이들은 스스로 독립해야 할 시기에 뒤늦게 정체성 혼란을 겪거나 이상 심리상태에 빠지기도 한다는 것이다.

부모는 자녀가 성장해 감에 따라 자녀와 자신을 분리해 생각하는 연습이 필요하다. 자녀 때문에 위축되거나 모임을 회피하는 이유가 어디에 있는지를 냉정하게 물을 필요가 있다. 자녀의 교육적 성공을 갈망하는 그 마음에 자신의 자존감이 개입되어 있는 것은 아닌지 돌아보아야 한다. 그리고 지속적으로 자녀에게 "네 삶은 네가 사는 거야. 그러니 네 행동에 대해 네가 책임져야 해!"라는 말을 지속적으로 해주는 것이 필요하다. 그리고 일상에서 부모는 자녀와 일정한 '교육적 거리'를 유지하는 노력이 필요하다.

2

교육 '신화' 넘어서기

—

교육질서의 재해석과 학부모 삶의 회복과제

1
배움에 대한 의미의 재구성

자녀들이 배움의 과정에서 가장 흔하게 하는 질문이 바로 '왜 배워야 하는 가?', '학교는 왜 가야하는가?'와 같은, 배움의 근본에 대한 질문이다. 이런 질문을 통해 자녀들은 배움에 대한 인식체계를 형성하고, 이를 근거로 학습해야 할 '자기이유'를 확립한다. 이런 점에서 '배움' 그 자체가 어떤 의미와 가치가 있는지를 설득력 있게 알려줄 필요가 있다.

그런데, 대부분의 학부모들은 배움과 학교에 대해 현실적인 의미를 부여한다. 예컨대 학교를 상급학교 진학을 위한 준비 기관 정도로 인식하는 것이다. 자녀들에게 '명문 대학에 진학하기 위해 초등·중학교에서부터 준비가 필요하다'는 식으로 설명하는 경우가 흔하다. 초등학교 단계나 중학교 단계가 한 인간 존재의 성장과정에서 어떤 의미가 있는지를 고민할 수 있는 자극은 상대적으로 빈약하다. 뿐만 아니라 심한 경우에는, '시험을 잘 보기 위해서 공부해야 한다'는 인식을 공고하게 만드는 말들도 많다. 그렇다 보니 자녀들 입장에서는 '배움=시험'이나 '배움=진학준비'로 단순 등식화하게 된다. 그래서 배움의 목표, 배움의 가치, 배움의 이유와 근거를 바로 시험진학준비에 두는 '시험절대주의'가 공고해지는 것이다.

시험을 절대시하는 조건에서는 다수의 학생들이 좌절감을 경험하게 된다. 시험의 결과는 많은 학생들에게 부족함과 결핍을 확인시킨다. 특정 기준^{상위성적 혹은 특정의 대학}을 제시하고 이 기준을 도달하기 위해서 부족함을 채우도록 채근하는 분위기다. 자녀들은 절대적 기준에 도달하도록 채근하는 분위기에서 의욕을 잃거나 오히려 동기를 상실하는 경우도 생긴다. 시험을 절대시하는 상황이라면, 공부는 학습노동에 가깝게 된다. 그렇기에 배움의 즐거움이라는 내적 희열을 경험하기란 힘들 수밖에 없다. 이런 점에서도 배움의 의미를 재구성할 필요가 있다. 이는 부모를 포함하는 기성세대의 몫이다.

왜 배워야 하는가? 일차적으로 배움은 '자유로운 인간'으로 성장하기 위해 필요한 것이다. 자유로움의 본질적 의미는 사고의 자유로움에 있다. 사유의 폭과 깊이가 넓고 깊을 때, 경험의 세계를 넘어 개념의 세계가 열릴 때, 다양한 영역이 중층적으로 연결된 일상을 성찰할 때 세상과 자신에 대한 인식수준이 달라진다. 즉 제대로 배울 때, 세상과 자신에 대한 재구성이 가능하고 이런 과정에서 미세한 집착^{속물성}을 떨칠 수가 있게 되는 것이다. 이런 과정에서 좀 더 큰 자유, 차원이 다른 자유를 경험할 수 있는 것이며 바로 삶의 질 자체가 달라지게 되는 것이다.

인간이 배워야 하는 또 다른 이유는 '세상을 바로보기' 위함이다. 우리가 살고 있는 세계는 크게 두 차원의 세계로 구분된다. 하나는 물리의 세계로서, 눈으로 확인되는 구체의 세계다. 그리고 다른 하나는 개념의 세계다. 물리의 세계는 모종의 개념에 의해 구성된 세계이며, 이 물리의 세계에서 살아가는 구성원들은 모종의 개념틀에 의해 행위를 한다. 따라서 세상을 작동시키는 개념망을 이해하게 될 때, 다양한 차원에서 세상에 대한 조망이 가능해진다. "우리는 눈으로 세상을 보는 것이 아니라 개념으로 세상을 본다"라는 명제가 있는데 이 명제는 개념의 습득이 그만큼 중요하다는 것을 의미한다. 개념을 익히는 과정이 바로 배움이고 이런 과정을 통해 세상을 바로 볼 수 있다는 것이기도 하다. 이런 점을 보더라도 제대로 된 배움은 반드시 필요한 것이다.

또한 무지한 상태는 바로 공포일 수밖에 없다. 어떤 사물이나 대상의 가치, 속성, 원리, 작동조건 등에 대한 일체의 지식이 없는 상황을 가정해보자. 모든 것이 공포의 대상이다. 우리가 일상에서 공포를 덜 느끼고 사는 것은 일상에 자주 접하는 사물이나 대상의 대한 일정 정도의 지식이 있기 때문이다. 그런데 세상의 변화 속도는 매우 빠르다. 물리적 세계의 변화는 말할 것도 없고 개념의 세계변화 역시 빠르다. 이런 현실에서 존재와 관련된 공포는 점차 짙어질 가능성이 높다. 따라서 이런 공포를 넘어서기 위해서라도 배움에 대해 성실할 필요가 있다. 시험공부나 입시공부를 게을리 할 수는 있다. 그러나 존재에 대한 공포를 극복하기 위해서는 배움 그 자체를 엄중한 과업으로 받아들일 필요가 있다. 이는 비단 자녀들뿐만 아니라 부모들도 새겨볼 대목이다.

제대로 배운 사람은 그렇지 못한 사람들과 여러 모로 다르다. 대체로 제대로 배운 경우, 언어가 단정하고 사고의 범위는 끝이 없을 정도로 넓다. 마음의 풍경도 차분하고 타인이 침범할 수 없는 내면의 세계를 가지고 있기도 하며, 자기 삶에 대한 내적 성찰의 힘은 물론 상대방의 취향과 처지를 헤아리는 감수성도 풍부하다. 이뿐만 아니라 남들이 관심을 기울이지 않는 공적 영역에 대한 참여 의식도 높다. 그야말로 자신만의 품위 있는 삶을 구성한다. 제대로 배워야 하는 이유가 바로 여기에 있는 것이다. 배워야만 높은 수준의 품위 있는 삶을 구성할 수 있기 때문이다.

배움이란 단순한 시험공부의 차원을 넘어서는 일이다. 자신의 고유한 사고를 구성하기 위해 입체적으로 생각해 보는 일논리공정을 만들어 가는 과정, 자신의 존재를 풍요롭게 만들기 위해 사유의 깊이와 폭을 넓히는 일, 자기 자신에 대한 존재감을 스스로 확인하면서 효능감을 갖는 일 그리고 자기 자신의 개념기준을 갖는 일 등이 바로 배움의 본질이다. 이러한 배움의 의미와 가치를 자녀들에게 제대로 안내할 필요가 있다. 자녀들 입장에서 배움의 의미가 재구성될 때, 시험위주입시중심 교육의 단조로움을 넘어설 수 있는 여지가 열리기 때문이다. 신지수 조종사의 다음과 같은 당부에 귀 기울일 필요가 있다.

> 비행하다 보면 어릴 적 공부했던 것들을 다시 돌아보는 일이 많다. 뒷동산에서 보물찾기 하듯 잊고 있었던 지식이 새록새록 떠올라 재미가 있다. 옛날에 '내 평생에 과연 이 단어를 쓸 일이 있을까?'하며 외웠던 영어 단어를 말하게 되고, '이걸 왜 알아야 하는 거야?'했던 삼각함수 공식을 각도와 거리 계산을 하는 데 요긴하게 쓰고 있다. 그뿐만 아니라 하늘에서 굽이굽이 흐르는 산과 강을 바라보면 화산활동이 어떻게 지각을 움직였는지, 침식과 퇴적이 어떻게 우각호와 삼각주를 만들었는지 이해하게 된다. 세계 여러 도시를 돌아보며 역사와 문화의 속뜻을 알게 되고, 왜 그 나라의 문학과 미술이 다른지, 심지어 왜 그곳 음악에 쓰이는 음계가 독특한지도 알 수 있게 된다. 또한 잘살고 못사는 나라를 다니며 법과 정의, 그리

고 민주주의의 중요함도 깨닫게 된다. 하나같이 어릴 적 교과서에 밑줄 쳐 가며 지겹게 외웠던 지식들이다. …… 오직 좋은 대학에 진학하고자 오늘도 열심히 공부하는 학생들이여, 세상에 소중하지 않은 지식이란 없다. 여러분이 끊임없이 주입하고 있는 그 많은 지식이란, 하나하나가 모두 학자들의 피와 땀이 밴 값진 유산이다. 단지 수능문제로 출제되기 위해 만들어진 그런 싸구려가 아니란 말이다.

신지수, 『나의 아름다운 비행』 책으로 여는 세상, 2011.

경기도 파주에 소재하는 '제니퍼 소프트'라는 IT 회사에는 독특한 33가지 금기사항이 있다고 한다. 그중 31번째 금기사항은 바로 "사유와 공부를 게을리 말아요. 공동체의 의무에요"란다. 참으로 매력적인 금기다. 이는 일상적 삶의 주체로서 자신을 구성하는 요소는 물론 세상에 대해 고민하고 사유하면서 살자는 권고가 아닌가? 특히 사유를 공동체의 의무로 규정하는 데서 이 회사의 차원 높은 철학을 엿볼 수 있다. 공부를 단지 기업적 가치를 높이는 수단으로만 보기보다는 존재와 삶의 차원에서 해석한다. 이 얼마나 멋진가!

　바라건대, 학부모들 스스로 배움과 공부에 대한 해석체계를 달리할 필요가 있다. 그리고 자녀들에게 배움의 의미와 가치가 무엇인지, 어떤 자세로 배움에 임해야 하는지에 대해 올바로 안내해 주어야 한다. 배움의 의미를 바르게 아는 자녀가 다른 자녀들에 비해 미래의 성취 예언력이 월등하다는 점에 주목할 필요가 있다.

2
'올백' 신화와 학습노동

한국의 교육질서에서 만들어진 말 중 하나가 '올백ᵃˡˡ¹⁰⁰'이다. 이 말은 모든 과목에서 100점 받는 것을 의미한다. 언제부터인지 모르겠지만 학생들에게 올백은 학습의 최종 목표로 인식된다. 실제로 학생들의 입에 올백이란 말은 흔하게 거론된다. 꼭 이루고 싶은 꿈을 올백이라고 당당하게 밝히는 학생들이 있는가 하면, 삶의 스트레스 요인으로 올백에 대한 부담을 호소하는 학생들도 흔하다. 즉 학생들이 자신의 삶을 구성하는 과정에서 이 올백은 매우 중요한 준거 구실을 하는 것이 현실이다.

올백이 학생의 삶에만 영향을 미치는 것은 아니다. 올백은 부모들의 삶도 구속한다. 부모들은 올백을 자녀의 교육적 성공 가능성의 지표로 삼는다. 따라서 초등학교 단계에서부터 올백을 기대하고, 이를 위해 직·간접적인 지원을 아끼지 않는다. 이렇게 지원한 노력의 결과로 자녀가 올백을 기록하는 경우, 부모는 이를 자신의 존재증명 기제로 인식한다. 따라서 부모 입장에서는 그간의 자녀교육 지원전략이 성공적이었음을 확신하고 이를 더욱 강화하게 된다. 하지만 자녀의 시험성적이 기대와 다르게 나오게 된다면 이전과는 달리 좀 더 '효율적 전략^{시험 중심학습}'으로 공부 방법을 수정하게 된다. 이런 점에서 학생이나 부모에게 있어서 올백은 시험점수 그 이상의 의미를 갖는다.

문제는 '올백 목표'를 실현하기가 그리 간단치 않다는 점이다. 여러 사람들의 지원은 물론 그에 합당한 분위기가 조성되지 않고서는 이 목표를 도달하기란 여간 어렵지 않다. 가족구성원과 다른 사람들의 도움까지 받아야만 성취 가능한 올백이 과연 교육적으로 의미가 있는 것인가와 대개의 학생들이 올백을 학습목표로 상정하는 분위기가 교육적으로 타당한가는 꼭 한 번 생각해 볼 문제이다.

여기서 가장 먼저 지적할 수 있는 문제는 바로 '배움의 의미 왜곡'이란 것이다. 올백이 강제되는 상황에서 배움 그 자체의 의미는 시험공부 혹은 입시공부로 한정해서 이해될 가능성이 높다. 모든 과목에서 백점을 획득하기 위해서는 지식 중심 학습에 전념해야 한다. 그에 비해 다른 여타의 교육활동, 즉 체험활동이나 탐구활동, 자기발견의 과정 등은 부차적인 것으로 치부될 개연성이 크다. 특히 올백이 강제되는 조건에서는 실존적 고민이 의미 있는 성장 과정으로 이해될 가능성은 낮을 수밖에 없다. 그렇다 보니 시험점수는 높지만 인간적 성숙 수준은 그에 미치지 못하는 경우가 흔하게 나타나는 것이다.

학생들이 올백에 대한 강박관념을 갖는 분위기는 사실 '반^反교육적'이다. 어떤 측면에서 보면, 올백 신화는 야만적이라 볼 수도 있다. 본디 학생 개개인은 자신만의 고유한 특성을 가지고 있는 존재들이다. 이들이 다양한 개성을 발휘할 수 있도록 자극하고 촉진하는 과정이 바로 교육활동의 본질이다. 이런 점에서 어원도 불분명한 올백이란 말이 떠도는 것은 바로 우리교육이 지나치게 지식학습으로 편중되었음을 반증하는 것이다. 물론

이 말은 부모의 자녀교육에 대한 기대나 욕망 역시 비대칭적임을 보여주는 것이기도 하다.

요즘 학생들의 삶이 온전하다고 보기는 어려운데 그 이유 중 하나는 학습노동에 시달리기 때문이다. 학습노동에 시달리다 보니, 배움이 즐거울 리가 없다. 왜 그럴까? 바로 학생들에게 올백이 강제되고, 그런 분위기에서 학생들조차도 스스로 올백을 성취 목표로 삼기 때문이 아닐까 한다.

학생들이 학습노동에 시달리는 구조를 살펴보자. 일차적으로는 부모들의 불안과 욕망에서 출발한다. 부모에게는 '내 자식이 공부에서 뒤처지지 않을까에 대한 불안'과 '공부 잘해서 성공하길 바라는 출세 욕망'이 공존한다. 그렇기에 부모들은 자녀의 교육경쟁력을 높이기 위해 영·유아기부터 학습활동을 강화한다. 이렇게 하는 부모들의 심리적 배우에는 '위기인성'이 강하게 작동한다. 즉 위기상황에서 갖는 마음새^{규범을 무시하고, 자신이나 가족의 이해를 최우선으로 하고, 단기목표에 과도하게 집착하는 마음풍경}가 자리하기에 늘 교육의 장을 '살아남아야 할 전쟁터'로 인식한다. 그러니 자녀교육에 대한 지원 양은 과잉될 수밖에 없고, 그런 과정에서 자녀들은 매뉴얼처럼 정형화된 학습장면에 노출되게 된다. 이 과정을 견디는 일이 바로 자녀들에게는 학습노동이 되는 것이다. 결국 올백이란 상징이 우리 사회에 널리 유포된 것은 그만큼 학습노동 강도가 높은 상황임을 증명하는 것이다.

학습노동에 시달린 학생들이 색다른 사고를 할 가능성은 낮다. 스테레오 타입의 인재를 선호하는 시대는 이미 지났다. 따라서 일찍부터 학습을 지겨워하는 학습혐오증에 빠지지 않도록 페이스를 조절할 필요가 있다. 이를 위해 올백의 신화부터 걷어내자.

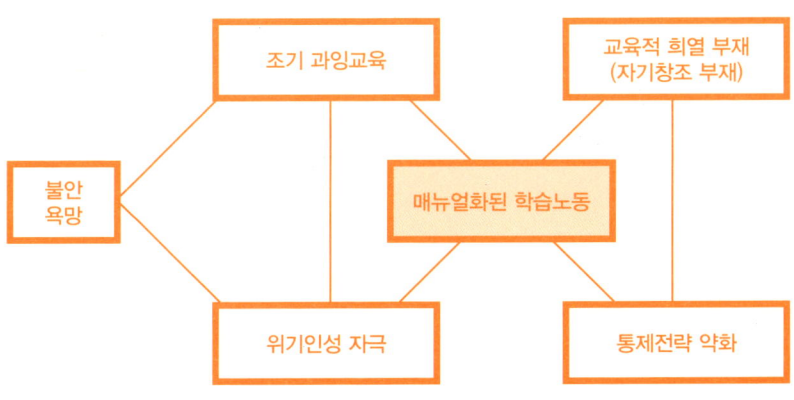

〈도표 1〉

3
마조히즘 교육문화와
우울한 미래 예언

요즘 세대 학생 삶의 지배적 정념 중 하나는 '불안'이다. 경쟁에서 실패할 것을 염려하는 낙오불안이 짙다. 따라서 그들의 행복지수는 그다지 높은 편이 아니다. 실제로 연세대와 한국방정환재단이 함께 수행한 국제비교 연구 결과를 보면, 우리나라 어린이와 청소년의 행복지수는 OECD^{경제협력개발기구} 국가 가운데 가장 낮게 나타났다. 교육성취도를 측정하는 '교육' 지수와 생활방식을 측정하는 '행동과 생활양식' 지수에서는 OECD 국가 중 1위를 차지하는 반면에 '주관적 행복' 지수는 OECD 23개국 가운데 가장 낮았다. '주관적 건강'과 '학교생활 만족도', '삶의 만족도', '소속감', '주변상황 적응', '외로움' 등의 응답률에서도 다른 나라와 큰 차이가 있는 것으로 나타났다.[9]

이처럼 학생들의 삶이 왜곡된 것은 승자독식의 교육문화에서 기인한다. 아만다 리플리^{Amanda Ripley}는 자신의 저서 『무엇이 이 나라 학생들을 똑똑하게 만드는가?』[10]에서 한국의 이러한 교육문화를 '마조히즘^{masochism} 문화'로 규정한다. 이처럼, 모두가 경쟁에 몰입하고 대개가 실패하는 문화가 지속되는 이유 중 하나는 인센티브 체제의 문제이다. 즉 교육을 통한 보상이 지나치게 크고, 또한 결정력이 크다는 점이다. 그리고 교육에서 성패를 결정하는 요소가 지나치게 단조롭고^{대학 학벌}, 이를 측정하는 판단 준거가 획일적이라는 점도 관련이 있다. 이러한 구조적인 문제와 부모의 개인적 욕망이 결합되어 교육경쟁은 마치 국가 간 군비경쟁과도 같은 형태를 보인다.

학생들은 점수경쟁에서 비교우위를 점하기 위해 다른 학생들보다 '하나 더 하기 게임'을 하게 된다. 따라서 모든 학생들이 참여하는 학교교육 외에 사교육을 하나 더 하게 되고, 다수의 학생들이 사교육에 참여한다고 판단하는 경우에는 또 하나 더 하기를 위해 학습지를 하거나 혹은 인터넷 강의를 듣게 된다. 이렇게 경쟁이 격하다보니 부정과 비리도 끊이지 않는다. 학교단위에서는 시험의 공정성을 위해 갖가지 부정예방책을 동원하고, 교사들은 시험에 대한 민원이 제기되지 않도록 갖가지 묘안을 짜는 형편이다. 예외적인 경우이지만, 2007년에는 SAT^{Scholastic Aptitude Test} 문제의 부정유출을 이유로 약 900여 명의 한국 학생 시험 성적이 취소되는 사례도 있었다.

사실 이러한 과잉경쟁 조건에서는 '크리밍 효과^{creaming effect}'[11]를 낳기 때문에 당초 부모가 기대하는 교육적 성공은 쉽지 않다. 오히려 부모들의 오버 스케줄링으로 인해 모두가 같아지는 현상이 나타나기도 한다. 즉 가

■ 9. 연세대학교 사회발전연구소, (재)한국방정환재단 공동연구, '2013년 어린이 청소년 행복지수 – 국제비교연구 조사결과 보고서', 2013.
■ 10. 아만다 리플리, 『무엇이 이 나라 학생들을 똑똑하게 만드는가?』, 김희정 옮김, 부키, 2013.
■ 11. 크리밍 효과 – 실험의 효과가 잘 나타날 사람만 실험집단에 선정하는 것.

치 있는 것을 누구나 다 갖게 되다 보니 그것 자체가 무가치한 것으로 평가 절하되는 현상이 나타나는 것이다. 예컨대, 모두가 의자 위에 올라가는 경우 나 자신이 의자 위에 있다는 사실이 더 이상 두드러지지 않는 것과 같은 이치다. 이러한 크리밍 효과가 반복되는 경우, 부모들이나 학생들 사이에서는 타인을 앞설 수 있는 하나 더 하기 전략을 채택함에 따라 '마조히즘 교육문화'가 더욱 강화되는 악순환이 반복되는 것이다.

마조히즘 교육문화의 특징 중 하나는 바로 학생들의 자기착취가 심화된다는 점이다. 자기착취란 더 경쟁력 있는 교육성과성적, 명문학교를 내기 위해 자신이 지칠 때까지 입시공부에 몰입하는 것을 의미한다. '높은 성적을 받아야 명문대학에 진학할 수 있다', '명문대학은 출세와 성공의 발판이다', '명문대학에 진학하려면 남들 이상으로 노력해야 한다'는 신념에 따라 입시중심의 학습에 매진하게 되는 것이다. 특히 입시중심의 학습에서 높은 성과를 위해서는 학습량을 늘리고, 학습 이외의 여타요소는 배제·관리하는 삶의 틀을 유지해야 한다. 그렇다 보니 일상의 삶이 건조하고 가족체계 또한 메말라가는 경우가 많다. 일례로 입시를 준비하는 자녀가 명절 가족모임에 불참하는 경우라든지, 입시생 때문에 의례적인 가족행사를 생략하는 경우 등이 대표적인 자기착취에 해당한다고3 자녀를 둔 부모가 자녀의 입시 뒷바라지를 위해 휴직을 하거나 자녀에게 전념할 수 있는 환경 조성을 위해 자신의 일상을 입시부모 모드로 조정하는 것 또한 '자기착취'에 또 다른 예로 볼 수 있다. 자기착취가 지속되는 상황에서는 입시 중압감과 성적 스트레스가 심화될 가능성이 크다. 특히 비교우위 경쟁을 하다 보니 다른 사람과의 우정과 연대가 파괴될 개연성이 있다는 점이다. 이런 측면에서 볼 때, 학생들의 자기착취 경향은 바로 교육의 총체적황폐화의 한 단면이라고 할 수 있다.

몇 년 전, 김규항은 우울한 미래예언을 내놓았다. 그냥 흘려들을 이야기가 아니다. 어쩌면 우리는 이미 그 미래를 현실로 살고 있는지도 모를 일이다.

한국의 초등학생 가운데 제대로 노는 아이가 있는가? 어지간한 집은 저녁까지, 교육 좀 시킨다는 집은 밤늦게까지 학원을 돈다. 세계화가 어떻고 국제경쟁력이 어떻고 하지만 거의 모든 초등학생들이 이따위로 생활하는 나라는 지구상에서 한국뿐이다. 도무지 사회에 미래가 안 보인다 탄식들 하지만 한국엔 분명한 미래가 하나 있다. 이대로라면 10년 뒤 한국은 정신적으로 영적으로 병든 청년들로 가득 찬다는 것이다.

김규항, '야! 한국사회 이제 됐어?', 〈한겨레신문〉, 2010.7.8.

4
다다익선 법칙의 그늘
– 학습 정의情意 문제

자녀교육 지원에 관한 부모들의 일반적 법칙은 '다다익선多多益善 법칙'이다. 이 법칙은 부모가 가급적 많은 지원을 하는 경우, 자녀의 교육성취도가 높아질 것이라고 믿는 경향을 말한다. 조기교육 열풍도 이런 믿음에 근거하지만 학교에서의 학습내용을 다시 사교육 영역에서 하는 반복 학습 역시 이와 무관치 않다. 따라서 다다익선 법칙을 따르는 경우, 학습량과 학습시간은 지속적으로 증가하기 마련이다. 특히 타인과의 경쟁이 강조되는 상황에서는 동조현상으로 인해 학습량과 학습시간의 증가 속도가 급속히 빨라지는 경향을 보이게 된다.

부모가 다다익선 법칙에 따라 자녀교육을 지원하는 경우 나타나는 교육성취의 비대칭 문제는 생각보다 심각할 수 있다는 점에 주목할 필요가 있다. 2013년에 발표된 〈2012 국제 학업성취도 평가PISA〉를 보면, 평가 결과 우리나라는 OECD 회원국 가운데 수학 1위, 읽기 1~2위, 과학 2~4위를 차지했다. 수학의 평균 점수는 554점으로 OECD 국가 중 가장 높았고, 읽기는 536점으로 일본(538점) 다음이었다. 과학(538점)은 일본, 핀란드,

에스토니아에 이어 네 번째였다. 비회원국을 포함한 전체 65개국 가운데서도 우리나라는 수학이 3~5위, 읽기 3~5위, 과학은 5~8위로 최상위 권에 들었다.

하지만 높은 성취와 달리 학습 태도와 관련한 정의적emotional 지수는 낮은 편이었다. 수학의 경우, 내적 동기는 지난번 조사인 2003년 조사 때보다 더 낮아져 −0.20으로 나타났다. 그리고 주어진 문제를 성공적으로 수행할 수 있다는 '자아 효능감'(−0.36)이나 수학과 관련한 정서적 스트레스인 '수학 불안감'(−0.31) 그리고 수학에 대한 '자아개념'(−0.38)은 지난 조사와 비교해 약간 개선됐으나 OECD 평균과는 아직 거리가 멀었다. 이런 결과를 놓고 볼 때, 우리나라 학생들은 수학 관련 활동 참여를 제외한 전 분야

■ 우리나라 학생들의 수학 학습에 대한 주요 '정의적 특성지수' 추이 ■

만 15세인 중3·고1 기준

• 정의적 특성지수 : 학생들의 학습심리
• 항목별 OECD 평균은 0

정의적 특성	PISA 2003	PISA 2012
내적 동기	-0.15	-0.20
도구적 동기	-0.46	-0.39
자아 효능감	-0.48	-0.36
자아 개념	-0.39	-0.38
불안감	0.34	0.31

출처 OECD

〈표 1〉

에서 OECD 평균을 밑도는 것으로 확인되었다.

　이러한 비대칭적인 통계는 몇 년간 반복되는 경향을 보인다. 학생들이 학교생활 과정에서 유의미한 경험을 나누고, 이를 통해 자기주도성이 신장되고, 궁극적으로는 배움의 기쁨을 경험해야 하지만 현실은 그렇지가 않음을 보여주는 것이다.

　따라서 부모 입장에서는 자녀들이 배움을 즐길 수 있도록 사고실험 기회를 자극하고, 실패를 용인하는 분위기를 조성해야 한다. 특히 자녀들이 학습에 대한 자기 효능감을 가질 수 있도록 성공의 경험을 의미화하고 확인시켜주는 것도 필요하다. 무엇보다 배움 그 자체의 가치를 확인시켜주는 과정도 중요하다. 배움에 대한 가치를 인식하는 단계에서 자기주도성이 발동되고, 특정 주제에 몰입할 수 있는 집중력이 생기기 때문이다.

5
자녀교육에 대한 프레임을 바꾸자

심리학자 최인철 교수는 그의 저서에서 '프레임은 세상을 보는 마음의 창'
이라 정의한다.

> 어떤 문제를 바라보는 관점, 세상을 향한 마인드 셋,
> 세상에 대한 은유, 사람들에 대한 고정관념 등이 모
> 두 프레임의 범주에 포함되는 말이다.
>
> 최인철, 『프레임』, 21세기북스, 2007, p.11.

따라서 프레임은 특정한 방향으로 세상을 보도록 이끄는 조력자 역할
을 함과 동시에 우리가 보는 세상을 제한하는 검열관 역할도 한다. 즉 어떤
프레임으로 세상을 보느냐에 따라 삶이 달라질 수 있다는 것이다.

이런 논리로 보자면, 부모의 삶을 구성하는 요소 중 하나는 자녀교육에

대한 프레임이다. 부모들은 자녀를 위해 어떻게 조력해야 하는지, 왜 그렇게 하지 않으면 안 되는지, 그렇게 하는 것이 자녀의 삶에 어떤 영향을 미치는지 등에 대한 모종의 기준틀을 가지고 있다. 즉, 부모들은 자녀교육에 대한 특정 프레임에 기반을 두어서 다양한 지원·조력 행위를 하게 된다. 과도하게 사교육을 시키는 것도, 이산離散의 아픔을 감내하면서 기러기 가족을 선택하는 것도, 장기결석을 마다않고 학기 중 어학연수를 보내는 것도 결국은 프레임에 기인한 지원전략인 셈이다.

그렇다면, 대부분의 부모들은 어떤 자녀교육 프레임을 채택하고 있을까? 단순화시켜 보자면, 그것은 바로 '처세기술 프레임'이라 할 수 있다. 즉 부모는 자녀가 학교에서 어떤 수준의 학업성취를 보이는지, 명문학교에 진학할 수 있는 정도의 서열인지, 성공과 출세를 위해서는 어떤 대학의 졸업장이 필요한지, 일류대학에 진학하기 위해서는 어떤 사교육을 추가로 받아야 하는지, 대학입시에 성공하기 위해서는 언제부터 체계적인 준비를 해야 하는지 등과 같은 관점과 기준에서 자녀를 관찰하고 지원하는 것이다. 이런 처세기술 프레임은 배타적 경쟁구조에서 어떻게 우위를 확보할 것인가에 관심을 집중한다, 그렇기 때문에 많은 수의 부모는 자녀가 입시 경쟁력을 가질 수 있도록 지원하게 되고, 그런 과정에서 자녀들은 입시몰입형 학생으로 길러지게 되는 것이다.

처세기술 프레임이 힘을 발휘하는 조건에서는 학생들의 균형 있는 성장은 간단치 않다. 지식학습의 가치가 우선하다 보니 마음을 부드럽게 다듬는 일, 옳고 그름을 분별할 수 있는 힘을 기르는 일, 자신의 상상력을 현실화하는 일 등이 모두 부차화 되기 때문이다. 그리고 처세 압력이 강해질수록 낙오불안은 심해지고, 타인과 우정을 나누고 연대하는 마음 또한 갖기 어렵다. 모든 친구들이 경쟁자이자 나에게 손해를 끼칠 잠재적 '남'에 지나지 않는 것이다. 그렇기에 '나' 이외는 크게 관심두지 않거니와 관계하는 경우에도 기능적이고 피상적이기 십상이다.

특히 처세기술 프레임의 중심에는 '잘살아야 한다'는 관념이 자리한다. 이때 말하는 '잘살아야 한다'는 것은 문화, 배려, 나눔과는 거리가 있는, 앙상한 경제적 풍요를 의미하는 경우가 많다. 그렇다 보니 공부를 잘하든 그렇지 못하든 당대 학생들의 삶은 창백하고, 예의에도 둔감하고, 문화적 향취는 빈곤한, 그러면서 돈은 많이 벌길 갈망하는 진부한 꿈에 집착하는 경향을 보인다.

다음 글은 조한혜정 교수가 쓴 칼럼의 일부다. 성장세대들이 어떤 삶을 살고 있는지 그 단면을 확인할 수 있다. 이런 삶의 바탕에 어떤 프레임이 작동하고 있는지, 그런 프레임이 어떻게 형성되었는지를 고민해 볼 필요가 있다. 나는 이 칼럼을 처세기술 프레임과 연동시켜 볼 여지가 충분하다고 생각한다.

…… 5월 노동절 집회에 참여해서 관찰 글을 써오라는 숙제도 냈었다. 30대 인디 청년들이 주도한 집회였다. 문화인류학 수업은 사회현상을 폭넓게 보는 능력을 키우고, 특히 개인과 구조의 연결고리를 보여줌으로써 학생들이 '우물 안 개구리'에서 벗어나게 하는 목적이 있는지라 많은 것을 느끼고 오리라 기대했다. 그런데 시위 자체에 거부감이 있어 시위에 가지 않은 학생들이 적지 않았고, 참여는 했는데 시위로 인해 차가 밀린 것 때문에 내내 불편했다는 학생

들도 있었다. 실은 소규모 인파가 행진을 했던 터라 차가 밀린 것도 아니었다. "폐를 끼쳐서는 안 된다"는 '극진한 배려' 세대가 등장한 것인가?

이들은 꽤 풍요로운 사회에서 나름의 배려와 존중을 받고 자란 편이다. 그리고 이들은 정말 존중받기를 원하고 배려하는 사람이 되고 싶어 한다. 그런데 이들이 원하는 존중은 모욕을 받지 않는 것, 상처를 주고받지 않는 것이지 주체적인 삶을 살아가는 차원의 존중과는 거리가 멀다. 사회와 공공에 대한 감각으로 연결되지 못하는 존중과 배려는 의도와는 달리 사람을 움츠러들게 만들고 고립시킨다.

학기말 조별 발표 또한 놀라운 일의 연속이었다. 첫 팀의 주제는 "왜 우리 조모임이 망하게 되었는가?"였다. 처음에 국산 제품만 먹기를 해보려고 했는데 국산 제품을 찾기 어려울 것 같아서 포기했고, 다음엔 교내 수위 아저씨나 청소 아주머니들께 인사하는 프로젝트를 해보려 했는데 중간발표 때 반대가 있어서 포기했고, 지난 학기 선배들이 했던 독립영화 보기를 해볼까 하다가 너무 쉬운 것 같아서 포기하다 보니 한 학기가 다 가버렸다고 했다. 자신들이 시간을 충분히 들이지 못한 것도 사실이지만 남을 설득할 엄두가 나지 않았고, 리더가 없는 조모임이면 좋겠다고 생각했다는 등의 변이 이어졌다. 아마도 이들은 조모임이 실패한 백 가지 이유를 금방 생각해낼 수 있을 것이다.

'존중과 배려에 대한 감정적 고픔'과 하지 말아야 할 수백 가지 이유를 단숨에 생각해낼 수 있는 '똑똑함'이 만나면 고립과 부유하는 상태에 머물게 된다. 이런 상태를 벗어나기 위해서 무엇을 해야 할까? 교육부와 학교와 가족에게 보상을 요구해야 할 것이다. 사회적 존재로서의 나를 발견할 시간을 유예시킨 것에 대한 보상 말이다. 입시 교육으로 인해 극심한 불균형 성장을 해온 대한민국 청년 모두에게 스무 살이 되면 1년간 공익근무 경험을 할 수 있도록 지원하면 어떨까 한다. 각자 살고 싶은 지역에 가서 아이를 돌봐주고 노인에게 책을 읽어드리거나 집을 고쳐드리면서 사회와 만나고 공공의 감각을 키우는 경험을 깊고 진하게 할 필요가 있다. …… 소심한 배려 때문에 더더욱 움직일 것 같지 않은 학생들에게 이번 방학에는 꼭 '농활'이나 '빈활'을 떠나볼 것을 권하고 싶다. 자체적으로 기획해서 말이다. 변화에 대한 공포감을 가지고 사는 이들에게 필요한 것은 실패의 두려움 없이 일에 몰두해보기, 생각을 나누고 조율해가며 마침내 '멘붕'에서 서로를 구해줄 친구 얻기, 신뢰할 사회를 자체적으로 만들어가는 경험이기 때문이다.

조한혜정, [조한혜정 칼럼] '고립과 부유함을 벗어나 농활과
빈활을 떠날 때', 〈한겨레신문〉, 2012.6.12.

처세기술 프레임이 강하게 작동되는 조건에서는 교육^{학교}이 희망의 코드로 읽히기보다는 불안이나 상처 코드로 읽히기 쉽다. 따라서 프레임을 전환하기 위한 노력이 필요하다. 특히 부모의 자녀교육 프레임이 새롭게 설정될 필요가 있다. 바로 '존재기술 프레임'이다. 이는 교육을 통해 자녀가 자신의 존재가치를 확인하고, 자신의 삶을 하나의 작품으로 만들어 갈 수 있도록 삶의 기술을 강조하는 관점을 말한다.

부모가 자녀교육과 관련하여 존재기술 프레임을 채택하는 경우, 자녀교육 지원 방식에 많은 변화가 나타나게 된다. 부모는 세상의 이치를 깨우치는데 필요한 지식의 습득도 중시하지만, 사람들과의 관계능력, 자신의 인간적 성숙 정도를 진단할 수 있는 성찰 능력, 자신의 삶터에 대한 관찰 능력 및 참여 능력 그리고 사물 및 자연과의 교감 능력을 함양하는데 더 많은 관심을 기울이게 될 것이다. 삶이 다양한 대상과의 관계 속에서 구성되는 만큼 풍요로운 삶을 위해서는 균형적 성장이 절대적으로 필요하기 때문이다.

처세기술 프레임이 경제적 성공을 중심에 놓는다면, 존재기술 프레임은 삶의 품격 혹은 존재의 풍요로움을 우선한다. 그런 탓에 존재기술 프레임을 채택한 학부모에게는 신영복 교수의 다음과 같은 이야기가 중요한 교육적 메시지로 읽히게 된다. 이런 이야기를 자녀 교육의 기본 관점으로 삼는 경우라면, 그 부모의 자녀는 분명히 높은 수준의 인격적 존재로 성장할 것이다. 자녀를 품격 있는 존재로 성장하길 기대하는가? 그렇다면 부모가 먼저 프레임을 바꿔야 한다.

사람은 무엇으로 살아가는가?
이것은 단지 과거의 철학자가 던진 질문이라고 할
수만은 없습니다.
편안함, 그것이 삶의 궁극적 가치일 수는 없습니다.
편안함은 우리를 잠들게 하기 때문입니다.

신영복, 『처음처럼』, 랜덤하우스코리아, 2007.

6
매뉴얼과 멘토를 조심하라!

출판시장에는 부모교육 관련 책들이 넘쳐난다. 이들 책은 주로 부모로서 자녀에게 무엇을 가르쳐야 하는지, 부모가 어떻게 자녀공부를 조력해야 하는지 등을 조언한다. 그 내용을 구체적으로 구분해 보자면 학습 방법, 감정 코치, 대화법, 인성 개발, 자존감 향상, 창의성 신장, 독서 방법 등 그 수가 실로 무궁무진하다. 이들 책의 주된 내용은 긍정적 성취가 가능한 방법과 이를 입증하는 사례 그리고 구체적인 장면에서 활용할 수 있는 팁을 제시하는 것이 일반적이다.

부모 입장에서 보면, 부모 교육 관련 도서는 매혹적이다. 이들 책을 보면서 자녀교육에 대한 장밋빛 전망을 구체화할 수 있기 때문이다. 부모 교육서에서 제시하는 절차와 방법들은 실제 사례를 통해 그 효과가 입증된 것이 대부분인 만큼 하나의 성공 매뉴얼로 해석하게 된다. 즉 교육적 성공에 필요한 절차와 방법을 설명하는 지침서 구실을 하는 것으로 이해한다. 그렇다 보니 부모교육서에서 제시하는 '모범적 사례의미 있는 성취를 가능케 한 방법론'는 전국적으로 확산되고, 많은 사람들은 이를 자녀교육 매뉴얼로 인식하고 '따라 하기' 전략을 구사하게 된다. 그러나 교육에 있어서^{특히 자녀교육에} 있어서 매뉴얼에 집착하는 것은 몇 가지 함정이 있을 수 있다는 점을 경계해야 한다. 우선은 자녀의 특성에 맞지 않는 방법론을 따르다 보면 자녀가 배움 그 자체에 대한 흥미를 잃을 수 있음에 주목할 필요가 있다.

모든 사람에게 적용되는 최상의 학습단계나 학습법은 있을 수 없다. 사람마다 배움의 태도, 인지양식, 동기 정도 등에 있어서 차이가 있기 때문이다. 즉 전제 조건에 차이가 있는 것이다. 이에 비해 특정 매뉴얼은 모종의 전제 조건이 충족될 때에만 성립될 수 있는 것이다. 그렇기 때문에 전제 조건에 대한 고려 없이 특정 매뉴얼을 따라 하기할 경우에는 기대와는 다른 수준의 성취를 보일 가능성이 높다. 어떤 자녀에게는 알맞은 매뉴얼이 다른 이에게는 전혀 효과가 나타나지 않는 경우가 있다면, 이는 바로 매뉴얼의 전제를 얼마나 충족하고 있는가의 문제가 되는 것이다. 이런 점에서 매뉴얼에 집착하기보다는 자녀가 자신의 특성에 맞는 방법론을 찾을 수 있도록 자극하는 과정이 필요하다. 부모 입장에서는 자녀가 어떤 인지양식을 가지고 있는지, 어떤 학습 방법에 대해 흥미를 가지고 있는지, 어떤 시간대에 공부에 집중을 잘하는지 등에 대한 관찰 결과를 토대로 '자기 맞춤형 학습방법'을 찾도록 자극하고 조력하는 것이 더 중요하다.

자녀교육 매뉴얼에 집착했을 때 나타날 수 있는 또 다른 함정은 '표준화된 주체성' 문제이다. 즉 자녀의 개인적 독특성이 신장되기보다는 타인과 유사하게 닮은 표준화된 개인이 될 가능성이 있다는 것이다.

매뉴얼에는 특정한 욕망이 내재한다. 따라서 어떤 매뉴얼을 잘 따른다는 것은 바로 모방 욕구를 갖게 되는 것인데, 그렇다 보니 매뉴얼에 집착하는 경향을 보일수록 대부분 학생들의 학습이력이나 스펙이 비슷하게 닮아가는 표준화된 주체성이라는 문제가 나타난다. 또한 대개의 학생들이 공부의 목적을 몇몇 특정 직업군으로 한정하는 현상이 나타나는데, 이 경로 의존 경향 역시 자녀교육 매뉴얼화가 부른 한계라 할 수 있다.

부모들은 자녀교육의 성공을 위해 과도하게 매뉴얼에 집착하는 경향을 보인다. 어찌 보면 '남들이 좋다고 하는 학원 따라가기', '성공적인 자녀교육 수기 베스트셀러 만들기', '옆집 부모의 자녀교육 비법 흉내 내기', '각종 공부법 따라 하기' 등은 매뉴얼리즘 현상이라 할 수 있을 것이다. 문제는 이러한 매뉴얼이 학생들의 자율적이고 주체적인 성장에는 걸림돌이 될 수 있다는 점이다. 자녀 스스로가 일상의 복잡성 속에서 자기성찰과 자기발견을 통해 배움의 형식을 깨닫게 될 때, 배움의 주체로 설 수 있다. 이런 점에서 부모는 매뉴얼에 대한 과잉된 환상을 버릴 필요가 있다. 공부와 공부법의 가치는 상대적이기 때문이다. 다음과 같은 권고는 자녀교육에 많은 것을 시사한다.

스토리텔링은 쉽게 이해하고 재미있게 배우는 교과서라는 목적을 위해 제시된 다양한 전략 중 하나일 뿐이다. …… 이야기의 맥락 없이 그냥 수학 자체를 즐기는 아이라면 굳이 스토리텔링 방식을 따를 필요도 없다. 스토리텔링은 어차피 수학을 재미있게 하려는 하나의 방편이었음을 잊지 말자. …… 학교수학에서 스토리텔링 방식이 효과적으로 적용되려면 지도하고자 하는 수학적 개념이 자연스럽게 포함되는

진짜 이야기를 만드는 작업도 지속적으로 지원되어
야 할 것이다. 모든 수학이 스토리에 적합한 것은 아
니다. 수학적 개념에 어울리는 이야기가 없다면 억
지 이야기에 끼워 맞추는 것보다 스토리 없는 수학
이 더 좋다. …… 에스프레소를 사발에 부어 먹는다
면 그 맛을 제대로 느낄 수 없을 테니까.

장혜원, '스토리텔링 수학도 해야 하나요?', 〈교수신문〉, 2013.3.4.

또 다른 경계 대상이 하나 더 있다. 바로 '멘토'다. 다양한 멘토들에게
부모는 물론 학생들까지 열광하는 분위기다. 성공한 멘토들의 레퍼토리는
대개 비슷하다. 자신이 하고 싶은 것을 즐기면서 하라는 자기계발의 주문
이 주를 이룬다. 그런데 멘토들은 '해야 할 일'에 대해서는 별로 이야기 하
지 않는다. 사람이 살다보면 의무에 구속되기도 하고 공동체 일원으로서
책임도 있는 법인데, 멘토들은 이런 종류의 이야기는 잘하지 않는다. 보통
은 개인의 이익이나 안위에 관한 폼 나는 이야기만 들려주는 경향이 강하
다. 특히 일은 놀이와는 전혀 다른 영역이다. 조정래 작가의 표현대로 한
다면, '세상사는 결국 노동이고 모든 노동은 치열함을 요구할 뿐 감상을 허
용하지 않는다.' 특히 가치 있는 일 중에서 처음부터 신나거나 도전의 고통
없이 즐길 수 있는 것은 거의 없다. 삶의 이런 요소들을 일깨워주지 않는
멘토링이라면 이는 달콤한 사탕만 전해 주는 것에 지나지 않는다.

개인이 행복해지기 위해 갖은 노력을 다 해도 목표하는 바를 이룰 수
없는 경우가 많다. 비록 개인의 행복이지만 개인 차원의 노력을 넘어서 체

제나 시스템이 해결해야 할 부분이 있기 때문이다. 그런데 멘토들은 모든 문제를 개인 차원으로 환원하고, 열심히 하라는 주문과 갖가지 기법만을 들려준다. 문제는 멘토들의 주문에 충실해도 우리 삶이 기대처럼 될 가능성이 그다지 많지 않다는 점이다. 이런 점에서 부모는 물론 자녀들도 멘토들의 수사修辭를 새겨들을 필요가 있다. 개인의 차원을 넘어서서 어떤 고민을 해야 할지 되짚어 볼 수 있는 '사회적 감수성'을 회복해야 한다. 그래야만 자녀가 자기 삶에 대한 균형 감각을 갖게 될 것이다.

7
창의성 신장의 전제 조건

창의력은 중요한 미래자산이다. 그런데 창의력은 쉽게 길러지지 않는다. 특정 프로그램을 이수한다고 해서 길러질 수 있는 능력이 아니기에 부모는 일상적으로 창의적 풍토를 만들고자 노력하는 것이 필요하다.

자녀가 새로운 생각을 하고 차원이 다른 사고를 하기 위해서는 일차적으로 내적 자유로움이 허용되어야 한다. 다양한 상상과 사고실험이 지지되고 자극되는 조건에서 이전과 전혀 다른 생각을 할 수 있는 여지가 만들어지기 때문이다. 입시나 시험공부에 대한 강박이 있는 경우, 자녀가 내적 자유를 향유하기란 쉽지 않다. 입시나 시험에 대한 염려와 걱정을 떨치기가 어려운 탓에 특정 대상이나 주제에 대한 전적인 몰입이 쉽지 않기 때문이다. 몰입, 즉 '절정의 경험peak experience'이 없는 조건에서 창의력 발현은 거의 불가능하다.

그렇다면 부모는 자녀의 내적 자유를 신장하기 위해 어떤 역할을 해야 할까? 우리는 이 질문과 관련해서 철학자 슬라보예 지젝Slavoj Zizek의 말을 새겨볼 필요가 있다. 그는 "엄격한 부모 아래에 있는 아이는 일단 겉으로는 복종하더라도 내적으로는 자기만의 세계를 갖는다."고 했다. 이는 역설적이지만, 엄격한 금지가 오히려 내면의 빈 공간을 만들고, 그 내면의 공터에서 창조적인 질문이 탄생한다고 본 듯하다. 이 말은 여러 의미로 해석될 수 있지만, 자유방임적 부모나 일관성 없는 즉응적인 부모보다는 중심 있는 부모, 큰 방향을 제시하되 융통성 있는 부모가 자녀를 훨씬 더 창조적인 자녀로 길러 낼 수 있음을 시사한다. 삶의 방향에 대한 대략적인 가이드라인을 정하고, 이 범위 내에서 다양한 상상과 도전을 지지·격려하는 양육 방식이 창의력을 신장시킨다고 보는 것이다. 이런 지적에 주목할 필요가 있다.

뿐만 아니라 자녀가 가지고 있는 개성이 무엇인지 관찰하고 이를 존중

■ 창의성을 키워주는 부모, 창의성을 망치는 부모 ■

창의성을 키워주는 부모	창의성을 망치는 부모
· 원칙을 존중하되 융통성이 있다.	· 일정한 형식을 가르치려 한다.
· 아이의 개성을 존중한다.	· 지켜야 할 규칙이 많다.
· 규칙이 적고 적당히 자유롭다.	· 과제를 하도록 압력을 행사한다.
· 자녀가 결정하도록 기회를 준다.	· 부모가 구체적인 결정을 내린다.
· 실패를 통해 배우려 한다.	· 실패했을 때 비난하거나 벌을 준다.
· 어려울 때 스스로 해결하도록 격려한다.	· 어려울 때 나서서 해결한다.

한국행동과학연구소, 「엉뚱한 생각」, 학지사, 2014, p.53.

〈표 2〉

하는 유연한 태도가 필요하다. 물론 실패를 두려워하지 않도록 도전정신을 옹호하는, 열린 마음도 역시 중요하다. 그렇게 하기 위해서는 '형식화된 학습방법'에 대한 강요, 과도한 간섭이나 일관성이 없는 간섭, 작은 실패를 용인하지 않는 엄격성, 실패에 대한 불관용적 태도 등은 경계되어야 한다. 자녀교육에 대한 단기적 관점으로는 창의력 함양이 요원하기 때문이다.

그런데, 창의력을 함양하기 위해서는 자녀의 교육적 성취 수준을 해석하는 관점의 전환이 우선되어야 한다. 우리는 통상 자녀의 교육적 성취 수준을 '정상분포' 상에서 해석한다. 전체 집단 내에서 개인이 어떤 점수대에 위치하는가를 따져 미래의 성취수준까지 예측하게 된다. 즉 자녀가 어느 정도 성취했는지를 상대적 서열로 따지는 것이다. 문제는 이러한 해석 관점을 갖는 경우, 다수의 학생들이 좌절과 모멸을 경험하게 될 가능성이 높다는 것이다. 특히 한국적 교육성취 기준소위 'in서울'과 '지잡대'이 작동하는 현실을 놓고 볼 때, 대다수의 학생들은 자기부정을 경험할 가능성이 많다.

이런 문제를 극복하기 위해서는 자녀가 집단 내에서 어떤 수준에 있는가를 살피기보다 '어떤 고유성'을 가지고 있는가의 관점에서 살펴 볼 필요가 있다. 그 어떤 존재도 인간적 매력이 없는 경우는 없다. 누구나 매력 요소가 있고, 그만이 잘할 수 있는 특별한 능력이 있게 마련이다. 물론 인간이기에 부족한 부분도 있다. 이런 존재적 특성을 놓고 볼 때, 부족한 부분을 지속적으로 확인시키고 결핍된 부분을 채우라고 강요하기보다 그만이 잘할 수 있는 부분을 더욱 잘하게 지지하고 지원하는 방향이 옳다 생각한다. 그러므로 자녀에게 어떤 고유성이 있는지, 그만이 가지고 있는 매력 요소가 무엇인지, 어떤 상황에서 존재감이 빛나는지 등을 발견하고 이를 육성시키기 위한 지원전략이 필요하다. 아래 그림으로 이를 표현하자면 〈A〉와 같은 해석 관점이 〈B〉처럼 바뀌길 기대하는 것이다. 즉 자녀가 집단 내에서 어떤 위치에 있는가를 확인하기 위해서는 전통적인 〈A〉의 관점에서 자녀를 바라보게 된다. 통계적으로 상대적 서열을 따지는 집단의 성적 분포는 〈A〉와 같은 정상분포 곡선으로 나타난다. 영재에 해당하는 극소수의 학생(0.1%)이 있고, 공부를 잘하는 소수의 학생(2.1%)이 있고, 열심히 노력하는 학생들이 일부(13.6%) 있는가 하면, 보통 수준의 학생이 가장 많이 분포하게 된다(68.2%). 그리고 하위 그룹에도 상위그룹과 같이 공부를 아주 못하는 학생(0.1%), 공부를 못하는 학생(2.1%), 열심히 노력해도 안 되는 학생(13.6%)이 있다.

예컨대, 전국단위로 치러지는 모의고사나 대입수학능력시험, 그리고 내신 성적 산출방식 등이 기본적으로 이런 정상분포 상에서 학생 개개인의 위치를 확인하는 방식이다. 문제는 이런 관점에서 학생들을 이해하는 경우, 대개의 학생들은 모멸감을 겪게 된다는 점이다. 왜냐하면 전국단위로 놓고 볼 때, 오직 1.6%의 학생들만이 소위 SKY 대학에 진학하게 되고, 시대적 규범처럼 굳어진 'in서울'은 9.9%의 학생들에게만 가능한 일이기 때문이다. 과연 이 통계 밖에 있는 대개 학생들이 겪는 좌절과 모멸이 교육적으로 정당한가?

이런 문제를 극복하기 위해서는 자녀들을 바라보는 관점을 〈B〉처럼 바꿀 필요가 있다. 자녀들이 집단 내에서 어디에 위치하고 있는지 확인하는 방식이 아니라 자녀 개개인이 어떤 장점과 고유성을 가지고 있는 존재인가를 확인하는 방식으로 전환하자는 것이다.

한 인간 존재의 역량 분포는 크게 세 가지로 구분될 것이다. '아무리 노력해도 잘 안 되는 영역'이 있을 것이고, '남들만큼 할 수 있는 영역'도 존재한다. 그리고 더 중요한 영역이 있다. 바로 '나만이 잘할 수 있는 고유영역'이 있기 마련이다. 이 세 영역 중에서 교육적 가치가 있는 영역은 바로 '고유영역'이다. 모든 자녀에게 이 고유영역이 존재한다는 점을 인정하고, 실제로 이 영역이 무엇인지 확인시키는 과정에서 자녀의 존재가치가 고양되는 것이다. 이런 맥락에서 내 자녀를 타자와의 비교 대상으로 바라보기 보다는 독립자이며 고유성을 갖고 있는 유일자라는 관점으로 바라볼 필요가 있다.

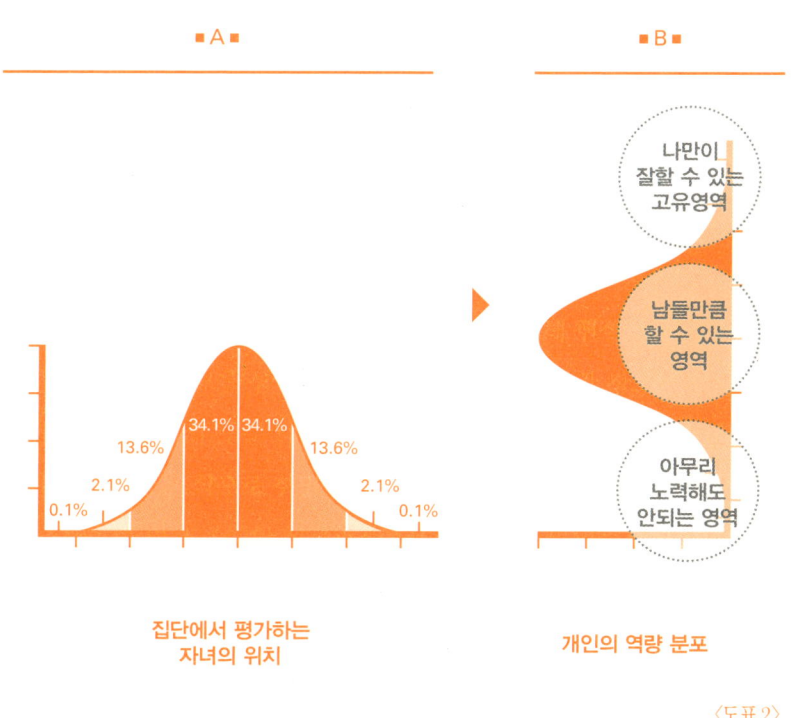

■A■

집단에서 평가하는
자녀의 위치

34.1% 34.1%
13.6% 13.6%
2.1% 2.1%
0.1% 0.1%

■B■

나만이
잘할 수 있는
고유영역

남들만큼
할 수 있는
영역

아무리
노력해도
안되는 영역

개인의 역량 분포

〈도표 2〉

8
부모의 삶이 자녀교육의 표본이다

부모는 자녀의 성장에 가장 큰 영향을 미치는 존재다. 말을 배우는 것도, 사물의 개념을 익히는 것도, 관계 형식을 알아가는 것도, 인생관이나 세계관을 형성하는 것까지도 부모의 영향과 무관치 않다. 실제로 부모가 어떤 언어형식을 쓰고 있는지^{정교한 언어인지, 제한된 언어인지}정교한 언어인지, 제한된 언어인지, 삶의 주된 가치를 어디에 두고 있는지, 이웃이나 주변사람들과 어떤 방식으로 관계 맺음을 하는지, 어떤 신앙적 배경을 가지고 있는지, 자신의 생업에 대해 어떤 의미를 부여하는지 등은 자녀의 성장에 중요한 영향세가 된다. 그런데 부모의 영향이 긍정적이든 부정적이든 자녀의 정체 구성에 깊이 관련된다는 점만큼은 분명하다. 이런 맥락에서 부모 스스로는 자녀에게 '좋은 표본'이 되기 위해 노력할 필요가 있다. 이는 자녀를 위해서도 필요하지만, 자기 삶의 품위를 고양하는 차원에서도 중요하다.

부모로서 좋은 표본이 되기 위한 방법은 크게 세 가지로 볼 수 있는데, 그 첫째는 부모가 일상의 장면에서 학습을 즐기고 이를 중요하게 인식하는 태도를 보이는 것이 필요하다는 것이다. 우리는 삶의 과정에서 미시적으로는 일상의 소소한 문제^{자녀공부를 조력하거나 가사에 관한 다양한 결정 등}에서부터 좀 더 거시적인 문제^{직업선택, 거주지 결정, 사회적 참여 관한 결정 등}에 이르기까지, 다양한 문제에 직면하게 되는데 그 문제를 해결하는 과정에서 학습하는 태도를 보이는 것이 중요하다. 또한 자녀와의 대화 과정에서 의문이나 질문이 생기는 경우 함께 자료를 확인하고 몰랐던 내용을 익히는 태도 또한 필요하다. 이런 과정에서 자녀가 배움 그 자체에 대한 부담을 덜게 될 것이고, 삶의 과정에서 배움이 매우 중요하다는 점을 스스로 인식하게 될 것이기 때문이다.

부모의 책 읽는 모습, 본질적인 질문에 대해 사유하는 모습, 사회적 문제에 대해 깊이 있게 관찰하고 이에 대해 함께 대화하는 모습은 그 자체로 자녀들에게 매우 중요한 교육적 메시지가 된다. 교육학자 정범모 교수는 그의 수필에서 아버지가 자신에게 어떤 영향을 주었는지를 다음과 같이 묘사하였다. 학습하는 부모가 어떻게 긍정적 영향을 미치는지를 잘 보여주는 대목이다.

> 아버지의 책꽂이에는 책이 많았다. 물론 나이가 어려 뭐가 무슨 책인지 알 도리는 없었고, 그림이 없는 책엔 관심도 없었지만, 그 속에 무슨 얘기가 들어 있는지를 언제나 궁금했다. …… 나이가 들면서 나도 그중 이 책 저 책을 뒤졌다. 아버지의 서가가 나에게 문화적, 학문적 자극제였을 것이다.
>
> 정범모, 〈아버지의 서가〉

둘째는 부모가 올바른 가치관의 소유자라는 점을 자녀에게 확인시키는 것이 중요하다. 가치관은 삶의 방향을 결정하는 준거가 된다. 가장 중요하게 생각하는 가치목록에 따라 삶의 모양이 달라지기 때문이다. 예컨대, 부모가 '돈'을 가장 중요한 가치로 생각한다면 돈을 증식하는 일에 몰두하게 될 것이고 일상에서의 관심도 그 범위를 넘어서지 못할 것이다. 그리고 이런 가치관을 가지고 있는 사람들은 타인에 대해서도 물질적 준거를 기준으로 판단할 개연성이 크다. 그렇다 보면 인격적 품위보다는 과시적이고 현시적인 품새를 우선하게 될 것이다. 만약 이런 부모 아래서 성장한 자녀라면 삶의 진가를 물질의 소유 정도로 판단할 가능성이 높다. 하지만 존재미학의 관점에서 이런 삶을 멋진 삶이라고 하기는 곤란하다. 부모 입장에서 자녀에게 '좋은 삶' 혹은 '존경할 만한 삶'을 살고 있는 사람들이 어떤 가치를 우선하는지를 이야기하고 이에 대해 대화를 나누는 기회가 필요하다.

사람은 정신적 존재이다. 그러므로 물질적 요소보다도 형이상학적 가치를 더 값진 것으로 생각하고 그것을 위해 헌신하는 사람들이 있다. 이들은 다른 사람들에게 우둔하게 보일지라도, 눈에 보이지 않는 것을 추구하는데 전심을 다한다. 인간이기에 가능한 일이다. 따라서 자녀가 올곧게 성장하길 원한다면 올바른 가치관을 갖도록 안내하는 것이 필요하다. 부모 스스로가 올바른 정신적 가치를 추구하기 위해 노력하는 모습을 자녀에게 보여주는 모습이 최상이다.

셋째, 타인과 관계 맺음에 대해 바르게 안내할 필요가 있다. 인간의 삶은 다른 사람과 관계 속에서 구성된다. 일과 사랑도 사람사이에 있고 슬픔도 관계 속에 있다. 그렇기에 관계능력이 중요하다. 이는 바로 삶의 형식을 결정하는 중요 요인이 된다. 부모가 보여주는 타인과의 관계 방식은 자식들의 인간 감수성을 형성하는 데 직접적인 영향을 준다. 예컨대, 길거리에서 구걸하는 사람들에게 늘 따뜻함을 베풀던 부모, 이웃의 슬픔과 아픔을 함께 나누고자 애쓰던 부모, 낯선 사람들에게도 예의를 갖추려고 노력하던 부모, 나이 어린 사람들에게도 겸손하고 친절하게 대하던 부모, 대중이 모이는 곳에서도 절제된 모습을 보이는 부모, 불의에 대해서는 용기를 내 단호하게 발언하던 부모 등과 같은 부모 밑에서 자란 자녀들은 그렇지 않은 자녀들과는 많이 다를 것이다. 적어도 인간적 예의에 대한 기본감각에서 차이가 있을 것이기 때문이다.

그리고 부모 스스로가 경계할 일이 있다. 부모의 과도한 기대나 부담스런 요구를 절제하는 평정심이 필요하다. 부모가 학습하는 모습을 보여주고, 올바른 가치관을 강조하고, 인간 감수성을 자극하는 경우라 하더라도 자신이 설정한 판단기준이나 포부수준을 포기하지 않는 한 자녀와의 불화 가능성을 배제할 수 없기 때문이다. 자식은 부모와 육친의 관계를 맺고 있지만 분명 다른 개체이고 자기 자신의 질서에 따라 성장하는 독립적 인격체임을 인정해야 한다.

수필가 이수태의 고백은 부모에게 많은 점을 시사한다. 일정한 거리두기에 효과가 있음을 강조하고 있다. 새길 만한 이야기다.

(나의 어릴 적 성공에 대한) 기억들이 아이에 대한 기대에 객관성이 결여되는 변수들로 작용했다. 서점에서 이런저런 단편소설집들을 사서 아이의 방에 툭 툭 던져준 것이 그 단적인 사례였다. 아이는 시큰둥한 반응이었다. 도무지 읽는 기색이 없었다. 한 번은

내가 중·고등학교 때 쓴 습작 노트 등의 원고 뭉치를 던져주며 "읽어나 보라"고 했다가 "곰팡이 냄새가 난다"는 이유로 보기 좋게 딱지를 맞았다. …… 그래도 나는 나의 경험에 기초한 기대를 쉽게 버릴 수가 없었다. …… 고등학교에 진학하자 아이는 더 눈에 띄게 나의 기대를 벗어났다. 영화 하나를 보더라도 진지하고 작품성이 있는 영화는 관심이 없고 내가 질색하는 할리우드 오락영화나 성룡의 영화만 본다. 신문도 도움이 될 만한 기사는 거들떠보지도 않고 스포츠 면에만 코를 박고 있다. 음악도 마찬가지다. …… 나는 결국 많은 것을 포기하지 않으면 안 되었다. 물론 그 포기는 아이에 대한 기대 자체의 포기라기보다는 나의 성장기를 중심으로 한 판단 기준의 포기였다. 내 자식이지만 나와는 다른 존재라는 것을 인정하는 데에 너무나도 많은 시간이 걸린 셈이다. 사실 많은 것을 포기하고 나니 아이가 조금 달라 보이기도 하고 미처 눈에 띄지 않았던 장점이 눈에 띄기도 한다.

이수태, 『어른 되기의 어려움』, 바오, 2012, p.47.

9
소통이 관건이다

부모와 자녀 간의 관계방식은 시대에 따라 변한다. 요즘 40~50대 부모들이 청소년기를 보냈던 시절에는 부모와 자녀의 관계 밀도가 그다지 높지 않았다. 부모 입장에서 자식의 일에 그다지 신경을 쓰지 않았다기보다는 못했다. "네가 알아서 해라."는 메시지가 강했다. 그렇다 보니 자녀들도 부모에게 의존하기보다는 형제나 친구들을 중심으로 삶을 구성하는 경향이 강했다. 부모는 돌봄의 큰 기준을 제시하고 자녀들은 그 테두리 안에서 각자 알아서 제 삶을 살았던 것이다. 이렇듯 부모와 자녀 사이에 여백이 많은 관계 방식을 '형식적 포섭'이라 한다.

그러나 요즘 시대의 부모와 자녀 관계의 특징은 점도粘度가 매우 강하다는 점이다. 부모는 여러 이유에서 자녀의 삶에 깊숙이 개입한다. 특히 자녀교육 지원에 관련해서는 일일이 기획하고, 실행과정을 진단하며, 자녀의 학습발달 정도를 꼼꼼하게 따진다. 이런 과정에서 부모의 자녀에 대한 장악력은 점점 높아간다. 부모가 자녀의 일상을 실질적으로 포섭하게 되는 것이다. 실제로 대개의 부모들은 자녀가 공부도 잘하고, 놀기도 잘 놀고, 예술적인 감성도 풍부한 존재로 성장할 수 있도록 다양한 활동에 참여

할 수 있도록 기획한다. 그런데 개인이나 지역에 따라 정도의 차이는 있겠지만, 보통은 학생들의 삶을 버겁게 하는 수준이다.

최근 한 연구소에서 발표한 '2014년 어린이 생활 실태 보고서'에 따르면, 초등학생들은 최대의 스트레스 요인으로 '학원'을 꼽았다. 그리고 가족과 대화하는 시간이 30분 미만인 초등학생은 응답자의 52.5%, 대화를 전혀 하지 않는 초등학생도 9.2%인 것으로 나타났다.[12] 이러한 조사 결과는 부모가 자녀를 실질적으로 포섭하고 있음을 반증하는 것이며, 이로 인해 자녀들의 삶이 여백 없이 촘촘하게 구성되고 있음을 보여준다. 문제는 이러한 부모-자녀 관계 방식이 특정 부류의 부모들에게만 국한되는 것이 아니라 서로에게 거울이 되어 일반화되고 있다는 점이다. 시쳇말로 '옆집 아주머니를 닮아가는 현상'이 눈덩이처럼 커지는 현상이 나타나고 있는 것이다.

부모가 자녀를 실질적으로 포섭하는 관계에서는 자칫 소통의 문제가 나타날 수 있음에 주목할 필요가 있다. 여기서 나타날 수 있는 소통의 문제 중 하나는 '희생'을 강조함으로 인해 자녀가 강한 심리적 부담을 갖는 경우다. 부모들은 자녀의 학습동기를 자극하기 위한 방편으로, 혹은 자녀에 대해 강한 기대를 표현하는 차원에서 '너를 위해서는 어떤 희생도 감수할 수 있다'는 메시지를 전한다. 문제는 이런 메시지가 자녀입장에서는 굉장한 부담이자 고역이 될 수 있다는 점이다. 학습에 대한 부담은 정서적 불편함을 동반하며 그 불편함은 몰입을 방해한다. 특히 부담이 강화되면 학습 성과에 집착하게 된다. 그렇다 보니 배움을 즐기는 태도를 형성하기가 어렵게 된다. 필자도 학창시절에는 선친과의 관계에서 이런 소통의 문제가 있었다.

나는 가난한 집의 5남매 중 막내였다. 선친은 내가 초등학교 6학년 때부터 '막내는 대학에 가야한다', '내가 무슨 수를 써서라도 너는 대학에 보낼 것이다. 그러니 공부 열심히 해라'는 말을 반복적으로 하셨다. 그런 이야기를 자주 듣는 일은 여간 불편한 일이 아니었다. 학습결과에 대한 부담도 동시에 커졌고, 기대하는 성취에 도달하지 못한 경우에는 죄의식까지 들기도 했다. 늘 일상에 긴장감이 있을 수밖에 없었다. 이런 경험이 비단 나만의 특별한 경험은 아닐 것이다. 지금 시점에서도 많은 학생들은 유사하지만 다른 형식의 '희생 메시지'로 인해 심적 부담을 가지고 있을 가능성이 높다. 이런 조건에서는 부모와 자식 간에 밀도 있는 관계 형성도 어렵거니와 소통에 근본적인 문제들이 나타날 수 있음도 간과해서는 안 된다.

또 다른 소통의 문제는 바로 '세세한 조언잔소리'이다. 부모의 자녀 장악력이 커진다는 것은 자녀의 학습로드맵을 부모가 관장한다는 의미이기도 하다. 이를 달리 보면, 부모가 자녀의 세세한 일상까지 정교하게 조직한다는 의미를 포함하는 것이다. 이런 장악력은 자녀에 대한 부모의 세세한 조언으로 나타나게 된다. 즉 시시콜콜한 것까지 지시, 통제, 간섭, 확인하는 과정이 반복되기 마련이다. 부모들이 이렇게 세세하게 자녀의 삶에 간섭하는 것은 모종의 자기 확신에서 비롯된다. 즉 '내가 해봐서 안다' 혹은 '내가 세상을 더 잘 안다', '내 말을 따라야 자식이 후회하지 않는다'는 믿음에 근거한다. 그렇다 보니 부모 입장에서는 자녀의 불만이나 불평이 액면 그대로 들릴 가능성이 낮다. 그래서 자녀들의 하소연에도 공감이 낮을 수밖에 없다. 이럴 때 자녀들의 대응방식은 크게 두 가지 경향으로 나타난다. 하나는 '반항'이고 다른 하나는 '침묵'이다. 이런 조건에서 마음을 나누는

■ 12. 전국교직원노동조합 참교육연구소, '2014년 어린이 생활 실태 보고서', 2014.

대화가 가능할 리 없다.

그리고 부모의 모순적 메시지도 자녀와의 소통을 어렵게 한다. 자녀가 성장과정에서 혼란을 겪지 않기 위해서는 부모의 일관된 메시지가 중요하다. 그런데, 부모가 일관된 관점을 갖는다는 것이 생각처럼 간단치가 않다. 부모의 판단을 흐리게 하는 교육정보나 성공신화 등이 넘쳐나고 있기 때문이다. 경우에 따라서는 아버지와 어머니가 상충되는 메시지를 전달하기도 한다. 이런 모순적 메시지가 반복되는 경우, 자녀가 무기력에 빠지거나 부모의 메시지에 즉각적으로 반응하는 처세방식을 채택하기도 한다. 이런 상황 또한 부모와 자녀 간에 속내를 드러내는 소통을 기대하기는 어렵다. 자녀의 입장에서는 눈치를 봐야만 하는 상황이 되기 때문이다.

이렇듯 부모와 자녀 간 점성이 매우 강한 실질적 포섭 관계인 경우, 자녀의 성장에 장애가 발생할 수 있음을 유의할 필요가 있다. 점성이 매우 강한 관계는 자칫 자녀의 부모 의존성을 강화시키거나 소통을 방해할 수 있다는 점도 고려되어야 한다. 이런 점에서 어느 부모의 다음과 같은 고백은 시사하는 바가 많다. 무엇을 경계해야 할지, 무엇에 더 가치를 부여해야 할지를 잘 말해 준다. 부모 스스로가 정말 좋은 학부모가 되겠다는 강박관념으로부터 벗어날 때, 부모 자신은 물론 자녀에게도 유익이 있다는 점을 새길 필요가 있다.

오히려 '좋은 부모 코스프레'나 '자식을 위한 희생'이 부모 자식 간의 독이 될 수 있다 생각한다. '뭘 해야 할까?', '뭘 사야할까?'를 고민하기보다는 '하지 않아

도 되는 일은 없나?', '사지 않아도 되는 것은 뭘까?'
로 질문의 축을 옮기는 중이다. 내가 뭘 자꾸 하려고
하면 할수록 일을 그르칠 가능성이 매우 높다는 것
을 수많은 시행착오를 통해 알게 된 터였다. 할 일이
줄어들고 조바심을 내지 않는 만큼 여유도 생겼고
그러자 기대치 않았던 즐거움이 있다는 것 또한 알
게 되었다. 일부러 나서서 가르치려는 것을 하지 않
다 보니, 정형화되지 않은 아이의 그림을 보는 즐거
움, 물속에서 숨 참기 놀이를 하다가 몸이 떠오르자
혼자서 튜브 없이 개헤엄(?)을 터득하는 장면을 목격
하는 즐거움, 아이가 자기 방식으로 곱셈을 터득해
가는 과정을 구경하는 즐거움이 있다는 것을 알게
되었다.

이은진, 〈착각의 늪을 지나서〉, 『오늘의 교육』 2014년 7·8월호,
교육공동체 벗, p.28.

10
3多 신화를 넘어서자

부모들의 삶의 단면을 보자. 자녀교육과 연관 지어 볼 때, 행복하다고 할 부모가 얼마나 있겠는가? 아마도 대개는 힘겨워 할 것이다. 부모들은 자녀의 교육적 성공을 위해 좋은 학교를 찾아다니면서 다른 한편으로는 명강사가 있는 학원도 찾는다. 그리고 자녀가 대학입시에 가까울수록 부모도 수험생처럼 일상을 조직해 간다. 부모 스스로의 삶은 없어지고, 자녀의 입시시계에 맞추어 자신의 삶을 산다. 바로 '일상생활의 입시화'가 구체화되는 것이다. 즉 부모들의 일상적 삶에서 입시에 대한 관심이 여타 관심을 압도하거나 지배하고, 생활과 판단에 있어서 입시의 가치가 다른 가치에 우선하며, 부모들의 삶이 입시를 중심으로 조직돼 가는 경향이 나타나는 것이다.

'사교육으로 조련되면 일류대학에 갈 수 있다'는 믿음이 강하다보니, 부모는 자녀가 감당하기 버거울 정도의 사교육 투자를 하게 된다. 문제는 이런 사교육 투자가 단기성과를 내는 경우는 있겠지만 장기적으로 볼 때는 인간적 성장에 장애가 생길 수도 있다는 점이다. 자녀의 균형 잡힌 성장을 위해서는 여유로움은 물론 들쭉날쭉한 삶의 구체들이 결합되어야 한다. 그런데 사교육 절대주의에 집착하는 경우라면 이런 결합이 극히 예외적일 수밖에 없다.

　이런 문제를 넘어서기 위해서는 대개의 부모들이 믿고 있는 세 가지 신화를 벗어나야 한다. 그 첫째는 바로 '일찍 시작하면 좋다'는 신화다. 교육경쟁이 격화되다 보니 경쟁의 단계가 자꾸 아래로 내려온다. 그 하나의 증거가 조기교육 열풍이다. 영유아 단계부터 시작해서 차별화된 교육을 받기 위한 열풍이 거세다. 특정지역에서는 이미 영어유치원이 일종의 필수 코스처럼 자리 잡았다. "수학은 아이의 성적을 결정하고, 영어는 아이의 인생을 결정한다"는 말이 회자된다 하니 그 열풍의 정도가 어느 정도인지 가늠이 된다. 그런데, 인간은 영적인 존재다. 일정한 성장 단계에 이르러서야 사유의 범주가 형성된다. 따라서 그 사유의 범주를 넘어서는 학습내용이 제시되면 이를 소화하기 어렵게 된다. 이런 점에서 일찍 시작하면 좋다는 신화는 자녀의 성장을 왜곡시킬 위험성이 있음에 주목할 필요가 있다. 이 신화는 '적기에 하는 것이 좋다'는 믿음으로 대체되어야 한다. 자녀의 성장 단계를 고려하고 자녀의 수용 능력과 정서적 반응 등을 고려해서 학습시기를 결정해야 한다. 이럴 경우 부모의 기대가 더 잘 충족될 수 있다는 점을 다시 한 번 새길 필요가 있다.

　둘째는 '많이 하면 좋다'는 신화다.

　이 믿음은 부모들 사이에 광범위하게 유포돼 있다. 유치원이나 초등학교 단계의 학생들은 다양한 종류의 사교육을 받는다. 영어와 같은 교과 학습과 관련한 사교육은 물론 예체능 활동까지 더해진다. 중 · 고등학교 단계에서는 입시중심의 사교육에 집중한다. 이런 양量 투입 중심의 사교육으로 인해 학생들의 수면시간은 점차 줄어들고 있다. 2014년 2월 현재, 학생들의 수면 시간이 초등학생은 8시간 19분, 중학생은 7시간 12분, 일반계 고등학생은 5시간 27분으로 나타났다. 이는 지난 2009년과 비교하여 초등학생은 11분, 중학생은 12분, 고등학생은 1시간 이상 줄어 든 것이다.[13] 조사에 따르면 학생들 중 69.5%는 '잠이 부족하다'고 응답했는데, 이런 문제의식이 경기도교육청에서 2014년 9월부터 전격 시행한 '9시 등교제'의 배경이 된 것이다.

부모들의 많이 하면 좋다는 신화는 학교교육에도 일정한 영향을 미친다. 부모들은 학교에서 가급적 많은 시간 동안 공부시켜주길 요구한다. 정규교육과정을 마친 이후에도 자녀들이 학교에서 보충수업이나 여타 학습활동에 더 참여하길 기대하는 것이다. 학교에서는 부모들의 이런 기대를 근거로 다양한 형태의 학습 프로그램을 운영한다. 심지어는 강제로 학생들이 학교에 머물게 하는 '자율학습'을 운영하기도 한다. 부모의 이런 요구가 수용되지 않는 경우, 학교가 학생들을 놀린다는 비판에 직면하기 때문이다. 따라서 부모의 많이 하면 좋다는 다다익선의 논리는 학교운영에도 큰 영향을 미치고 있는 실정이다. 그러나 이런 신화가 작동하는 조건에서는 자녀들이 배움으로부터 도주할 가능성이 높다. 자신이 감당하기 힘겨울 만큼의 학습량이 부과되는 경우, 크게 두 가지 반응을 보이게 되는데, 그 하나는 흥미가 있는 학습내용에 대해서만 선택적으로 관심을 보이는 것이다. 재미없고, 익히기 힘들고, 많은 시간을 투자해야 할 학습내용에 대해서는 외면하는 경향이 나타나는 것이다. 그리고 또 다른 하나는 아예 일체의 학습활동을 포기하는 것이다. 부과되는 학습량을 감당하기 어렵다고 판단하면, 흥미를 잃고 무기력에 빠져들기 마련이다.

이런 문제를 극복하기 위해서는 많이 하면 좋다는 신화가 수정되어야 한다. 즉 '적당량이 좋다'는 논리가 더 유용하다. 자녀의 학습특성이나 흥미도에 따라서 적절한 수준의 학습량을 제시할 때에 학습 흥미도나 학습 몰입도가 높아질 수 있기 때문이다.

셋째는 '비싼 것이 좋다'는 믿음이다.

부모들 입장에서는 기왕에 자녀 교육에 투자하는 것이니 확실한 성과를 낼 수 있는 곳을 선호한다. 지방에 있는 학생들이 유명 강사를 찾아 주말이나 방학을 이용하여 서울에 있는 학원을 찾는 것도 이런 이유 때문이다. 이뿐만이 아니다. 소위 족보에 오른 최상위 강사를 섭외하기 위해서는 각고의 노력도 마다하지 않는다. 조기 해외유학이나 단기 어학연수를 선택하는 것 역시 이 같은 논리와 맞닿아 있다. 이러한 신념은 경제적 과잉지출도 문제이지만 다른 한편에서는 학습정서의 불안정한 문제를 낳을 수 있다는 점도 문제다. 예컨대, 해외에서의 잦은 이동이나 학원 순례 등으로 인해 지적인 방황을 하는 경우가 이에 해당하는 사례다.

이런 문제를 넘어서기 위해서는 '적정 투자가 유리하다'는 생각을 가질 필요가 있다. 자녀가 필요로 하는 수준에서 지원과 투자를 결정할 때, 최적의 효과를 낼 수 있음을 상기할 필요가 있다. 재난을 이야기할 때 흔히 '하인리히 법칙Heinrich's Law'을 거론하곤 한다. 이 법칙은 '1:29:300 법칙'이라고도 부르는데, 큰 재해가 있기 전에 29번의 작은 재해가 있고 그 이전에는 사소한 사고가 300여 차례 정도 있다는 것이다. 자녀교육과 관련해서는 이 하인리히 법칙이 역으로 적용될 수 있음을 잊지 말아야 한다.

■ **13.** 한국청소년정책연구원, '한국 아동·청소년 인권실태 연구Ⅲ : 2013 아동·청소년 인권실태조사 통계'.

부모들이 믿는 세 가지 신화, 즉 '일찍 시작하면 좋다', '많이 하면 좋다', '비싼 것이 좋다'는 믿음에 따라 자녀교육을 지원하는 경우 성공이 가능할 수도 있다. 아마도 이미 성공을 한 사람들도 없지 않을 것이다. 그러나 잊지 말아야 할 것은 사람들에게 회자되는 성공신화의 이면에는 그 신화를 따라하다 실패한 수많은 사람들도 있다는 사실이다. 그 성공신화는 절대 보편성을 갖는 것이 아님을 인식할 필요가 있다. 그리고 기존의 '3多 신화'는 배움의 퇴행을 불러 올 수 있다는 점에서도 경계해야 한다. 즉 과잉 학습하는 과정에서 정작 배워야 할 내용을 등한시한 나머지 자신의 성장 동기를 상실하는 부조리가 나타날 수 있다는 점이다. 이를 넘어서기 위해서는 부모부터 '적기학습', '적량학습', '적정학습'에 대한 논리와 감각을 되살려야 한다.

11
'나약의 풍토' 넘어서기

한때, '1등만 기억하는 더러운 세상'이란 말이 유행한 적이 있었다. 방송 개그 프로그램의 대사였던 이 말은 우리 사회의 학벌주의와 서열주의 세태를 풍자한 탓에 폭발적인 인기를 끌었다. 방송이 되자마자 사람들의 입에 오르내린 것이다. 이는 학벌 핸디캡이 있는 많은 사람들에게 그만큼 큰 카타르시스 효과를 주었을 것이다.

실제로 우리 주변에는 학벌 콤플렉스를 가지고 있는 사람들이 의외로 많다. 부모세대도 다르지 않다. 대학 못 간 사람은 대학 간 사람을 부러워하고, 2년제 다니는 학생들은 4년제 다니는 학생들을 보면서 열등감을 느낀다. 4년제 대학을 졸업한 경우라도 다 같은 4년제가 아니다. 우선 지방대 학생들은 수도권 대학이나 서울에 있는 대학의 학생들을 부러워한다. 'in서울' 학생인 경우에도 학교 서열에 따라 열등감과 우월감의 연쇄가 만들어진다. 그렇다 보니 학생들은 자신의 현재 위치^{지방대, 수도권의 서열이 낮은 대학 등}에 대해 억울해 하고, 자신의 처지에 대한 알리바이를 지속적으로 만들어 낸다. '원래 실력은 좋아서 어느 학교 정도는 가야하는데 수능시험을 망

227

쳐서 현재 학교에 온 것이다', '나는 지금 다니는 학교 이상의 좋은 학교에 갈 실력이다'라는 점을 지속적으로 밝히려 든다. 그러므로 '1등만 기억하는 더러운 세상'이란 풍자는 풍자가 아니라 현실을 날 것 그대로 드러내는 직유直喩에 가깝다.

현실이 이렇다 보니 부모들은 안전판을 찾고자 자녀교육에 과도하게 개입한다. 자녀가 최소한의 기준수도권 대학, 혹은 in서울에 도달할 수 있도록 하려고 애를 쓰는 것이다. 그래서 부모의 과도한 개입, 즉흥적인 개입, 앞뒤가 맞지 않는 모순된 개입이 점차 강화된다. 이런 과정에서 자녀들의 부모에 대한 의존 심리는 더욱 깊어지고 정신적 이유離乳도 점점 더뎌지게 된다. 이뿐만 아니라 자녀들이 점점 더 왜소해진다. 초등학생처럼 굴거나 일정한 매뉴얼을 따라하는 것처럼 정형화된 태도로 생활하게 된다. 그리고 어려서부터 부모의 절대적인 관심과 의도에 의해서 키워지다보니 아예 자신의 행복이 무엇인지 모르는 경우도 많다. 획일적인 가치를 따르는 경우 역시 허다하다. 자녀를 완벽한 명품으로 만들고자 온갖 투자를 다했지만 결국 비슷한 기성품이나 유사품처럼 되기도 한다. 한편으로는 사회성이나 윤리성이 부족한 이기적 인간, 다른 한편으로는 한없이 나약하고 무책임한 인간이 되고 마는 것이다. 다음 글을 통해 부모에 대한 의존성의 정도가 얼마나 깊은지, 그런 자녀들이 어떤 특성을 보이는지를 확인해 보자.

수업 시작 전부터 교실이 어딘지, 첫 수업에 무엇을 읽어가야 하는지 이메일과 전화로 시시콜콜 문의가 오기 시작했다. 전에는 없던 일이다. 수업을 시작하고 첫 과제물을 내 주자 학생들은 정확하게 몇 쪽을 써야 하는지, 어떤 주제로 어떤 방향에서 쓰라는 것인지 구체적이고 분명하게 말해 달라고 주문했다. …… 수업에 좀 늦게 들어왔는데 결석 처리가 되지 않았는지, 전자 출결 관리 시스템이 고장 난 것은 아닌지 걱정스러워 수차례 기계를 확인해 보는 친구도 있었다. ……

또 한 가지, 엄마에 대한 이야기가 많아졌다는 점도 특이했다. 자기소개 시간에, 엄마가 수강 신청 과목을 미리 다 정해 주었는데 마지막 순간에 한 과목을 자기가 원하는 것으로 했다는 이야기를 무용담 들려주듯 하는 학생이 있는가 하면, 집에서 어머니와 이야기를 하면서 나왔다는 이야기들이 자연스럽게 수업 중에 언급되었다. 전에는 보통, 대학생이 되면 '어른'이 되겠다는 일념에 부모 이야기는 금기였는데, 수시로 엄마 이야기가 튀어나오고 그렇게 하는 것을 부끄러워하는 기색도 없어서 오히려 내가 당황스러웠다.

조한혜정 외, 『교실이 돌아왔다』, 또하나의문화, 2009, p.9.

대학생이 되어서도 이글에 묘사된 정도의 학생이라면 이는 문제가 아닐 수 없다. 일단 대학생치고 참 나약하다. 상황을 해석하는 수준이 그렇고 생활에 대한 태도 역시 나약하다. 몸은 크고 나이는 먹었을지언정 정서나 정신적 성장은 그에 부합하지 못하는 수준이다. 생물학적 나이는 먹었지만 생활연령은 어리고 정신연령은 아직 미숙하다. 만약 우리 자녀들이 이런 상태 그대로 어른이 된다고 하면, 부모와 떨어져 살게 되거나 스스로 경제적 문제를 해결한다고 해도 정신적 독립은 쉽지 않을 것이다.

자녀들이 나약하게 성장하는 것을 극복하게 하기 위해서는 부모로부터의 독립을 연습하게 해야 한다. 부모에게 젖은 낙엽처럼 착 달라붙어 자란 자식이 대학생이 됐다고 하루아침에 어른스럽게 행동할 리는 없다. 그렇기에 부모들은 자녀의 성장과정 그 자체를, 독립을 준비하는 시기로 삼아야 한다. 자녀가 스스로 차근차근 자기 속도로 삶을 살아갈 수 있도록 부모는 잡았던 손을 놓아주어야 한다. 그렇게 하기 위해서는 크게 네 가지 차원의 독립을 연습시킬 필요가 있다.

우선은 생활적 독립이다. 이는 부모의 도움 없이 자신의 일과 생활을 스스로 결정하고 해결할 수 있는 것을 의미한다. 학생인 자녀가 지금 당장 온전한 생활독립의 단계로 갈 수는 없는 노릇이다. 그러나 장차 그렇게 하기 위해서는 생활독립의 준비가 필요하다. 이는 삶에 대한 인식과 태도를 바로 세우는 일이다. '내 손으로 벌어먹고 사는 것이 가장 높은 수준의 인간 자존심이다'라는 생각을 가지고, 그렇게 하겠다는 의지를 갖도록 안내해야 한다. 부모가 자녀에게 줄 수 있는 최고의 선물이 바로 인간 자존심을 지키겠다는 마음과 태도를 갖게 하는 것이다.

다음은 가치적 독립이다.

자녀가 자신의 삶을 살기 위해서는 스스로 구성한 가치체계가 중요하다. 이런 점에서 부모는 자신이 기대하는 삶을 강권하기보다는 자녀에게 어떤 가치를 추구하고 싶은지, 그런 가치를 추구하면서 살기 위해서는 무엇을 공부해야 하는지 등을 지속적으로 질문하고 대화하는 것이 중요하다.

그리고 정서적 독립이 있다.

이는 자녀 스스로 자신의 정서를 발달시키는 단계를 의미한다. 정서적 독립이 안 된 경우에는 나이가 들어서도 부모와의 정서적 유대에 매이게 된다. 이는 자신의 여러 장점이 있음에도 불구하고 온전한 자기 정체를 완성하는데 장애가 될 수도 있다. 이런 점에서 청소년기의 자녀가 독립적으로 자신의 정서를 관리할 수 있도록 안내하는 것이 꼭 필요하다.

마지막으로는 갈등적 독립이다.

이는 부모와의 관계에서 형성된 불신, 불안, 분노, 결핍감 등 갈등 감정에 얽매이지 않은 채 다른 사람들과 관계할 수 있는 상태를 의미하는데, 이는 청소년 단계에서 쉽지 않은 일이긴 하다. 그럼에도 자녀들에게는 독립적 존재임을 상기시키고, '존재미학'을 고민하는 삶을 살도록 메시지를 지속적으로 전할 필요가 있다.

장 콕토Jean Cocteau가 말하길 "젊은이는 안전가의 주식을 사지 않는다."고 했다. 지나치게 안전한 주식에만 매달리기보다는 모험주를 선택할 수도 있는 통큼과 배짱모험심이 젊음의 특권이라고 보는 듯하다. 부모 입장에서 자녀가 나약하게 성장하길 바라는 경우는 아마 없을 것이다. 그렇다면 이런 장 콕토의 말에 한 번쯤은 귀를 기울여볼 일이다.

12

교양 있는 어른이 되자

자녀교육의 성공을 위한 조건은 무엇일까? 아마도 명문학교, 특화된 교육 과정, 고급 사교육, 합당한 멘토, 부모의 경제력 등이 꼽힐 것이다. 그러나 이런 요소들은 필요조건이 될지언정 충분조건이라 하긴 곤란하다. 성공적 자녀교육을 위한 필요충분조건은 바로 일상이고, 일상에서 마주하게 되는 사람들의 사는 모습이 바로 중요한 교육의 과정이다. 일례를 들어 보자.

학교에서 혹은 다른 여타 교육기관에서 학생들에게 버릇없이 굴라고 가르치는 경우는 절대 없다. 사회적 소수자들의 인권을 무시하거나 조금 다른 특성이 있는 학생들을 왕따시키는 것이 용인될 수 있다고 말하는 경우도 없다. 물론 '돈'을 밝히라고 한 적도 전혀 없다. 그런데 실제로 성장 세대들은 가르친 내용과는 정반대의 모습을 보이는 경우가 매우 많다. 이를 어떻게 해석할 수 있는가? 이를 두 가지로 단순화시켜 보면, 하나는 학교에서 배운 내용과 삶의 실제적 상황이 크게 괴리되어 있다는 것이고 다른 하나는 삶의 장면에서 보고 익힌 것들이 실제적 힘을 가지고 있음을 반증하는 것이다.

이런 맥락에서 볼 때, 어른들의 삶은 '원색의 교육소'다. 어른들의 날것 그대로의 삶이 바로 중요한 교육적 요소가 되는 것이다. 그만큼 어른들이 보여주는 삶의 내용은 매우 중요하다. 어른들이 이타적이고, 공동체적이고, 정서적으로 안정되고, 겸손하고, 스스로 자족하는 삶의 품위를 보여준다면 틀림없이 성장 세대들도 그런 삶을 동경하고 지향하게 될 것이다. 세계를 인식하는 방식이나 삶의 태도, 인생관, 행복에 대한 관념, 사회생활을 함께하는 상대방에 대한 이해 방식 그리고 감정의 교환방식까지도 부모나 어른들을 통해 익히고 내면화하기 때문이다. 제레미 리프킨^{Jeremy Rifkin}에 따르면 타인에 대한 공감의식조차도 부모가 유아기부터 어떻게 가르치느냐에 따라 그 깊이와 넓이가 달라진다고 한다.

그렇다면 과연 어른들이 보여주는 삶의 내용에는 교육적 영양이 얼마나 풍부한지, 성장 세대들이 따라 익힐 만큼 가치 있는 삶을 보여주고 있는지 평가해 볼 필요가 있다. 그런데 박하다고 할지 모르겠지만, 그렇지 않다는 결론이다. 기성세대들이 보여주는 삶의 교육적 영양가는 솔직히 불량하다. 따라 배울 만한 내용이 풍부하지 않다는 것이다. 물질에 대한 집착 · 축적과 소비적 · 과시적 여가가 하나의 '시대가치'처럼 유포된 현실 조건에서 기성세대들이 살아가는 모습은 어렵지 않게 상상할 수 있다.

돈으로 모든 것을 살 수 있으니 천박한 배금주의 에토스가 사회 곳곳에 뿌리 내린다. 작은 속물들은 명품을 사고, 외제차를 사고, 유학을 하고, 몸을 사지만 성찰의 준엄함, 사랑의 포용과 함께함, 용서는 돈으로 살 수 없기 때문에 이들에게 '자기 스스로'는 항상 결여로 남는다. 그래서 속물은 늙은 것이나 젊은 것이나 자신의 몸에 깃든 영혼을 펼쳐 보여 줄 수 없고 스스로의 문화에 대해 말할 수 없다.

백욱인 외 옮김, 『속물과 잉여』, 지식공작소, 2013, p.23.

실제로 한국 중산층의 삶은 건조하고 창백하다. 중산층의 기준을 보면, 그 모습이 더 적나라하다. 직장인들을 대상으로 한 어느 설문조사에 따르면, '부채 없는 30평 이상의 아파트 소유', '월 급여 500만 원 이상', '자동차는 2,000cc급 이상 중형차 보유', '예금액 잔고 1억 원 이상 보유', '해외여행 1년에 한 차례 이상 다닐 것'과 같은 5가지 기준이 충족될 수 있으면 중산층이라는 것이다. 이렇듯 경제력만으로 중산층을 평가하게 된 것은 아마도 급속한 경제 성장에 따른 정상적 가치의 쇠락과 관련이 있을 것이다. 즉 '교양 없는 중산층'이 탄생한 것이다. 한국의 시민 계급은 가문 살리기와 같은 출세 욕구를 통해 성장한 탓에 아직은 문화적 콘텐츠도 부족하고 철학적 필요에도 조응하지 못하는 상황이다.

이에 비해 다른 나라에서 설정한 중산층의 기준은 우리와는 사뭇 다르다. 프랑스에서 중산층은 외국어 구사, 즐기는 스포츠, 악기 다루기와 요리 실력이 꼽히고 이에 더하여 공분公憤에 의연히 참여할 것과 약자를 도우며 봉사 활동을 꾸준히 할 것이 추가된다. 영국의 경우에는 시민적 책무를 중산층의 핵심 기준으로 설정하고 있다. 즉 페어플레이를 할 것, 자신의 주장과 신념을 가질 것, 독선적으로 행동하지 말 것, 약자를 두둔하고 강자에 대응할 것, 불의, 불평, 불법에 의연히 대처할 것이 그것이다. 미국의 경우에도 영국과 크게 다르지 않다. 미국에서 강조되는 중산층의 기준은 자신의 주장에 떳떳할 것, 사회적인 약자를 도울 것, 부정과 불법에 저항할 것, 정기적으로 받아 보는 비평지가 있을 것 등 4가지이다. 이들 나라의 공통점은 공적 시민으로 갖추어야 할 사회적 감수성 및 참여적 태도를 강조한다는 점이다. 이런 중상층의 기준이 통용되는 사회와 그렇지 않은 사회 간의 '사회적 이성' 수준에는 큰 차이가 있을 것이다. 이는 곧 성장 세대에 대한 교육적 영역의 차이로 나타난다는 점에 주목해야 한다.

여전히 한국의 기성세대에게는 부의 축적이나 자녀교육의 성공이 절대적인 과제다. 인생 전체를 놓고 봤을 때도 이 두 가지 일에 지나치게 많은 에너지를 소비한다. 그렇다 보니 정작 일상적 민주주의 실현의 기반이되는 시민적 교양은 미흡하고 삶의 품위를 고민하는 반성적 분위기도 형성되지 않고 있다.

지금 이 순간이 바로 삶의 변곡점이 되어야 한다. 새로운 삶을 고민하고, 시민적 교양을 쌓기 위한 자기갱신의 노력이 필요한 시기다. 누구를 위해서가 아니라 나 자신을 위해서도 필요하고 자녀들의 행복을 위해서라면 더더욱 필요하다. 부모들의 교양이 풍부해질 때, 자녀들에게도 행복한 사회를 만들어 줄 수 있다. 그리고 그로 인해 기성세대도 행복해진다. 이런 선순환 고리의 시작은 바로 부모가 교양을 되찾는 일이다. 자녀에게는 교양 있는 부모가 최고의 선생이다.

앞서간 모든 세대들, 모든 나라들의 경로가 분명하

게 보여주는 경험칙입니다. 조기교육으로, 사교육으로, 고액과외로 내 자녀 하나만 행복하게 만들어 줄 수 있는 그런 사회는 존재할 수 없습니다. 전란 속에 평화로운 삶이 불가능하듯, 나쁜 사회에서 좋은 개인삶은 불가능합니다. 좋은 사회를 만들기 위해 기성세대가 희생하지 않는다면(바뀌지 않는다면) 자녀들의 좋은 삶은 불가능합니다.

인디고 서원, 박명림, 『새로운 세대의 탄생』, 궁리, 2014, p.152.

13
부모도 자기 삶을 살아야 한다

"아이들이 집에 오면 정말 좋지만 떨어져 있을 때는
또 나만의 시간이 있어서 좋습니다."

채은, 『서머힐에서 진짜 세상을 배우다』, 해냄출판사, 2014.

작가 채은이 쓴 『서머힐에서 진짜 세상을 배우다』 - 〈세계적인 대안학
교 서머힐에서 9년, 채은이의 생생한 성장일기〉에 나오는 어느 독일 부모
의 고백이다. 나는 이 대목에서 부모로서의 삶보다는 한 인간존재로서 자
신의 삶을 소중하게 생각하는 '엄마'의 모습을 읽었다. 자신만의 세계를 가
지고 이를 소중하게 생각하는 독립적 존재로서의 부모 모습이 연상되었
다. 자녀 교육을 지원하기 위해 자신의 일상을 구성하고^{자녀교육에 올인 하기},
심지어는 가족의 이산까지도 감내하는 한국 부모와 비교할 때, 그 이미지
가 사뭇 다르게 다가온다. 당당함, 의연함 혹은 삶에 대한 격조 같은 것이
풍기는 듯하다.

아무리 부모라도 자식과는 별개인 개인의 삶이 있다. 부모의 삶 중에서 자식이 대체해 줄 수 있는 것은 없다. 역으로 자식의 삶을 구성하는 것들 중에 부모로서 대신해 줄 수 있는 것도 역시 없다. 그런데 부모들이 착각하는 경우가 많다. 부모의 입장에서 자녀가 자신의 삶을 빛내 줄 것으로 생각하거나, 자신이 자녀의 삶을 빛나게 만들 수 있다는 생각을 하는 경우들이다. 하지만 이는 착각이다. 부모와 자녀는 별개의 존재이고 삶도 그렇다. 그런 점에서 각자 사는 삶의 독자성을 인정하는 것이 무엇보다 중요하다.

부모는 자녀를 돌볼 의무가 있지만, 그렇다고 그것만을 전적으로 책임지는 존재는 아니다. 자신의 삶이 우선이다. 자신의 삶을 살아야 자신이 행복해진다. 그리고 부모가 자신의 삶을 우선시할 때 자녀에 대한 시선도 객관화될 수 있다. 우리는 이점에 주목할 필요가 있다.

부모의 입장에서 볼 때, 성공적인 자녀교육은 바로 자녀를 독립적이고 자기주도적인 존재로 성장시키는 일이다. 즉 자녀가 입시공부에만 열을 올리는 것이 아니라 세상에 대해 폭넓은 관심을 가지고, 자신이 직면하는 문제 사태에 대해서는 스스로 책임감 있게 풀어가고, 삶을 스스로 설계한다면 그것 이상의 성공이 어디 있겠는가? 자녀를 이렇게 성숙한 존재로 키우기 위해서는 부모가 먼저 그런 삶의 태도를 보여주는 것이 최선이다. 부모 스스로가 자신의 삶을 소중하게 생각하고, 삶의 가치와 의미를 구현하는 차원에서 일상을 구성하고, 자신의 삶을 격조 있게 만들기 위한 노력들을 지속적으로 하는 모습을 자녀들은 보고 배우게 된다.

부모가 먼저 자기 삶을 살아야 한다. 그리고 자녀들이 자기 삶을 값있게 만들 수 있는 내적 힘을 가지고 있는 존재로 인식하게 하고, 그들에게도 자기 자신들의 삶을 살도록 가르쳐야 한다. 자녀가 행복하게 살 수 있다면 그것이 참된 삶이라고 말해 주는 부모가 되어야 한다. 만약 부모의 역할이 변하지 않을 경우, 부모의 자녀교육 지원이 대개는 공부에 대한 압력으로 작동될 가능성이 높기 때문이다. 그런 조건에서 다수의 자녀들은 왜소하고 창백하게 성장할 개연성 역시 매우 높아진다.

문학평론가 정여울의 말은 간곡하게 들린다.

> "가슴이 찢어지지만, 서로를 놓아주어야 한다. 부모가 '난 너만 보고 산다'는 부담스런 '사인'을 보내지 않을 때, 네가 네 인생 살듯 나도 내 인생 살겠다고 결심할 때 비로소 자식들은 공의존共依存의 사슬을 끊고 진짜 어른이 된다."[14]

부모 자신이 교육적으로 성장하는 길, 그것은 바로 자기 자녀를 놓아주고 자기 삶을 사는 것이다.

---

14. 정여울, '사랑 외피 쓴 억압 '공의존' 사슬 끊어야', 〈한겨레신문〉, 2012.6.29.

14
'바보'는 되지 말자

필자에게는 딸아이가 하나 있다. 결혼 10년 만에 얻은 자식이다 보니 남세스러운 말이지만, 내 눈에는 참 예쁘다. 기다림이 길었던 탓인지, 세상에서 가장 예쁜 축에 속하는 것처럼 보인다. 하긴 어느 부모인들 제 자식이 그렇게 보이지 않겠는가? 그런데 그 아이가 성장하는 과정에서 아내로부터 간혹 타박 아닌 타박을 듣곤 한다.

"당신, 딸 바보가 될 줄 알았는데, 의외야!"

아내는 내가 어떤 경우에도 내 자식 편을 들어 주고, 무엇이든 긍정적으로 이야기 하고, 항상 넉넉하게 받아주고, 재미있게 놀아 주고, 나아가서는 아이 투정도 품 크게 안아주는, 소위 '물고 빨면서 못 배기는 아빠', '늘 아이 편에만 서는 아빠'까지를 기대한 것은 아닐 테지만, 얼마간은 그런 모습을 기대한 눈치였다. 그런 기대에서 벗어나 있는 내 모습을 두고 한 말이 아닐까 싶다. 요즘 부모들 중에는 '바보'가 참 많다. '딸 바보', '아들 바보'로 사는 부모들 말이다. 딸을 각별히 위하는 부모나 아들에게 빠져 사는 부모들을 지칭하는 말인데 다른 이들 눈에는 바보 정도로 불려야 좋은 부모 역할을 하는 것 같은 풍조다. 많은 관심과 돌봄, 남들에게 부러움을 살 정도의 지원 행위는 바보 부모가 될 수 있는 필요충분조건이다. 그렇다 보니 이들 바보 부모들의 역할이 마치 자녀교육의 전형으로 인식되기도 한다. 자녀들 입장에서도 부모에게 딸 바보, 아들 바보 역할을 기대하는 듯하다.

문제는 바보 부모의 역할이 교육적으로 올바른가 하는 점이다. 부모가 자식들에게 애정을 쏟는 것은 당연하다. 그런데, 그 애정은 자녀의 온당한 성장을 위한 것이어야 한다. 그러므로 부모의 입장에서는 자녀에게 규범의식을 심어 주어야 하고, 타인과의 관계 맺기도 가르쳐야 하고, 스스로 해결해야 할 힘도 길러 주어야 하고, 자신의 잘못에 대해 반성하는 법도 익히도록 해야 하고, 인류의 보편적 가치에 대한 감수성도 신장시켜 주어야 한다. 양육과정에서 이러한 교육적 고려를 하다보면 부모가 늘 자녀의 편일 수만은 없다. 부모가 설정한 경계를 벗어나는 경우에는 엄한 역할도 해야 하고, 사리에 맞지 않는 행동거지에 대해서는 질타를 주기도 해야 한다. 즉 부모의 역할 속에 애정, 엄격함, 냉정함 등을 두고 균형을 갖추어야 한다. 그렇지 않으면 애정 과잉과 과잉 양육으로 인해 아이들이 자기중심성에서 벗어나지 못해 타인과의 관계에서 어려움을 느끼고, 자기행동에 책임을 지지 못하는 성인으로 자라나기 쉽다. 이는 아동심리 전문가들의 일관된 경고다.

킴 존 페인Kim John Payne은 『내 아이를 망치는 과잉 육아』[15]라는 책에서 자녀독립을 막는 과잉보호의 부모유형을 네 가지로 분류한 바 있다.

첫 번째는 아이의 행동 하나하나에 대해 이야기하고 끼어드는 '중계방

□ 15. 킴 존 페인, 『내 아이를 망치는 과잉 육아』, 노혜숙, 이주혜 옮김, 아침나무, 2013.

송형 부모'이다. 두 번째는 양육을 비즈니스 관점에서 바라보며 목표관리를 하고 결과를 따지는 '기업형 부모'이고, 그 다음은 부모의 세계와 아이의 세계가 구분되지 않는 '친구형 부모'이다. 친구형 부모들은 자녀에게 안 된다는 말을 하지 않고 모든 것을 수용한다. 그리고 마지막 네 번째로는 아이를 즐겁게 해주기 위해 부모가 연예인처럼 행동하는 '어릿광대형 부모'이다. 어릿광대형 부모들은 지속적으로 엔터테이너와 같은 역할을 하게 된다.

이러한 모든 유형의 부모들이 하는 역할이 마치 각별한 사랑처럼 보일지 모르지만 실은 자녀의 독립적 성장을 방해하는 것이다. 그런데 문제는 지금 우리 사회에서 자랑이 되고 혹은 선망이 되는 요즘 바보 부모들은 앞서 언급한 네 유형을 모두 포괄할 만큼 과잉된 느낌이다.

『무엇이 이 나라 학생들을 똑똑하게 만드는가?』를 쓴 저자 아만다 리플리Amanda Ripley의 분석도 흥미롭다. 그는 이 책에서 세계 각국의 부모 역할에 대한 연구를 정리하여 크게 네 부류의 부모 유형을 소개하고 있다. 그 중 하나가 '권위형 부모'이다. 권위형 부모는 독재형엄격하게 규율을 정하고 따르게 하는 부모과 관대형아이들이 원하는 것을 많이 해 주고 갈등이 일어나는 것은 가급적 피하는 부모을 섞어 놓은 형태로 두 부류 부모들의 특징을 잘 절충한다. 이들은 따뜻하고 관심이 많으며, 아이들과 가깝게 지내지만 자녀가 성장하면서 스스로 원하는 일을 시도해 보고 실패와 선택을 할 자유를 허용한다. 특히 이 유형의 부모들은 자녀가 성장하는 과정 내내 행동의 한계를 명확하게 하고 이를 실행에 옮긴다는 것이다. 이는 표현상의 차이는 있지만 슬라보예 지젝이 말하는 '엄격한 부모'와 유사한 역할을 하는 것이다. 결국 부모가 큰 범주를 설정하고 그 안에서 자유를 허용하되 한계를 벗어난 경우에는 단호함을 보이는 경우, 자녀들이 단단하게 성장할 수 있다고 보는 것이다.

자녀교육의 일차적 목적은 스스로 살아갈 수 있도록 자생력을 길러주는 것이고, 자기 삶에 대한 주인의식을 갖게 하는 것이다. 이 목적이 달성되기 위해서는 애정과 돌봄이 적정한 수준이어야 한다. 부모가 정교한 기획 차원에서 애정을 주고 보살핌을 하는 경우, 자녀들은 자기행동에 책임을 지지 못하는 '초딩 같은 성인'으로 성장할 개연성이 크다. 내 자식이 타인에게 제대로 인간대접 받길 원한다면, 또 내 자식이 완성된 삶의 품격을 유지하길 원한다면, 이에 더하여 내 자식이 존재의 풍요로움을 추구하며 살아가길 기대한다면 바보 부모가 아니라 '중심이 있는 부모'가 되어야 한다. 자녀들을 위해서는 바보스러움만큼은 멀리하는 것이 좋다.

아이를 벌줄 때

인간이
아무리 모양을 잡아준다고 해도
결국 나무는 타고난 방식으로 자란다.
어린 아이를 벌줄 때에도 이것을 기억하라.
천성이 더 강하기 때문에 아이는
결국 그 잠재력대로 자란다.
……

레프 니콜라예비치 톨스토이 , 『살아갈 날들을 위한 공부』 이상원 옮김, 조화로운삶(위즈덤하우스), 2007.

3

기본기
잘 다지기

—

부모와 자녀가 함께
성장하는 방법

1
기본기를 다지는 것이 가장 중요하다

교육을 왜 하는가? 교육의 궁극적 목적은 무엇인가? 부모들은 교육을 통해 자녀들이 어떤 상태에 이르길 원하는가? 이에 대한 해답으로 성적이나 입시실적처럼 가시적인 변화를 원하는 경우가 있을 수도 있고, 좀 더 본질적인 기대를 갖는 부모들도 있다. 가장 이상적인 경우라면 본질적인 기대를 충족하면서도 가시적이고 실질적인 효과를 얻는 것이라 할 수 있다. 그렇다면 그 본질적 기대에 해당하는 것이 무엇일까? 이는 바로 '좀 더 잘사는 것'인데, 좀 더 잘살기 위해서 갖추어야 할 기본기가 바로 교육의 핵심이 되는 것이다. 이 기본기는 삶을 영위함에 있어서 가장 필수적인 요소에 해당한다. 이런 점에서 부모는 자녀교육을 지원함에 있어 기본기를 잘 갖출 수 있도록 자극하고 안내하는 것이 필요하다. 기본기는 바로 평생의 자산이 되기 때문이다. 이 교육의 기본기를 세 가지로 요약해 볼 수 있는데, 가장 우선하는 첫 번째 기본기는 바로 '호기심'이자 '배움의 즐거움'이다.

호기심이 있는 경우, 세상 그 자체가 질문 대상이고 삶의 과정은 탐구하고 실험하는 과정이 된다. 따라서 일상 그 자체가 배움의 즐거움을 경험할 수 있는 교육의 장이 된다. 공자는 『논어』학이편學而篇에서 "학이시습지 불역열호學而時習之 不亦說乎"라 했다. 즉 '배우고 때로 익히는 과정 그 자체가 즐겁다'는 것이다. 이처럼 호기심을 가지고 배움 그 자체를 즐기는 태도가 형성된다면, 존재의 풍요로움을 경험하는 삶이 가능할 것이다. 이런 점을 보더라도 부모는 자신의 자녀가 호기심을 잃지 않도록 자극하고 조력하는 것이 중요하다.

실제로 배움의 즐거움은 OECD에서도 강조하는 역량이다. 이는 교육의 본질적 목표에 해당된다. OECD는 개인의 성공적 삶과 사회의 발전에 요구되는 핵심 역량을 규명하기 위한 DeSeCo^Definition and Selection of Competencies 프로젝트를 통해 생애핵심역량을 설정하였다.

그 첫 번째 역량은 '여러 도구를 상호작용적으로 활용하는 능력^use tools interactively'인데 언어, 상징, 텍스트 등 다양한 소통 도구 활용 능력이나 지식과 정보를 상호작용적으로 활용하는 능력, 새로운 테크놀로지를 활용하는 능력 등을 의미한다. 그런데 이런 능력은 개별적으로 함양되는 것이라기보다는 호기심을 가지고 있거나, 배움 그 자체를 즐기는 태도를 갖추고 있을 때에 일상의 과정에서 함양되는 것이다.

기본기	핵심역량	하위역량
호기심 배움의 즐거움	여러 도구를 상호작용적으로 활용하는 능력 (Use tools interactively)	· 언어, 상징, 텍스트 등 다양한 소통 도구 활용 능력 · 지식과 정보를 상호작용적으로 활용하는 능력 · 새로운 테크놀로지 활용 능력

〈표 3〉

결국 OECD가 강조하는 도구 활용 능력은 바로 호기심과 배움의 즐거움을 기반으로 한다는 점에서 이러한 감정을 지속할 수 있는 삶의 태도가 매우 중요하다. 이런 맥락에서 부모들은 점수 위주의 조기교육으로 인해 나타날 수 있는 자녀의 '배움 혐오 증후군'을 경계할 필요가 있다.

두 번째 기본기는 바로 '관계능력', '연대의식_{더불어 의식}'이다.

인간은 타인과의 관계를 통해 자기를 완성해 나간다. 다른 사람과의 관계를 통해 자아가 형성되기 때문이다. 또한 다른 사람과의 관계는 정서적 안정에도 절대적이다. 관계맺음을 통해 타인의 감정을 이해할 수 있고 자신의 감정도 조절할 수 있는 기회가 되기 때문이다. 특히 공통의 문제를 해결하기 위해 타인과 협력할 수 있는 능력 또한 타인과의 관계 훈련을 통해 신장된다. 이런 점에서 관계능력은 사회적 삶의 기본영역에 해당된다. 공자는 "유붕 자원방래 불역낙호有朋 自遠方來 不亦樂乎", 즉 '벗이 멀리서 찾아 와 주니 이 또한 즐겁지 아니한가'라 하여 서로의 차이를 넘어 함께 마음을 나누는 일의 중요성을 강조했는데, 이는 같은 맥락에서 이해할 수 있다.

OECD에서도 생애핵심역량 중에 하나로 '이질적인 집단에서의 사회적 상호작용 능력'을 강조한다. 구체적으로 인간관계 능력, 협동 능력, 갈등 관리 및 해결 능력을 제시하였는데, 이는 바로 사회적 삶을 온전하게 구성하기 위해서 관계 능력이 중요하다는 점을 보여준다.

기본기	핵심역량	하위역량
관계 능력	이질적인 집단에서의 사회적 상호작용 능력 (Interact in heterogeneous groups)	· 인간관계 능력 · 협동 능력 · 갈등 관리 및 해결 능력

〈표 4〉

마지막으로 강조할 기본기는 바로 '자존감' 혹은 '자기긍정'이다.

자기 자신에 대해 긍정하는 마음과 태도, 자기의 고유성을 가치 있게 생각하는 마음, 자신의 인간적 가치를 귀하게 여기고 이를 지키고자 노력하는 자세는 그 어떤 지식이나 기능보다도 중요하다. 자존감이 낮은 경우, 자율적으로 행동하는 능력이 현저하게 떨어진다. 자기긍정의 마음이 약한 경우에는 일에 대한 판단준거가 다른 사람에 의해 형성되기 때문에 근거 없는 열등의식을 갖게 될 가능성도 있다. 이런 맥락에서 OECD도 생애핵심역량으로 자존심을 강조한다. 자기진로에 대한 개척, 자기 권리에 대한 옹호와 지지, 타인과의 조화로운 협력 등은 바로 자존심과 자기긍정을 바탕으로 하기 때문이다.

기본기	핵심역량	하위역량
자존감 자기긍정	자율적인 행동능력 (Act autonomously)	· 조직 내에서 협력적, 자율적으로 행동할 수 있는 능력 · 자신의 인생계획, 프로젝트를 구상, 실행하는 능력 · 자신의 권리, 필요 등을 옹호, 주장하는 능력

〈표 5〉

이상에서 살핀 세 가지의 기본기는 바로 존재의 풍요로움을 가능하게 하는 핵심 요소이다. 부모의 입장에서는 자녀의 성적이나 입학하는 대학의 이름이 더 중요하게 인식될 수도 있다. 그러나 아무리 사랑하는 자녀라 하더라도 부모가 그의 삶을 대신할 수는 없다. 그렇기에 자녀가 오래도록 자기 힘으로, 존재가치를 인정받으면서, 다른 사람과 조화를 이루고, 자기 역할을 다 할 수 있도록 그 근본 바탕을 익히도록 안내하는 것이 중요하다. 밑천이 단단해야 오래도록 흔들림이 없는 법이다. 인생을 산다는 것도 같은 이치다. 기본기가 잘 다져진 경우라면 기예技藝에도 능하게 되는 것이 당연하다. 그러니 부모의 입장에서 자녀가 공부를 잘하고 좋은 삶을 살기 기대한다면, 기본기를 잘 다지도록 안내할 필요가 있다.

■ 교육의 기본기 ■

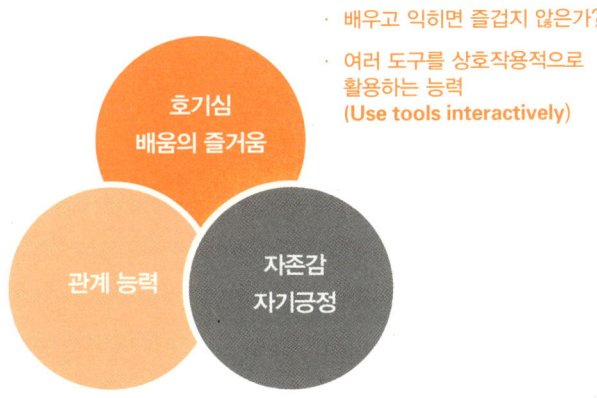

· 배우고 익히면 즐겁지 않은가?
· 여러 도구를 상호작용적으로 활용하는 능력 (Use tools interactively)

호기심 배움의 즐거움

관계 능력

자존감 자기긍정

· 벗이 있어 찾아오면 즐겁다
· 이질적인 집단에서의 사회적 상호작용 능력 (Interact in heterogeneous groups)

· 남이 알아주지 않아도 좋다
· 자율적인 행동능력(Act autonomously)

〈도표3〉

2
가치관 교육이 우선이다

"가치관이 배제된 교육은 사람을 영리한 악마로 만
들 뿐이다."

C. S. 루이스

    C. S. 루이스C. S. Lewis의 이 말은 가치관 교육이 우리에게 얼마나 중요
한지를 일깨워준다. 가치관이란 가치에 대한 관점을 의미하는데, 우리는
어떤 가치관을 가지고 있는가에 따라 특정 행위가 옳은지 그른지를 판단
하게 된다. 예컨대 정직함을 삶의 중요 가치로 인식하는 사람에게는 거짓
을 통한 돈벌이나 타인에게 손해를 끼치면서까지 지위나 권력을 추구하
는 행위는 죄악이다. 그러나 이와 가치관이 다른 사람에게는 정반대의 해
석과 판단도 가능해진다. 이런 점에서 어떤 가치관을 갖는가는 매우 중요
하다.
    또한 가치관은 삶의 행복과 불행을 판단하는 준거가 되기도 한다. 가

치관이란 특정 가치에 가중치를 두는 것이고, 사람들은 이 가중치를 중심으로 자신의 삶을 구성하게 된다. '돈金力'을 삶의 중요한 가치로 삼는 이들에게는 물질의 소유 정도가 행복과 불행을 판단하는 중요기준이 된다. 이런 사람들에게 삶의 주된 관심은 물질적 축적에 집중될 가능성이 높다. 그러나 가치목록에 대한 가중치가 달라지는 경우에는 삶을 추구하는 방식이 전혀 달라진다. 예컨대 정신적 풍요를 다른 가치보다 더 중요하게 생각하고 이를 추구하는 사람들의 경우에는 정신적 안식과 자립과 자족이 우선된다. 그렇다 보니 추구하는 삶의 형식이 판이하게 달라진다. 이처럼 가치관은 바로 삶의 형식을 결정하는 핵심 요소가 된다.

인간의 행위는 크게 세 가지 요소가 결합된 결과이다. 하나는 판단의 준거가 되는 '가치'이고, 다른 하나는 행위를 결정하는 데 요구되는 '지식개념과 논리'이다. 그리고 나머지 하나는 행위를 결정하는 과정과 그 이후의 결과를 읽어낼 수 있는 '마음인성'이다. 그리고 이들 세 요소가 현상적으로 표출되는 것이 바로 '행위행동'가 되는 것이다.

그런데 우리가 주목해야할 점은 이들 세 요소의 내적 속성 중 하나는 후천적으로 발달한다는 점이다. 즉 교육의 과정을 통해 이들 요소가 확장·발달되고, 이들 요소가 일정 수준에 도달할 때 인간다운 삶이 가능해지는 것이다. 하지만 여기서 한 가지 문제가 있다. 이들 각 요소의 균형적인 발달이 그리 간단치 않다는 점이다. 맥락을 달리해서 말하면, 삶의 각 구성요소들의 발달 수준이나 각 요소들 간의 조합방식이 어떠한지에 따라 삶의 형식이 전혀 달라진다는 점이다. 예컨대 가치가 높은 수준임에도 지식이 부족하다면 허풍 같은 삶이 되기 십상이고, 역으로 지식의 수준은 높지만 가치나 마음의 발달이 미약하다면 창백한 삶에 가까울 것이다. 이렇듯 삶을 구성하는 요소들이 불균형적으로 결합하는 경우, 삶의 면면은 분열적인 모습을 보일 개연성이 높다. 따라서 균형 잡힌 삶을 위해서는 세 요소의 조화로운 발달을 위한 교육적 노력이 절실하다. 그중에서도 가장 중요한 것은 바로 가치관 교육이다. 가치는 다른 요소의 발달을 견인하는 중심요소가 되기 때문이다.

그런데 우리나라 성장세대들의 가치관을 보면, 돈을 으뜸으로 친다. 돈이 있으면 성공적인 삶으로 인식하는 것이다. 문제는, 대개의 청소년들이 이렇게 인식하는 조건이라면 대다수는 행복하기 어려울 것이라는 점이다. 돈은 한정재이기 때문이다.

> 내가 일하고 있는 대학의 경우, 신입생 때의 가치 조사에서 단연 목록 1위에 오르는 것은 '돈'이다. 돈에 1위를 내준 다음에는 행복, 성공, 가족, 사랑, 건강 같은 항목들이 조금씩의 순위 차이를 보이며 2위에서 6위까지를 차지하는 것이 대세다. 물론 예외가 없지 않다. '정의'를 올리는 학생도 있고 '눈물'을 주요 가치로 등록하는 사람도 있다. 그러나 이런 예외들은 예외라는 것이 그러하듯 그 수가 극히 드물고 대세에 영향을 줄 정도의 유의미한 '세'를 형성하지는 못한다.
>
> (중략)
>
> 돈 문제에 관한 한 학생들에게 가치 교육을 말할 방법의 절대적 궁핍, 이것이 내가 '교육의 부담'이라 말

한 것의 의미다. 말하자면 '백약이 무효'다. 석존의, 혹은 법정 스님의 고귀한 '무소유'론도 돈, 소유, 소비가 행복의 비결이라고 생각하는 다수 젊은이들에게는 먼 산 뜬구름 같은 이야기로 들린다. 토머스 모어가 16세기에 그려낸 '유토피아'는 사람들이 '황금을 절대적으로 무시'하면서 사는, 그래서 탐욕, 시기, 질투, 경쟁, 불의의 감염에서 벗어난 '이상향'인 나라다. 우리 학생들은 말할 것이다. "그게 무슨 유토피아입니까? 당신들이나 그런 데서 사십시오." 백약이 무효일 때 들이닥치는 것이 '절망'이다.

그런데 교육 담당자에게 절망은 독약과도 같다. 절망할 수 없고 절망해서는 안 되는 것이 교육이고 교육자다. 방법을 찾아야 한다. 돈에 관한 이야기를 '날씬하게' 처리할 방법은 없을까? 가치와 현실을 이어붙이고 학생들의 현실적 관심을 가치 교육의 조망 속으로 끌어들일 어떤 중재안 같은 것이 없을까?

도정일, '교수님, 저 돈벼락 맞아보고 싶어요', 〈한겨레신문〉, 2013.10.3.

바라건대, 부모의 입장에서 자녀들에게 올곧은 가치관을 자주 이야기할 필요가 있다. 가장 좋은 것은 부모가 삶으로 어떤 가치가 올바른 것인지를 보여주는 일이다. 또한 올바른 가치를 추구하는 사람들의 이야기를 들려주고, 서로 대화를 나누는 것도 필요하다. 우리 주변에 있는 보석 같은 존재들에 대해 이야기를 나눠보자. 예컨대 물질을 덜 가져도 정신적 풍요로움을 누리는 사람들, 타인을 위한 헌신으로 더 큰, 더 멋진 삶을 누리는 사람들, 절제와 겸손으로 자신의 품격을 지키는 사람들, 일상에서 이웃과 함께 선한 일을 지속적으로 실천하는 사람들, 자신의 능력을 주변에 유익하도록 사용하는 사람들, 삶의 관심이 자신에만 머물지 않고 이웃으로 향하는 사람들에 대한 이야기는 그 자체로도 훌륭한 가치교육 텍스트가 된다.

3
깊이 사유할 조건을 만들자

요즘 청소년들은 어떻게 성장하고, 어떤 삶을 살고 있을까? 조한혜정 교수의 진단은 퍽 인상적이면서도 깊은 교육적 고민을 제기한다.

조한혜정 교수는 대학생들을 보고, "부모의 귀여움이나 받으며 편하게 지낼 생각만 하는 '강아지'라거나 모든 것을 잔머리를 굴리면서 해결할 수 있다고 믿는 '초합리적 바보'라고 놀리곤 한다"[16]는 것이다. 이런 표현에서는 '주어진 학교공부에는 열심이고, 혼자만의 재밋거리에 몰두하고, 자기가 관심 갖는 일에만 집중하고, 같은 취향의 부류끼리만 모여 놀고, 공적인 일이나 공분에는 거리를 두고 사는 모습'이 중의적으로 읽힌다. 행간에서는 똑똑하지만 온순한 청소년의 모습도 엿보인다.

김은정 교수가 발표한 "한국 청소년들의 '학생으로서의 정체성' 수용 과정"이란 논문[17]을 보면, 한국 청소년들의 성장 경로가 좀 더 명확하게 읽힌다.

☐ **16.** 조한혜정, [특별기고] '2013년, 지속 가능성 혁명을 이야기하자', 〈경향신문〉, 2012.12.31.
☐ **17.** 김은정, "한국 청소년들의 '학생으로서의 정체성' 수용 과정", 『한국사회학 43(2)』, 한국사회학회, 2009, pp.85~129.

한국의 청소년들은 나이가 들어갈수록 그들의 삶에서 부모의 영향력이 커진다는 것이다_{이는 성장과정에서 친구나 또래의 영향력이 커지는 다른 나라들과는 비교가 되는 대목이다}. 이렇게 부모의 영향력이 커진다는 것은 바로 부모에 대한 의존성이 심화된다는 것을 의미한다. 부모에 대한 의존성 심화의 증거는 바로 가족의 한 구성원으로서 자녀가 감당해야 할 책임과 의무를 면제받는 것이다. 실제로 정도의 차이는 있겠지만, 자녀들은 자잘한 일상이나 장래와 관련된 중요한 의사결정에 이르기까지 부모가 대신하는 경우가 많다.

이렇게 부모에 대한 의존도가 심화됨에 따라 나타나는 경향이 있는데. 바로 부모들이 추구하던 경쟁주의와 학력주의를 자녀가 그대로 수용하게 된다는 것이다. 경쟁에서 이겨야 한다, 남부럽지 않은 학력_{학벌}을 갖추어야 한다는 신념에 따라 경쟁의식을 강화해 가게 된다. 이런 일련의 과정에서 자녀들은 온순한 학생으로 성장한다. 여기서 온순하다는 것은 '주류가치에 거부감이 전혀 없음'을 의미한다. 즉 세상에 대한 비판의식이나 기존 인식체계에 대한 의문을 던지기보다는 주어진 교과과정에 충실한, 혹은 기존 체제에 안주하는 학생, 주어진 학교 교과과정에만 충실한 학생으로 성장한다는 것이다.

특히 부모들은 자녀의 학습동기를 자극하기 위해 보상 전략을 구사한다. 예컨대, 부모는 자신이 원하는 성취 수준에 자녀가 도달하는 경우, 그들에게 물질적 보상_{평소에 가지고 싶어 하던 물건 사주기}을 해주거나 혹은 금전적 보상을 한다. 이런 부모-자녀간의 거리관계에서 자녀들은 급속하게 소비문화의 소비주체로 변모하게 된다. 자녀들은 공부의 반대급부로 받는 보상으로 자신이 원하는 것을 얻을 수 있기 때문이다. 공부가 소비욕망의 충족 수단이 되는 것이다. 이런 맥락에서 김은정 교수는, 한국의 청소년들은 청소년이 아니라 어른을 그대로 빼닮은 유사성인이 있을 뿐이라고 결론을 맺는다. 이를 재해석해 보면 풋풋하고, 도전하고, 새로운 시도를 즐기고, 기존 질서에 도전하는 실험적 청소년이 많기보다는 돈을 밝히는 애 어른이 더 많다는 이야기로도 볼 수 있을 것이다.[18]

이를 정리해 보면, 성장세대는 부모의 영향력 아래서 열심히 공부하는 모습을 표방하고, 역으로 부모는 이들의 공부를 지원하기 위해 온갖 책임과 의무를 면제해준다. 이에 더하여 공부 스트레스를 풀도록 문화 소비가 가능한 재원을 지원한다. 이런 조건에서 청소년시기에 있음직한 기존질서에 대한 저항이나 주류가치에 대한 도전은 기대하기가 어렵다. 결론적으

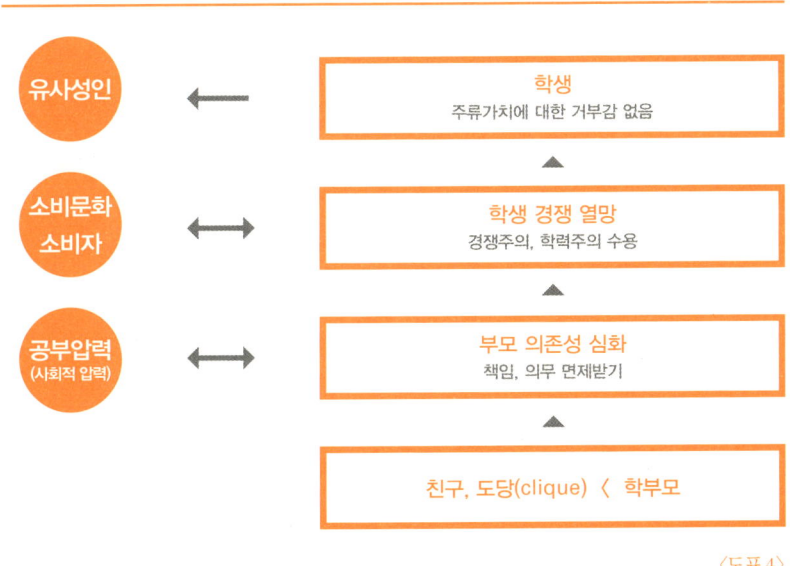

■ 한국 청소년 자아정체성 형성과정 ■

유사성인	←	학생 주류가치에 대한 거부감 없음
소비문화 소비자	↔	학생 경쟁 열망 경쟁주의, 학력주의 수용
공부압력 (사회적 압력)	↔	부모 의존성 심화 책임, 의무 면제받기
		친구, 도당(clique) 〈 학부모

〈도표 4〉

■ 18. 김은정, "한국 청소년들의 '학생으로서의 정체성' 수용 과정", 『한국사회학 43(2)』, 한국사회학회, 2009, pp.85~129.

로 한국 사회에 '청소년'은 없고, 열심히 입시중심 공부에 몰두하는 '학생' 혹은 기성세대의 가치를 좇는 '유사성인'이 있을 뿐이라는 것이 김정은 교수의 분석이다.

요즘 청소년들이, 아니 부모의 자녀들이 소비사회에서 당당하게 자존을 지키며 살기 위해서는 제대로 배우는 것이 매우 중요하다. 자고로 배움의 본질 중 하나는 따져 묻기이다. 즉 지적 권위에 도전하고, 그런 과정을 통해 자신의 인식지평을 넓혀가는 것이 바로 참된 배움에 이르는 길이라는 것이다. 이런 점에서 배움을 주로 해야 할 학생이 수용적 학습자로만 성장하는 것에 대해서는 경계해야 할 일이다.

부모의 입장에서는 자녀들이 성장할수록 따져 묻기 습관을 갖도록 이끌어 주는 것이 중요하다. 단위국가를 넘어 인류가 함께 고민해야 할 화두가 무엇인지, 우리가 살고 있는 당대의 가치질서에는 어떤 문제가 있는지, 우리들은 어떤 미래사회를 희망해야 하는지, 내가 추구하는 행복을 보장할 수 있는 사회구조적 조건은 무엇인지, 나의 희망과 꿈을 실현하기에 가장 이상적인 환경은 무엇인지, 나의 고유성과 독특성은 무엇이고 언제 발현되는지 등에 대해 따져 묻는 습관이 중요하다. 이런 따져 묻기를 통해 자신에 대한 이해는 물론, 자신이 발 디디고 있는 현실세계에 대한 분석 그리고 국가 차원을 넘어서는 문제들에 대한 지적실험도 가능해진다. 따져 묻기의 범주를 자신으로부터 사회, 국가 그리고 그 이상으로 확장하면서 질문의 연쇄를 만들어 갈 수 있는 것이다.

그런데 따져 묻기가 잘되려면 전제가 충족되어야 한다. 그것은 다름이 아니라 바로 사유할 수 있는 여유가 허용되어야 한다는 점이다. 그러자면 자녀들의 일상 구성을 좀 더 꼼꼼히 되짚어 볼 필요가 있다. 지식학습 위주의 프로그램으로 촘촘하게 구성된 일상 조건에서는 사유의 빈 공간을 확보하기란 그리 쉽지 않다. 세상의 잡다한 이야기들이 실려 있는 신문이나 잡지도 뒤적이고, 학교수업과 관련이 적은 책도 읽어 보고, 자신의 허황된 생각을 실험도 해 보고, 경우에 따라서는 친구들과 수다를 떨 수 있는, 좀 '빈둥거리는 시간'이 있어야 한다.[19] 빈둥거림은 그냥 무료하게 버려지는 것이 아니라 사유의 근육을 단단하게 만드는 소재가 된다. 역사에 기록된, 지적 대전환의 계기가 된 사건들은 대개 빈둥거림의 언저리에서 만들어졌다는 점을 상기할 필요가 있다.

이런 점에서 부모들은 사교육에 대한 집착을 떨쳐 낼 필요가 있다. 사교육에 집착하는 경우, 학습노동이 증가한다. 학습노동은 바로 형식화된 내용을 반복적으로 습득하는 것이다. 그렇다 보니 학생들의 문제의식이나 문제해결 방식이 대개는 비슷한 성향을 보이게 된다. 특히 이런 학습형식이 지속되는 경우엔 학생들의 지적 호기심이 반감된다는 치명적 한계도 있다.

또한 이와 별개로 여유시간이 절대적으로 부족하면 몸과 마음과 머리가 늘 활성화된 상태가 지속된다. 이런 조건에서 학습내용교과서을 넘어 사고하고, 자신의 생각을 실험할 수 있는 기회를 갖기란 너무 어렵다. 따라서 자신의 흥미와 창의적 아이디어를 가지고 자신의 독창성을 발현할 수 있는 존재열정적인 창조자 Passionate Creatives로 성장하는 것이 쉽지 않게 되는 것이다.

---

19. 2014년 10월 27일 서울광장에서는 '멍 때리기 대회'라는 이색 대회가 열렸다. 아무런 생각 없이 멍하니 있는 사람을 뽑는 대회인데, 여기서 아홉 살 김지명 양이 우승을 했다. 그런데 김지명 양의 멍한 표정은 과도한 학습 때문이었다는 것이다. 언론 보도에 따르면 김지명 양은 여러 군데 학원을 한꺼번에 다녀 과부하가 걸렸고, 그래서 평소에도 자연스럽게 멍한 표정을 짓게 되었다는 것이다. 김지명 양은 '멍'을 '아무런 생각을 하지 않고, 에너지를 사용하지 않고, 그냥 그대로 있으면 되는 것'으로 정의했단다. '나는 '멍 때린다' 그러므로 충만하다', 〈시사IN〉 제377호, 2014.12.6, p.62.

『열다섯 살 하영이의 스웨덴 학교 이야기』의 저자 이하영은 자신의 트위터@Cielle_Lee에 다음과 같은 글을 올렸다.

> 우리 학교엔 마르크스주의자도 있고 아나키스트도 있고 리버테리안도 있다. 자기 할 말 다 한다. 다른 학생들 – 중도 사회민주주의자들 – 에게 비웃음을 받을지언정 여러 스펙트럼의 담론이 가능하다. 이게 학교 밖에서는 누리기 힘든 행운이라는 게 불운이다.
>
> 트위터@Cielle_Lee

이 트위터를 보고 부러웠던 건 두 가지다. 하나는 학생들이 누리는 폭넓은 표현의 자유이고, 다른 하나는 교과서를 넘어서 자신의 관심사에 대해 깊이 사유하는 학습풍토이다. 이렇게 사유의 폭과 깊이가 넓고 심도가 있는 것은 바로 여유로움이 있기에 가능한 일이 아닐까 싶다. 이런 조건을 갖추자면 일상 속에 빈 둥지 같은 시간이 배치되어야 한다. 촘촘한 사교육 스케줄에 매인 학생들에게 사유의 조건을 확보해 주어야 한다. 그러자면 자녀들에게 빈둥거림의 시간을 확보해 줄 필요가 있다. 부모 역시 사유와 사색의 시간을 확보해야 함은 물론이다.

이와 관련하여 다음과 같은 공식은 많은 것을 시사한다.
지식의 생성력은 지식의 양×심도×지속성으로 표현된다. 그런데 재미있는 것은 지식의 양이 많은 경우에는 심도와 지속성이 깊지 않다는 것이다(예: 지식의 양이 200이고 심도 2, 지속성 2인 경우라면 $200 \times 2 \times 2 = 800$). 그러나 지식의 양을 줄이는 대신 심도가 깊으면 지속성도 길어지고, 지식의 생성력 자체가 커진다(예: 지식의 양은 50, 심도 5, 지속성 4인 경우라면 $50 \times 5 \times 4 = 1,000$). 지식의 양학습량을 늘리게 능사가 아니라 얼마나 깊이 있게 사유하는지가 관건인 셈이다. 이런 점을 보더라도 사유할 수 있는 여유 시간의 확보가 매우 중요함을 알 수 있다.

4
'너답게 하라'고 강조하자!

'엄친아', '엄친딸'이란 말이 있다. 엄친아는 '엄마 친구의 아들'로 주로 여러 가지 좋은 조건을 고루 갖추고 공부도 잘하는, 그야말로 완벽한 남자의 은유로 사용된다. 같은 용법의 여성형이 엄친딸이다. 이런 조합어는 어떤 배경에서 등장한 것일까? 아마도 남만큼 해야 한다는 비교심리나 타인의 눈치를 살피는 한국인의 특성이 반영된 결과가 아닐까 싶다. 따라서 엄친아에 비추어 내 자녀의 현재 위치를 파악하고, 그 간극을 통해 학습동기를 자극하고, 종국에 도달하길 기대하는 것이리라. 사실 엄친아나 엄친딸은 실체하는 대상이기보다는 가상의 인물에 가깝다. 학부모의 기대심리가 낳은 또 다른 '가상의 자식'이 바로 엄친아, 엄친딸인 셈이다.

　부모 입장에서는 자녀들에게 '남들처럼', '누구처럼'을 강조한다. 자녀 교육에 대한 지원을 기획할 때에도 철저하게 남들 하는 만큼을 지향한다. 부모가 이런 전략을 채택하는 데는 크게 두 가지 믿음에 근거한다. 하나는 남들처럼 해야 낙오 가능성이 없다고 믿는다. 다수의 남들이 하는 교육트렌드에 뒤처지는 경우, 회복이 불가능할 만큼 뒤처진다고 생각한다. 따라서 유아기부터 상급학교에 올라갈수록 그 시기의 흐름대로 따라가는 것이 상책이라고 여긴다. 다른 하나는 아무리 사회구조가 바뀌어도 명문대학을 나와야 행세한다는 믿음이다. '명문대 불패론'에 대한 믿음인 것이다. 그렇다보니 최소한 남들 하는 만큼은 해야 하고, 여력이 된다면 남들보다 하나 더 해야 하는 것이다. 부모들의 이런 믿음은 바로 사교육 경쟁이나 스펙specification 쌓기 경쟁으로 나타난다.

그런데 부모의 남들처럼 지원 전략은 실패 가능성이 더 높다는 점에 유의할 필요가 있다. 남들처럼 하다 보니, 그 실상은 제자리걸음과 같기 때문이다. 남들에 뒤처지지 않겠다고 열심히 뒷바라지를 했는데, 모두가 비슷한 수준이다 보니 전혀 차별화가 되지 않는다는 것이다. 시쳇말로 고만고만한 수준에 다름 아닌 것이다. 산업화 사회라면 몰라도 고도의 정보와 지식을 필요로 하는 지금 시점에서 별다른 특징 없는 밋밋한 사람을 선호하는 곳이 있겠는가?

어쩌면 부모 입장에서는 여전히 한국 사회를 '한 방 사회one-shot society'로 볼 가능성이 크다. 즉 단 한 번의 시험으로 인생이 판가름 나는 곳으로 인식할 수도 있다는 것이다. 그러나 요즘엔 이런 성격이 옅어졌지만 자녀들이 주된 역할을 하는 미래시점에서는 '한 방'으로 인생이 결정되는 것이 가능하지 않게 될 것이다. 미래는 그런 사회가 아니다. 자신만의 콘텐츠가 있느냐 없느냐가 중시되는 사회가 될 것이기 때문이다.

이제 학부모들은 자녀들에 대한 기대 전략을 바꿀 필요가 있다. "남들처럼 하라"고 하기보다는 "너답게 하라"를 강조하는 방향으로 전환해야 한다. 남을 흉내 내거나 남의 성공스토리 이어가기 식의 접근보다는 자신이 하고 싶은 것, 자신이 잘할 수 있는 것, 자신에게 어울리는 것, 자신의 신념에 맞는 것을 찾도록 반복적으로 자극하고 지지·격려할 필요가 있는 것이다. 이렇게 너답게 하라는 주문은 실제로 자신의 실존을 찾으라는 요청이기도 하다. 따라서 자녀 스스로가 자기다움을 찾게 된다면 그것은 그 어떤 학업적 성취보다 더욱 빛나는 성취임을 인정해 줄 필요가 있다.

오래전에 만났던 한 제자가 있다. 근 20여 년 전, 고등학생이었던 그의 모습은 평범하지 않았다. 공부를 그리 잘하는 학생 축에 들지는 못했지만, 그의 꿈은 다른 학생들과 사뭇 달랐다. 다른 학생들이 고위직이 되겠다거나 돈을 많이 벌어서 자선사업을 하겠다는 등의 꿈을 이야길 할 때, 그 제자는 한결같이 "노동일 하는 사람들 곁에서 그들을 돕고 싶다"고 했다. 왜 그런 꿈을 갖게 되었는가를 물었더니, "가난한 집에서 자라서 그들의 마음을 잘 안다. 그러니 내가 그들을 돕는다면 잘할 수 있을 것 같다"는 투의 답변이었다. 나중에 안 사실이지만 그 학생의 아버지는 자식들에게 어릴 적부터 "사람 구실하고 살아야 한다! 다른 사람에게 보탬이 되는 삶을 사는 것이 최고다"라는 이야기를 반복적으로 했다는 것이다. 그 학생은 이후 지방대학을 졸업하고 공인노무사가 되어 지금도 자신의 손길이 필요한 노동현장을 찾아다니고 있다. 마음에 큰 변화 없이 자신의 신념과 가치관을 삶의 장면에서 이어가고 있는 것이다. 이처럼 자신의 신념과 자신만의 방식대로 자기 삶을 개척할 수 있도록 조력하는 부모, 자녀가 생각하는 바의 가치를 지지하고 격려하는 부모가 필요하다.

시인 고은은 "트렌드를 증오한다"고 했다. 이는 바로 트렌드가 '나'의 온전한 대면을 방해하기 때문이 아니겠는가? 이제라도 부모가 먼저 트렌드를 멀리하고, 자녀에게도 자기를 살도록 요청해야 하지 않을까 싶다. 이렇게 해야 자녀가 온전히 주체성을 회복하고 자기 존엄성을 유지할 수 있는 길을 찾을 것이기 때문이다.

나는 트렌드를 증오한다. 쇄가 입는 옷을 내가 입어야 하나. 누가 마신다고 나도 그걸 마셔야 하나. 삶은 살아가는 동안 자기가 사는 것이다. 어떤 자에 의해, 그의 규범이나 교훈·진리에 의해 노예처럼 살아선 안 된다. 나는 내 아버지의 자식이 아니고 할머니의 손자가 아니다. 나는 나다. 고독한 우주에서 유일한 별빛이다. 나로서 살라. 내가 태초이자 시작이고 빅뱅이다. 내가 인생을 시작하고 살다가 패배하고 그렇게 사는 것이다. 누가 가르친 대로 살지 마라. 내 실존의 지대한 존엄성에 대해 이 세계의 어떤 먼지도 모독할 수 없다.

고은, '누가 가르친 대로 살지 마라, 트렌드가 아닌 나로서 살아라', 〈조선일보 위클리 비즈〉, 2014.9.20.

5
다르게 사는 삶이 있음을 알려주자

영산대학교 장은주 교수는 한국 교육의 지배적 패러다임을 '메리토크라시적 교육'으로 명명한다. 메리토크라시^{meritocracy}는 '부와 권력과 명예 등과 같은 사회적 재화를 혈통이나 신분, 계급 같은 것이 아니라 오로지 능력에 따라 사람들에게 할당하자는 이념'이다. 한국 사회에서 이 이념을 받아들이고 정착시키는데 결정적 역할을 한 것은 바로 학교교육이다. 누구나 공부를 잘하면 성공할 수 있다는 신화가 만들어 지면서, 누구나 학교교육에 올인 하는 상황이 전개된 것이다. "개천에서 용 난다"는 말은 이 이념을 잘 대변한다.

그런데 이 패러다임을 채택하는 교육체제 하에서 학생들의 삶은 왜곡될 수밖에 없다. 경쟁의 승자가 되기 위해서는 성적과 학력^{학벌}으로 능력의 증거를 보여 주어야 하기 때문이다. 경쟁은 치열해지고, 평가 대상은 명료하게 언어화될 수 있는 지식으로만 한정된다. 그렇다 보니 학생들은 자기도 모르는 사이에 책상머리만 맴돌게 되고, 주변 친구를 경쟁자로 인식하면서 곁눈질 하며 살게 된다. 좀 극단적이긴 하지만, 다음 사례는 이 체제가 갖는 한계를 잘 보여준다.

그날도 평소처럼 출석을 불렀다. 한 학생의 대답이 없었다. 교실을 둘러봤다. 이름의 주인이 보이지 않았다. "얘가 웬일로 늦지?" 여자 아이가 울음을 터뜨렸다. 그 애가 죽었다고 했다. 교실이 술렁였다. 자살이었다. …… 복도는 아이들로 뒤엉켜 있었다. 소식을 전해 들은 아이들은 크고 작은 목소리로 소문을 확산시켰다. 나와 눈이 마주친 몇몇은 "쌤, 걔 공부 잘해요?"라며 질문을 던졌다. 왜 그게 궁금하냐고 물었다. 그냥 궁금하다고 했다. 나는 그것을 호기심에서 마땅히 할 수 있는 질문으로 여겨야 할지, 아니면 또래의 죽음 앞에서도 본인 궁금한 것만 묻는 모습을 혼내야 할지 알 수 없었다. 하지만 만약 내가 죽었는데 내 직장 동료가 나의 사인보다 유능함에 대해 먼저 궁금해 한다면, 배신감이 들 것 같았다.

…… 몇몇 아이는 학원 수업을 빠지고 엄마 몰래 장례식장에 가겠다고 했다. 부모님 허락을 받아야 한다는 내 말에 아이들은 "엄마가 공부 못하는 애라고 친하게 지내는 걸 좋아하지 않으셨어요. 그런 애의 장례식까지 가는 걸 알면 허락 안 하실 것 같은데, 선생님께서 한 번만 모른 척해주시면 안 돼요?"라고 애원했다. 부모님이 허락하지 않더라도 그런 이유는 아닐 것임을 설득해야 했다. "선생님이 모르셔서 그래요. 우리 엄마는 그런 사람이에요." 완강히 우기는 아이들 손에 억지로 전화기를 쥐여 주었다. 통화를 마친 아이들은 모두

각자의 사정으로 장례식에 가지 않았다. 하지만 부모
들이 열거한 이유 중 본인들이 걱정했던 '공부 못하는
친구'라는 항목은 없었다. 당연한 결과였지만 아이들
이 그것을 몰랐다는 것은 불행이었다.

해달, '비슷한 고민을 하고 있다면, 꼭 좀 믿어줄래?', 〈시사IN〉
제372호, 2014.11.1, p.43.

'성적'이라는 단일 준거로 한 사람의 존재자체가 판단되는 현실이다.
그렇다 보니 존재증명을 위해서는 공부를 잘해야 하는데, 이는 바로 타인
과의 비교에서 앞자리에 놓여야 함을 의미한다. 깊은 공부를 통해 배움이
넓어 졌다 해도 성적이 신통치 않은 경우는 인정되지 않는다. 공부의 형식
이나 깊이보다는 다른 사람과의 상대적 위치가 우선시 되기 때문이다.

이렇듯 늘 다른 사람의 성적과 공부수준을 곁눈질해야 하는 조건에서
는 비교성향relative concern이 강해진다. 그리고 타인과의 비교는 단지 성적에
만 그치는 것이 아니라 소득수준, 외모, 소비 등 상대적 지위를 매길 수 있
는 다양한 차원으로 확장된다. 김희삼에 따르면, 비교성향이 강할수록 남
들이 우러러볼 성공은 중시하지만 현재를 만끽하는 것이나 주변사람들을
돕는 것은 중요하게 생각하지 않는다고 한다. 또한 비교성향이 강한 사람
은 타인에 대한 나눔에 소극적이며, 가족 구성원에 대해 이타성이 발휘되
는 범위도 학부모가 아닌 자녀와 배우자에게 국한됐다. 뿐만 아니라 비교
성향이 강할수록 삶의 만족도를 구성하는 요소들여가, 가족관계, 친구관계, 거주 지
역, 직업, 경제 상태 등에 대한 만족도가 모두 낮게 나타났다.[20] 결국 청소년 시

기의 치열한 성석경쟁은 비교성향을 습성화하고, 이 성향으로 인해 어른이 되어서도 균형 잡힌 삶과는 거리가 있는 삶을 살게 되는 것이다. 사람들이 의심하지 않았던 명제, 즉 "공부의 경쟁에서 승리하면 행복한 삶을 살 수 있다"는 말이 성립되기 쉽지 않다는 것을 알 수 있다. 자승자박이나 다름없다.

부모들은 이러한 체제적 모순에 직면해 산다. 삶의 장면마다 체험적으로 실감하게 된다. 그렇다면 자녀들에게는 어떻게 말해야 할까? 공부를 해 봐야 쓸데없으니 하지 말라고 해야 할까? 아니면 그럼에도 불구하고 경쟁에서 이겨야 한다고 해야 할까? 양자 선택의 문제는 아니지만, 부모들은 이 문제에 대해 진지한 고민을 해 봐야 한다.

우선 자녀들에게 고민의 방향을 달리 하게 하는 것이 필요하다. 즉 "개천에서 용 난다"는 신화를 따르도록 요구하기에 앞서 우리가 상정하는 '용'이 어떤 상태를 이르는 것인지를 진지하게 따져 보도록 문제제기 하는 것이다. 사회 일반에서 선호하는 '용'이란 주류의 성공법칙에 충실한 결과 얻게 되는, 소위 많이 벌고 많이 소비하는, 즐거움을 누릴 수 있는 자리정도일 것이다. 문제는 모든 성장세대들을 이런 부류가 되도록 몰아가는 사회적 압력이 적정한 수준인가를 따져보도록 질문해야 한다. 그리고 이런 '용'들보다 훨씬 더 값진 삶의 형식이 있음도 알게 하고, 그런 삶의 실천 가능성을 실감시키는 것도 필요하다.

기존의 제도교육 내에서는 새로운 삶의 형식에 대해 말하지는 않지만, 그렇다고 그런 삶이 없는 것은 아니다. 요즘 많은 사람들이 다양한 형태의

■ **20.** 김희삼, '비교성향의 명암과 시사점', 『KDI FOCUS』 통권 44호, 2014.8.12.

대안적 삶을 살고 있고, 실험적인 삶의 형식도 확장되고 있다. 기존의 틀 내에서도 색다른 접근법으로 직업을 만들어 내는 사람들도 있다. 이런 새로운 가능성의 세계를 접할 수 있도록 자극하고 안내해 줄 필요가 있다는 것이다. 그 과정에서 삶에 대한 정형화된 프레임을 넘어서는 상상이 발동될 수 있기 때문이다.

'다르게 사는 삶'이 특별한 삶은 아니다. 물욕에 집착하는 삶, 각자도생 各自圖生하는 삶, 관계 단절의 삶에 변화를 주자는 것이다. 자족의 삶, 협력하는 삶, 나누는 삶을 자기 자리에서 조금씩이라도 실현하자는 것이다. 이런 삶을 살기 위해서는 성장과정에서의 경험이 무엇보다도 중요하다. 다르게 살기에 적합한 마음과 삶의 기술을 익힐 수 있는 조건에서 성장하는 경우, 자녀들의 삶이 더 풍요로워짐은 물론이다. 성미산학교 박복선 교장의 이야기를 들어보자. 그의 다음 주장은 단순하지만 가장 적확한 분석이다.

나는 사람이 사는 데 필요한 '삶의 기술' 대부분은 생활 공동체를 만드는 과정에서 다 배운다고 생각한다. 학교든 마을이든 아이들은 직접 공동체를 만드는 주체가 되어야 한다. 자기들에게 필요한 것들을 직접 만들어 보고, 혼자 만들기 어려운 것은 함께 만들어 보고, 어려운 문제가 생기면 함께 의논해서 풀고, 지켜야 할 약속은 함께 정하면 된다. 이 과정에서 관계 맺기, 소통, 책임감, 공감, 몸과 마음의 유연함 등을 배울 것이다. 이렇게 하기가 그렇게 어려운가? 교과를 가르치는 데 쓰는 돈, 인력, 시간의 반만 써도 놀라운 변화가 일어날 것이라고 확신한다.

박복선, '교육의 근본적 전환을 고민하다 – 세월호 참사의 교육적
질문들', 경기도교육청 포럼자료, 2014.11.29.

인간은 의미를 추구하는 존재다. 가치를 추구하는 존재이기도 하며,
목적을 추구하는 존재이기도 하다. 의미와 가치, 목적은 사람마다 같지 않
다. 그렇기 때문에 특정가치나 의미를 강제하는 양육방식이나 교육의 관
점은 경계해야 한다. 부모부터 자신의 자녀가 어떤 삶의 목적을 가지고 살
았으면 좋을지를 되짚어 봐야 한다. 김선우 시인이 들려주는 이야기를 부
모와 자녀가 함께 곱씹어 보자.

조금 벌고 적게 쓰고 많이 존재하는 삶! 자유로운 삶에
대한 대가가 가난이라 해도 자유를 먼저 선택하는 사
람들이 있다. 스스로 선택한 삶에 만족한다면 그것으
로 오케이. 어떤 삶을 선택하는가는 개인의 몫이고 모
두가 예술가로 살 필요는 없으니, 너는 네가 원하는 대
로 살면 된단다.

김선우, [김선우의 빨강] '월급 없음', 〈한겨레신문〉, 2014.8.13.

6
성장 동기를 자극하자

나는 요즘 학생들을 네 가지 유형으로 분류한다. 어떤 과학적 분석이라기
보다는 민속적 분류다. 지적 호기심을 x축, 제도적 학습능력^{시험능력}을 y축
으로 놓고 분류해본 건데 첫 번째가 엄친아 혹은 엄친딸 유형이다. 지적 호
기심도 많고 시험문제도 잘 풀고, 인간성도 좋아 모두가 부러워하는 학생
들이다. 두 번째는 똑똑이 유형이다. 지적 호기심은 그다지 높지 않지만 문
제 풀이에 능해 시험점수를 잘 받는 부류다. 많은 학생이 이 영역으로 가기
를 희망한다. 현실적으로 공부를 잘하는 학생이 존재감을 갖기 때문이다.
제일 안 된 것이 세 번째 잠돌이 유형이다. 지적 호기심도 낮고 문제풀이
능력도 없고, 학습의욕도 낮아 대개의 시간을 엎드려 자는 부류다. 이들에
게 학교는 지루하고 따분할 수밖에 없다. 이들 세 가지 유형은 현 교육체제
에 대해 별다른 문제의식이나 저항감이 없다. 똑똑이는 순응하고 잠돌이
는 사회가 어떻게 굴러가는지 아예 관심이 없다. 그리고 엄친아는 그 스스
로가 승자인 만큼 현 체제에 불만을 가질 이유가 없다. 이들은 자신을 인정
해주는 현 체제를 옹호할 가능성이 크다.

반면 네 번째 유형인 탈선아는 시험에 대한 관심은 낮지만 지적 호기심이 높은 학생이다. 세상에 대해 관심을 가지고 사회구조적 문제에 대한 고민도 깊다. 그런 사유과정을 통해 현 체제의 내적 모순을 간파하고 대안을 고민한다. 나는 이런 부류의 학생들이 우리 사회의 기둥이 돼야 그나마 희망이 있지 않을까 생각한다. 영화 〈죽은 시인의 사회〉를 보면 키팅 선생이 "시는 마음으로 읽는 거야. 책을 찢어버려."라고 말하는 장면이 나온다. 키팅 선생의 이 말을 듣고 어떤 학생은 자를 대고 반듯하게 책을 찢는다. 아마도 나의 분류법으로 보자면 이런 학생들이 똑똑이다. 규범적이고 사고가 정형화된 학생부류인 것이다. 아마도 엄친아는 이 장면에서 책 내용을 다 살펴보고는 책을 찢을 것이고, 잠돌이는 책이 아예 없거나 혹은 이를 베개 삼아 자고 있을 수도 있다. 이에 비해 탈선아는 책을 통째로 버릴 지도 모를 부류다. 아마도 새로운 대안적 질서를 고민하는 차원에서 현 체제에 대한 근원적인 질문을 할 것이기 때문이다.

■ 우리 아이는 어떤 유형일까? ■

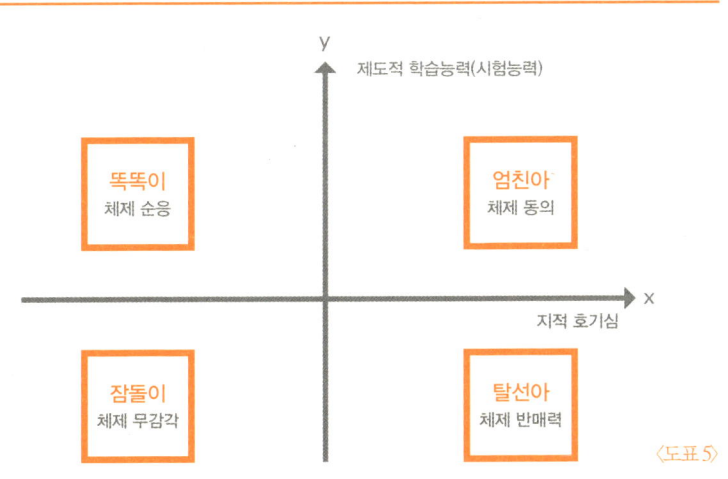

그렇다면 우리의 교육현실은 어떤가? 자 대고 책을 찢는 학생들이 많은가? 아니면 책을 던져버리는 학생들이 더 많은가? 기존의 틀을 벗어나 다른 차원의 사유를 즐길 줄 아는 학생은 분명 새로운 길을 개척할 수 있는 사람이다. 이런 역량의 소유자야말로 미래사회에서 자기 삶을 성공적으로 만들 수 있는 부류다. 부모 입장에서 자기 자녀를 미래형 아이로 키우고 싶다면 우선적으로 고민할 것이 바로 '성장 동기'다. 성장 동기란 자기 삶에 대한 호기심과 기존 질서에 대한 문제의식을 기본으로 한다. 누구로부터 도망갈 수는 있겠지만 정작 나의 실존으로부터는 도망칠 수 없고, 따라서 내가 책임져야 할 게 많다는 사실을 깨닫는 것, 이것이 성장이다. 세상에 맞서 이런 성장 동기를 배워갈 의지와 지적 호기심이 있는 자녀들은 어디를 가도 잘 살아갈 수 있을 것이다.

성장 동기를 구성하는 하위 핵심능력은 크게 네 가지로 설명할 수 있는데, 그중 첫 번째는 질문 능력이다. 질문 능력이 있는 학생들은 하나를 알게 되면 차원을 뛰어넘어 사고하는 것이 가능해진다. 물리에서 배운 내용을 가지고 철학수업에서 질문하는 것이 가능한 것이다.

두 번째는 관계 능력이다. 내가 어떻게 존재하고, 일상의 대상들과 어떤 관계를 맺고 있는지 파악하는 능력이다. 질문 능력과 관계 능력은 밀접하게 맞물려 있다. 질문 능력이 출중하면 관계 능력이 뛰어나고, 관계 능력이 있으면 질문이 솟아난다. 최초의 우주인을 선발할 때 후보였던 유리 가가린은 우주선에 오르면서 신발을 벗고 맨발로 탑승했다고 한다. "우주인이 되려는 사람으로서 이걸 만든 사람에게 경의를 표하는 건 매우 당연하다"면서. 이런 관계 능력이 있었기에 가가린이 최초의 우주인이 될 수 있었다고 생각한다.

세 번째는 기획 능력이다. 뭔가를 기획하고 실행한 경험이 많은 아이일

수록 실패 경험도 많다. IBM은 사원을 뽑을 때 실패 경험이 많은 사람을 찾는다고 한다. 실패가 자산임을 아는 것이다.

네 번째는 공공公共하는 능력, 다시 말해서 공동이익을 도모하는 능력이다. 교육의 공공성에 대해 얘기를 많이 하는데, 함께하는 과정 없이는 공공성이 담보되지 않는다. 곧 타인의 고통을 외면하지 않고 공동체의 아픔을 함께 나누려고 노력해야만 교육의 공공성이 살아날 수 있다.

부모가 자녀를 성장 동기가 충만한 아이로 키우고 싶다면 가장 먼저 자녀를 만나는 방식부터 바꿀 필요가 있다.

부모가 지닌 자본은 세 가지라고 한다. 먼저 '경제적 자본'. 이것만으로는 공부를 잘 시킬 수 없다. 두 번째가 '인간 자본'이다. 부모가 평소 사물에 대해 어떻게 생각하고, 신문을 읽고 무슨 말을 하고, 어떤 책을 읽는가와 관련된 부모의 인지 형식이나 인지 환경을 인간 자본이라 한다. 이 인간 자본은 부모의 경제력보다 아이에게 훨씬 큰 영향을 미친다. 세 번째가 '사회적 자본'이다. 부모의 가치관, 아이와의 친밀도 등이 아이에게 영향을 미치는 것이다. 이것은 다른 두 자본보다도 중요하다. 부모가 무조건 자녀의 곁에 붙어 있다고 친밀한 게 아니다. 내가 너를 믿고 지지한다는 분위기를 느끼게 해주는 게 무엇보다 중요하다. 부모의 지지·격려·지원·심정적 동조·실패에 대한 묵인 등이 바로 성장 동기의 원천이다. 이런 원천을 풍부하게 갖춘 부모 아래서는 자녀들이 결코 나약한 존재나 무기력한 존재로 왜소해지지는 않을 것이다.

7

조금 달라도 괜찮다!

부모들이 범하는 자녀교육 함정 중 하나는 '경로의존'을 강화한다는 점이다. 부모의 입장에서는 지속적으로 차별화된 경쟁력을 갖추도록 지원하지만 보통은 다른 집 아이들을 따라 하게 되거나 남들이 갖춘 스펙을 쌓게 되는 경우가 많다. 왜 그럴까?

부모가 자녀들에게 기대하는 것은 내용적으로 동질적이고 특정 가치에는 가중치를 높게 둔다. 특정 대학, 특정 직업, 특정 기업에 대한 일방적이고 맹목적 선호가 나타나는 이유다. 그런데 한 가지 짚어볼 것은, 이런 경로의존 경향이 강하게 나타나는 조건에서는 그 경로에 편입하지 못하고 좌절하는 경우가 생각보다 훨씬 많다는 점이다. 실제로 한 조사 보고에 따르면, 우리나라 대학생들의 약 70% 이상은 대기업을 선호하지만 실제 노동시장에서 대기업 일자리는 약 10%가 넘는 수준인데 비해 중소기업 비중은 75% 이상인 것으로 나타났다.

부모의 입장에서 자녀들에게 좀 더 통 큰 메시지를 전할 필요가 있다. 다양한 상상력과 사고실험을 즐길 수 있도록 유연한 신호를 받은 자녀들이 세상을 다양한 차원에서 해석하고, 자기가 잘 할 수 있는 것과 좋아하는 것을 발견할 수 있기 때문이다.

발명가 찰스 케터링Charles Franklin Kettering이 전하는 말을 주의 깊게 들어 보자. "모든 인간이 발전하려면 그것이 어떤 형식이든 규칙에서 벗어나야 한다. 그렇지 않으면 우리는 새로운, 어떤 것도 가질 수가 없다."면서 경로 로부터 벗어날 때 새로움이 가능해진다는 점을 강조한다. 실제로 우리가 알고 있는 유명한 사람들의 상당수는 기존의 규칙을 벗어난 사람일 가능 성이 높다. 그 중 한 사람이 탐스슈즈Toms Shoes의 CEO인 블레이크 마이코 스키Blake Mycoskie다.

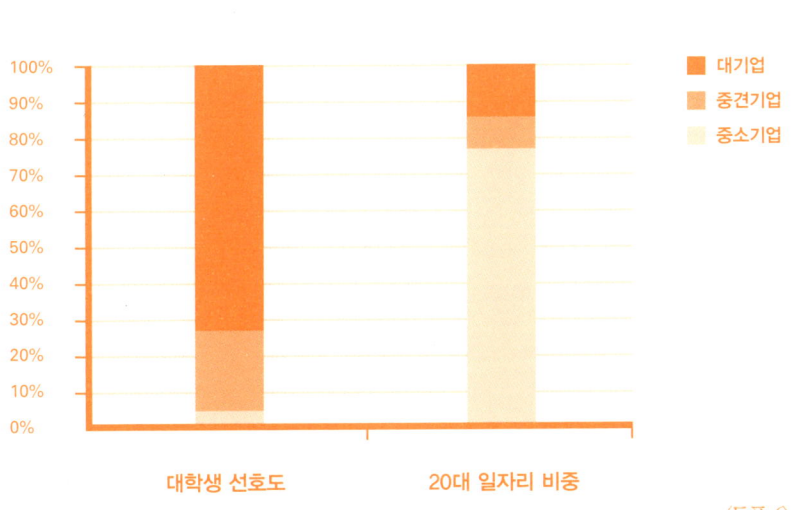

■ 기업 선호도 ■

■ 대기업
■ 중견기업
■ 중소기업

대학생 선호도   20대 일자리 비중

〈도표 6〉

한때 테니스 스타를 꿈꾸던 대학생이 있었다. 하지만 예상치 못한 부상으로 꿈을 접게 된다. 그는 창업으로 눈을 돌렸다. 세탁소, 케이블 방송, 자동차 운전 학원, 실외 광고 업체……. 그는 네 차례 창업했지만 번번이 실패했다. 그런데 낙담해서 머리를 식힐 겸 떠난 아르헨티나 여행에서 그의 인생이 바뀐다. 그의 눈에 들어온 것은, 아르헨티나 사람들이 즐겨 신는 '알파르가타'라는 신발이었다. 부드러운 캔버스 천으로 된 이 신발의 품질을 개선해 외국에 팔면 인기를 끌 것 같았다. 또 하나 목격한 것은 아르헨티나의 가난한 아이들이 신발 살 돈이 없어 맨발로 돌아다니는 모습이었다. 아르헨티나에서 신발 기부 활동을 벌이는 미국인 여성을 우연히 만났는데, 그녀는 이렇게 말했다. "맨발로 다니는 아이들은 발에 상처가 나고 파상풍 같은 각종 질병에 걸려요. 또 전적으로 기부에만 의존하다 보니 신발 기부량이 일정하지 않아요." 그때 그의 머릿속에 '신발 기부를 사업과 연결하면 어떨까?'하는 생각이 떠올랐다. 소비자에게 신발 한 켤레를 팔 때마다 다른 신발 한 켤레를 가난한 아이에게 기부하는 것이 그것이다. 이른바 '일대일(one for one)' 기부 원칙이다. 그는 회사 이름을 탐스슈즈(Toms Shoes)로 정하고 사업을 시작했다. 그리고 창업 첫해 1만 켤레, 지난 7년간 1,000만 켤레를 팔았다. 신발 디자인이 단순하면서도 편리하기 때문이기도 했지만, 탐스의 독특한 기부 방식에 공감한 소비자들이 기왕이면 이 회사 신발을 사줬기 때문이다. 물론 일대일 기부 원칙을 지켜 1,000만 켤레가 넘는 신발을 에티오피아 등 개발도상국 60개국 어린이들에게 기부했다.

'우리의 1순위는 돈이 아닙니다', 〈조선일보 위클리 비즈〉, 2013.11.16.

회사 경영에 대해서만 이야기 한다면 탐스슈즈는 기본의 틀을 한참 벗어난 회사다. 돈을 벌려고 기업을 하는 것이 아니라 누군가를 돕기 위한 회사이기 때문이다. 남들이 생각하는 기업과 경영에 대한 일반적인 법칙과는 매우 다른 길이다. 마이코스키가 젊은 세대에게 전하는 메시지는 매우 인상적이다. 그는 "주변의 모든 사람이 반대하는 아이디어가 가장 훌륭한 것이다."라고 한다. 남들 시선에 훌륭한 것보다는 반대로 남의 눈에 엉뚱한 것으로 비쳐지는 것이 더 가치 있을 수 있음을 강조하는 것이다. 조금 다른 길로 가는 것에 더 큰 성취가 있다는 교육적 믿음을 전제한 것이다.

2014년, 노벨 물리학상을 받은 일본의 나카무라 슈지Nakamura Shuuji가 수상 직후 일본사회에 던진 메시지는 "남들과 다른 것을 하라"는 것이었다. 남들과 다른 것이란 자신의 영역에서 다르게 생각하고 자기방식의 삶을 만들어 가는 것을 의미한다. 부모의 입장에서 자녀에게 이렇게 말하는 것이 불안할 수도 있을 것이다. 그러나 자녀들의 삶을 부모가 대신 살아 줄 수 없다는 사실은 이미 강조한 내용이다. 그런 점에서 조금 달라도 크게 위험하지 않다는 생각을 할 필요가 있다. 조향미 시인의 〈탈선脫線〉이란 시는 위로가 되고 한편으로는 용기를 준다. 줄을 벗어나도 광막한 공간이 나를 품어 주니 크게 위험하지 않다는 메시지! 삶의 여정에서 터득한 이치를 노래하는 것이 아니겠는가?

탈선

내 몸에 줄줄이 달린 선을 뽑는다
뭣보다 먼저 핸드폰을 던져두고
시계도 풀어놓고
승용차 따윈 물론 세워둔다
태양에 꽂은 전선만 남겨두고
배낭 하나로 집을 나선다
훌훌 씨방 떠난 풀씨처럼
이제 어디에 닿을지 모른다
줄을 벗어 났으니
광막한 공간이 나를 품어 줄 것이다

조향미

8

삶의 본질에 대한 사유를 자극하자

요즘 사람들에게 '세월호 참사'는 삶의 변곡점이 되어야 마땅하다. 세월호 참사의 비극성은 일회적인 것이 아니다. '있을 수 있는' 우연한 사건이 결코 아니다. 생명과 사람보다는 돈과 효율을 더 중시하는 가치관과 이를 광범위하게 유포시킨 사회제도, 그리고 그 체계의 실패가 낳은 비극이다. 이미 오래전부터 우리 안에서 키워지고 숙성된 사회적 재난이다. 연세대학교 박명림 교수는 세월호 희생자들의 죽음을 '시대적·체제적 죽음'이라 규정했는데 타당한 지적이다.[21] 이 시대와 체제의 악행의 결과로 그들이 희생된 것임을 부인하기 어렵다.

　세월호 참사 이후 많은 사람들이 "잊지 않겠다."고 했고 또 "달라져야 한다."고 했다. 무능한 국가에 대한 분노를 넘어 새로운 질서를 만들겠다는 건설 의지를 표출한 것이다. 이런 다짐과 새 질서에 대한 의지를 구체화하기 위해서는 다양한 차원의 실천노력이 필요하다. 공적인 교육영역은 물론이거니와 사적 영역에서의 실천 고민이 중요하다.

■ 21. 인디고 서원, 『새로운 세대의 탄생』, 궁리, 2014. p.127.

그렇다면, 부모들은 세월호 참사와 관련하여 자녀들에게 어떤 문제의식을 공유할 수 있을까? 부모들은 세월호 참사와 관련하여 자기 자신에게 혹은 자녀들에게 어떤 교육적 질문을 할 수 있을까?

우리 스스로가 던질 수 있는 가장 중요한 질문 중 하나는 바로 '삶의 과정에서 우리가 추구하는 것은 무엇인가?', '내 삶이 궁극적으로 목적하는 바는 무엇인가'를 묻는 것이다. 인간 존재와 삶의 형태에 대한 깊은 사유와 근본적 반성이 필요하다. 특히 부모들 입장에서, 자녀들에게 기성세대들과 다른 삶을 원한다면 더욱더 근원적인 주제들에 대해 고민할 수 있도록 자극하는 것이 필요하다.

누구든지 인간 존재는 유일하다. 그 누구라도, 그 어떤 것이라도 '나'를 대체하기란 불가능하다. 나의 고유함에서 내가 빛나는 것이라면 다른 한편에서는 나의 결핍과 미완이 나의 한계를 규정하기도 한다. 이런 점에서 나의 빛나는 고유함을 잘 가다듬고 나의 결핍과 미완의 영역을 채우려는 노력이 필요하다. 문제는 나의 결핍과 미완의 영역이 내 스스로의 노력만으로 완성되기 어렵다는 점이다. 따라서 누군가의 조력이 필요하고, 또 누군가의 격려가 필요한 일이다. 이렇듯 인간존재가 자기 유일성을 찾아가기 위해서는 타인의 존재가 절대적인 것이다. 이를 박명림 교수는 다음과 같이 강조한다.

삶은 본질적으로 단독성과 유일성에서 출발합니다. 나와 똑같은 사람은 세상에 나 혼자밖에는 존재하지 않습니다. 과거에도 나는 전혀 없었고, 미래에도 나는 전혀 없을 것입니다. 그만큼 소중하고 가치 있지만, 또한 그만큼 외롭고 고독합니다. 그리고 자기 삶은 자기의 주체적 결단의 산물입니다. 그러나 그런 나와 똑같이 소중하고 고독한 단독자들이 세상에는 수없이 많습니다. 즉 삶의 복수성(複數性)입니다. 수많은 단독자들이 복수로 함께 사는 것이 삶이고 세계입니다. 그렇다면 단독자들끼리 만나지 않고는 삶은 존재할 수 없습니다. 제가 움직이고 행동하는 한 저는 한순간도 혼자가 아니었습니다. 제가 움직이는 한 언제 어디서나 도움받고, 위로받고, 격려받고, 연대할 수 있는 사람들이 있었고, 바로 그 사실 자체로부터 더욱 위로받고 더욱 힘을 얻었습니다.

인디고 서원, 『새로운 세대의 탄생』, 궁리, 2014. pp.157~158.

본래 인간에게는 크게 두 가지의 욕구가 존재한다. 하나는 '존재의 욕구'이고, 다른 하나는 '소유의 욕구'이다. 전자가 사람들과의 관계를 통해 자신을 완성해 가고자 하는 욕구라면 후자는 재화와 물질의 충족을 통해 자기 존재감을 확인하려는 욕구인 셈이다. 존재의 욕구가 우선하는 경우 자연스럽게 소유의 욕구는 낮아진다. 그러나 소유의 욕구가 커지면 역으로 존재의 욕구는 부차화되기 십상이다. 이럴 경우, 고액연봉을 받기 위한 노력은 이웃 사람들과 삶을 나누는 일에 비해 절대적 가치를 갖게 된다. 물론 일상적으로 물질적 부에 대한 관심이 존재론적 관심에 비해 높은 가중치를 갖게 될 것이다. 이런 조건에서의 삶의 모습이 어떨지는 어렵지 않게 상상이 가능하다. 아마도 돈만 밝히고 축적된 물질을 소비하면서 기쁨을 누리는 삶일 것이다.

인간은 물질적 존재 이전에 정신적 존재이자 의미를 중심으로 삶을 구성하는 존재이다. 따라서 물질적 결핍이 있더라도 의미를 찾게 되면 그 일에 가치를 부여한다. 그리고 자신의 삶을 존중하는 입장에서 그 일에 있는 힘을 다한다. 하기 싫은 일도 의미가 있는 일이면, 그 일을 스스로 열심히 하기도 한다. 인간은 본질적으로 의미를 찾고, 내적인 이유를 갖추면 스스로 하는 정신적인 존재이기 때문이다. 특히 자기 일에 대한 '직업적 존엄'을 지키기 위해서는 손해를 감수하는 경우도 많다. 돈벌이가 신통치 않지만 자신이 해야 할 일이라고 여기기에 자기 자리를 지키는 장인들도 있다. 어디 그뿐인가? 스스로 낮은 곳을 찾아가는 개척자들도 많다.

그런데 최근에는 사정이 많이 다른 듯하다. 직업선택의 결정적 기준이 의미나 직업적 존엄보다 경제적 가치가 우선하는 경향이다. 비단 직업선택의 기준만이 그렇지는 않을 것이다. 삶의 구성기준 자체가 물질적 차원으로 대체된 느낌이다. 뿐만 아니라 자신의 물질적 관심을 충족시키자니 타인에 대한 배려가 제한적일 수밖에 없고, 자신의 삶터 역시 함께 가꾸어 갈 공동세계란 인식이 미흡하다.

기성세대들 중 일부는 걸인의 철학에 근거해서 살아왔다. 여러 상황적 여건이 그런 철학을 정당화한 측면이 있다. 그러나 그런 철학에 기반을 두고 삶을 살아온 사람들의 인생이 미학적이라고 평가하기는 어렵다. 풍족한 삶, 누리는 삶이 다른 사람에게 보기 좋은 삶일지는 몰라도 존재의 풍요로움까지를 동반하는 삶이라고 하기는 어렵다는 것이다. 이런 삶의 형식이 일반화되는 과정에서 내적 모순의 조합이 바로 세월호 참사를 불러 온 것일 수도 있다. 이런 점에서 성장세대들에게 삶에 대한 새로운 차원의 이야기가 필요하다.

요즘, 서울에 사는 10대들의 꿈은 참 소박하다고 한다. 다음의 네 가지만 충족되면 된단다. 적당한 수입, 부끄럽지 않은 직장, 교통 편리한 곳에 아담한 집, 편안하고 안전한 차. 그런데, '적당한', '부끄럽지 않은', '아담한', '편안하고 안전한'의 기준은 사실 꽤나 수준 있는 경제적 조건을 갖추어야 도달할 수 있는 것들이다. 이런 기준으로 자신의 삶을 구성하자면, 성장세대들의 생활철학도 기성세대들의 그것을 닮아가게 될 가능성이 있다. 따라서 부모의 입장에서 자녀들에게 자신들이 겪은 생활철학의 덧없음을 고백해야 한다. 물질을 누리고 사는 안락하고 풍족한 삶도 좋지만 다른 차원의 삶도 있음을 깨우쳐 줄 필요가 있다. 즉 자율적이고 자립적인 삶, 우애와 사랑을 나누고 이웃과 연대하는 삶, 생태적 한계를 인정하는 겸손한 삶과 절제의 미덕을 실천하는 삶의 가치와 의미를 되짚어 주는 노력 등이 필요하다는 것이다.

이반 일리치Ivan Llich는 "누군가에게 선물이 되는 삶이 인간이 성취할 수 있는 가장 성공적인 삶이다"라고 했다. 부모들은 내 자녀에게 어떤 삶이 가장 성공적인 삶이라고 말하고 싶은가? 이에 대해 진지한 고민과 성찰이 필요한 때다.

9
삶을 살게 하자

늦더위가 용을 쓰던 지난 토요일, 수도권 새 도시 중 서울 강남 못잖게 교육열이 높다는 지역의 이른바 '명문' 중학교에서 최악의 경험, 아니 최고의 가르침을 얻었다.

(중략)

(교사와 학생) 모두가 서로를 귀찮아하고 있었다. 이 괴상한 무기력과 무례가 화난다기보다 당황스러워 아이들 사이를 파고들어 말을 걸어 보았다. 형편없는 성적표를 보고 아버지가 홧김에 그만두게 했다는 아이와 농인지 진인지 빙글거리며 집안 형편이 어려워 못 간다는 아이를 제외하곤 모두가 학원을 다니고 있었다. 심지어는 일주일 내내 종합반을 듣는 아이도 있었고, 집에서는 학원(학교가 아니다) 숙제를 하지 않으면 텔레비전을 보거나 게임하는 것이 전부라고 했다. 아이들은 이웃 학교에서 있었던 자살 사건도

눈썹 하나 까딱 않고 말했다. 왕따를 당하던 아이는 옥상에서 몸을 던졌고 가정환경을 비관한 아이는 목욕탕에서 목을 맸지만 자기네 학교에선 아직 한 명도 자살하지 않았다고 자랑했다. 무엇이 다르냐고 물으니 킬킬대며 대답한다. "우린 좀 독하거든요!"

김별아, [문화칼럼] '사육장 앞에서', 〈한겨레신문〉, 2011.9.24.

이 글을 밑감으로 요즘 학생들의 삶을 살펴보자. 그들 삶의 풍경은 익숙하면서도 낯설다. 학원을 중심으로 일상이 구성되고, 성적으로 평가받고, 스트레스는 게임이나 텔레비전으로 푼다. 경우에 따라서는 게임하듯 친구를 따돌리기도 한다. 그런 과정에서 누군가는 견디기 어려워 죽음을 선택하는데, 그 주변 또래들은 무덤덤하다. 마음의 동요도 없고, 슬픈 체도 하지 않는 눈치다. 다른 한편에서는 그런 문제에 대해 무감각할 수 있는 강고함과 무신경을 오히려 자랑삼는 분위기다. 부모 교육열이 타의 추종을 불허하고 학업성취도 국제비교 평가에서는 늘 수위를 자랑해 왔는데, 학생들의 삶의 형식이나 삶의 질은 영 그 수준에 미치지 못한다는 느낌이다.

자고로 교육 받은 사람의 기본형은 마음이 따뜻한 사람, 사람과의 관계에서 조화를 이룰 수 있는 사람이다. 그런데 우리 학생들의 면면에서는 이런 특성이 잘 발현되지 않는다. 왜 이런 일이 나타나는 것일까? 이는 바로 학생들이 현재적 삶을 유보당한 탓이다. 학벌에 대한 사회적 압력과 부모의 과도한 자녀교육 지원으로 인해 학생들의 일상은 학업활동 요소를 중심으로 구성된다. 그런 탓에 울퉁불퉁하고 들쭉날쭉한 삶의 구체들이 자리하기 어렵다. 즉 친구와의 여행도, 사색도, 독서도, 깊이 있는 탐구도, 자신에 대한 성찰도, 주변 사람들의 관혼상제도, 이웃을 위해 손해 보는 경험도, 심지어는 소위 '멍 때리기'도 하기 어렵고, 그런 기회가 오면 적극적으로 차단하기 바쁘다. 공부 이외에는 할 것도 없고, 하려는 마음도 안 생긴다. 이런 환경에서 다른 한편의 아이들은 아예 공부 그 자체를 멀리하고 감각적인 즐거움에 빠지는 경우가 생긴다.

> 도대체가 우리의 아이들이 살아가는 일주일이란 어떤 것인가? "월요일의 아이는 피곤하고, 화요일의 아이는 졸리다. 수요일의 아이는 더 졸리다. 목요일의 아이는 눈이 무겁고, 금요일의 아이는 온몸이 무겁다. 토요일의 아이는? 토요일의 아이는 퉁퉁 부었네, 다."
>
> 김민웅, '별에서 온 도정일', 〈프레시안〉, 2014.4.1.

영문학자 도정일 교수는 기다림과 느림의 윤리가 교육에 얼마나 소중한지를 역설한다. "인간의 성장 속도가 느린 것은 그 느린 과정에 의해서만 인간을 인간이 되게 하는 능력들이 자라기 때문이다. 사람을 사람으로 키우는 과정은 느려야 하고 숨통을 조이지 않는 것이어야 하며 여유로워야 한다."고 말한다. 백 번, 천 번 맞는 말이다. 인간은 특정하게 조작된 환경에서 단기간에 조형될 수 있는 존재가 아니다. 인간은 외부적인 자극에 반응하면서 성장하기도 하지만, 태어날 때부터 가지고 태어나는 천성적인 속도에 따라 자신을 만들어 가는 존재이다. 그렇다 보니 의도적으로 성장하는 것도 아니면서 또 저절로만 자라는 것도 아닌 그야말로 오묘한 존재다. 이러한 존재론적 특성을 고려하지 않다 보니 부모의 욕망이 자녀들의 삶에 여과 없이 투영되고, 마치 모종의 법칙대로 살아야 하는 존재처럼 취급되고 있는 것이다.

시인 박상천은 〈통사론〉이란 시를 통해 삶에서 중요한 것은 주어와 서술어보다는 차라리 부사어라는 표현을 했다. '그는 바라보았다'라는 표현처럼 주어와 서술어만으로 이루어진 문장이 의미 없듯이, 결말만 있는 삶역시 그다지 풍요롭지 않다는 것이다.

통사론

주어와 서술어만 있으면 문장은 성립되지만
그것은 위기와 절정이 빠져버린 플롯 같다.
'그는 우두커니 그녀를 바라보았다.'라는 문장에서
부사어 '우두커니'와 목적어 '그녀를' 제외해버려도
'그는 바라보았다.'는 문장은 이루어진다.
그러나 우리 삶에서 '그는 바라보았다.'는 행위가
뭐 그리 중요한가
우리 삶에서 중요한 것은
주어나 서술어가 아니라
차라리 부사어가 아닐까

주어와 서술어만으로 이루어진 문장에는

눈물도 보이지 않고

가슴 설레임도 없고

한바탕 웃음도 없고

고뇌도 없다.

우리 삶은 그처럼

결말만 있는 플롯은 아니지 않은가.

'그는 힘없이 밥을 먹었다.'에서

중요한 것은 그가 밥을 먹은 사실이 아니라

'힘없이' 먹었다는 것이다.

역사는 주어와 서술어만으로도 이루어지지만

시는 부사어를 사랑한다.

박상천

삶의 표면은 일하고, 사랑하고, 기도하고, 좌절하고, 다시 시도하는 일의 반복이다. 좋은 것 한 가지만으로는 삶을 살 수 없다. 직선만 있는 삶이 어디 있겠는가? 그러기에 눈물도 있어야 하고, 가슴 설레게 만드는 대상도 찾아야 하고, 한바탕 웃음 지을 수 있는 소소함도 있어야 하고, 지독한 고독도 필요하고, 의지할 수 있는 안식의 대상도 있어야 한다. 이런 요소들이 어떻게 형성되겠는가? 그것은 일상의 삶을 살아가는 과정에서 만들어지는 것이다.

'공부를 잘한다'는 사실 그 자체는 그다지 중요하지 않다. 공부를 통해 자기를 느끼고, 어떤 새로움을 발견하고, 사고의 즐거움을 경험하고, 인간의 근원을 고민하고, 자기 무식함의 수치에 몸서리쳐 봐야 제대로 배운 것이고, 그로 인해 삶의 질이 깊어질 수 있는 것이다.

이제부터라도 입시공부를 채근하고 협박하는 기호들로부터 자유로워졌으면 좋겠다. 부모가 자유로워져야 자녀들도 자유로워질 수 있다. 떠도는 공포의 기호들에 현혹되면 오히려 방향을 잃고 낙오되기 십상이다. 트렌드에 뒤지는 것보다 삶의 구성 요소를 잃는 것이 훨씬 더 위험하다.

10
삶에 활력을 찾아주자

"아버지가 아들에게 줄 수 있는 가장 큰 선물은 일찍 죽는 것이다."

장 폴 사르트르Jean Paul Sortre가 했다는 말이다. 아마도 이 말이 전하고자 하는 메시지가 '생물학적 죽음'에 있다기보다는 아버지가 행사하는 '권위'에 있지 않을까 싶다. 아버지의 권위나 강요가 클수록 자녀는 자신의 경험 세계를 만들어갈 기회가 축소되기 마련이다.

"넌 꿈이 뭐니?"
"엄마, 난 평생 여행을 하면서 살고 싶어요."
"어머 좋은 생각이구나! 여행을 하고 나면 책을 써서 먹고살면 되겠네. 그럼 지금부터 글쓰기 공부 좀 해야겠다."

이승욱, '바로 그 '남들처럼'이 문제라니까', 〈시사IN〉, 2014.10.11, p.39.

이런 식의 대화라면 자녀는 부모를 피하게 될 가능성이 높다. 어쩌면 부모에게 자기 속내를 진솔하게 말하지 않을지도 모른다. 이런 식의 대화를 반복하다보면 부모에 눌리기 때문이다.

자녀가 부모에게 눌려 있는 경우, 보통은 부모의 눈치를 보게 마련이다. 부모의 눈치를 보다 보면 어느새 부모가 제시하는 기준을 자신의 것인 양 믿는 경향이 나타난다. 타인의 요구를 자신의 욕망보다 중시하게 되는 것, 그리하여 자신의 정체성을 타인의 요구에 끼워 맞추는 '공의존'이 나타나는 것이다. 그렇다보니 자녀는 자신의 뜻을 제대로 피기보다는 부모가 생각하는 길을 따르게 된다. 어렸을 때부터 자신의 선택으로 인해 실패하고 좌절하는 기회가 많아야 마음의 근육이 단련되는 법인데, 성장과정에서 독립할 수 있는 기회가 생략되고 있다. 부모로부터 독립하기 어려운 조건에서는 무기력이 나타나기 쉽다. 자기의지가 반영되기 어려운 조건에서 피동적이고 무기력한 모습이 나타나는 이치와 같다. 누군가에 의해 강력하게 요구되는 삶은, 비록 삶을 살지언정 자기의지에 의해 사유하고 실험하고 도전하는 일에 열심일 가능성은 낮다.

다니엘 튜더의 눈에 비친 당대 한국의 젊은이들은 '시스템적인 삶'을 사는 모습이었다. 다음에 묘사되는 젊은이의 삶은 어쩌면 한국에서는 표준적인 삶일 가능성이 높다. 이런 삶의 여정에서 활력을 찾기란 여간 어려운 일이 아니다.

갓 대학에 들어간 누군가의 말에 따르면, 한국 젊은 이들은 그때까지 치러야 할 경쟁의 대가로 "유년기를 상실"하게 된다. 어린이들이 또래들과 어울려 놀고 사회성을 익힐 수 있는 기회는 상대적으로 적다. 국제교육성취도평가협회에 따르면, 한국 어린이들은 사회적 상호작용 측면에서 36개 조사 대상국 중 35위로 꼴찌에 가깝다. 학생들은 학교에서 다른 사람들과 협동하는 법을 배우는 대신, 계속해서 시험을 치르며 순위가 매겨진다. 마지막 수업종이 울리면 학생들은 학원에 가서 영어, 수학, 음악 등을 배워야 한다. 방학이 시작된다고 더 놀 수 있는 게 아니라 학원에서 더 오래 공부해야 할 뿐이다. …… 끊임없이 공부하는 것은 학생들을 지치게 할 뿐 아니라 건강도 해친다. 고등학생 중 96%가 충분한 수면을 취하지 못하고 있으며(하루 평균 수면 시간이 6시간 30분밖에 안 된다), 그들 중 8.8%는 밤 열한시가 넘어서 과외 수업을 받는다.

다니엘 튜더, 『기적을 이룬 나라 기쁨을 잃은 나라』, 노정태 옮김, 문학동네, 2013, pp.111~112.

우리 자녀들은 유년기를 상실할 만큼 그리고 수면 부족에 시달릴 만큼 학습에 많은 시간을 투자한다. 그러니 이런 조건에서는 일상이 건조할 수밖에 없다. 놀이 시간이 절대적으로 부족하고 자신의 관심사를 탐구할 시간적 여유도 찾기 어렵다. 그리고 지적 자극에 대해서는 둔감한 반응을 보이게 된다. 뭔가 알고 싶다는, 적극적이면서 자발적인 탐구욕의 결여, 무관심, 집중력 부족 등이 나타난다. 특히 알고 싶은 것도 없다. 새로운 것을 보아도 눈은 동그래지지 않고 머리에는 불이 켜지지 않는다. 새로운 에너지의 투입요구를 거부하는 것이다. 이 거부는 일종의 저항이며, 지친 정신을 스스로 보호하기 위한 기제로 작동하는 것이다. 무기력을 통해 자기를 보호하려는 전략인 셈이다.

전문가들의 분석에 따르면, 요즘 청소년들의 무기력은 이전의 무기력과는 많이 다르다고 한다. 이전의 무기력이 학교와 집에 국한된 반항적 무기력이었다면, 요즘의 무기력은 '총체적 무기력'이라는 것이다. 삶의 공간 그 어디에서도 활력을 찾아보기 힘들고, 하고 싶은 것을 하고 살면 된다고 격려해줘도 하고 싶은 것이 없다고 말한다. 이런 무기력 현상의 원인이야 중층적이겠지만, 중요한 요인 중 하나는 바로 '몰주체 성장'이다. 즉 자신이 주인공이란 인식을 하지 못한 채 시스템적 삶을 살고, 사회적 압력에 노출되다보니 아무것도 하기 싫은 상태, 그 어떤 것도 다 지겨운 상황에 놓이게 되는 것으로 보아야 한다. 어떤 측면에서는 자신의 현재 상황을 견디기 위해 일체의 자극과 정보를 차단하는 차원에서 무관심의 상태를 유지하는 것인지도 모른다.

활력을 찾아주자는 것은 단편적인 감각적 즐거움을 주자는 것이 아니다. 자녀들 스스로가 살아 있음을 느끼게 해 주자는 것이다. 자녀들 자신이 삶의 주인이기에, 자기 스스로 삶을 이끌며 살아가야 한다는 생각을 하도록 해 주자는 것이다. 그렇게 하기 위해서는 자녀들을 한 사람의 인간 존재로서, 삶의 주인으로서 어른들과 동등하게 대접해 주어야 한다. 그런 속에서 시행착오를 겪고, 자기 내면의 나이테를 만들어 간다면 삶에 생기가 돌지 않겠는가?

삶의 활력을 찾아주기 위해서는 자녀를 자립시켜야 한다. 심리적 자립과 인지적 자립을 통해 부모의 눈치를 적당히 보게 해야 한다. 자신이 스스로 책임지는 기회를 많이 보장해주자. 자녀들의 자립은 지적발달에도 도움이 되니 말이다.

11
자기 존재감을 확인시켜 주자

"일상에서 배움의 기쁨을 잃어버린다."

"자신이 똑똑하지 않고 배움에 소질이 없다고 생각한다."

"자신의 능력이 정해져 있으며, 노력과 조언, 자기 이해를 통해 개선할 수 있다고 생각하지 않는다."

"자신이 그저 그런 보통 아이라고 생각하여 낙담한다."

"'똑똑하다/멍청하다', '재능이 있다/재능이 없다'와 같은 이분법적 범주로 자신과 남들을 나누려 한다."

"도전을 꺼리고 주어진 과제만 간신히 끝내고 싶어한다."

커스틴 올슨, 『상처주는 학교』, 노승영 옮김, 한울림, 2012.

'학교'는 삶을 나누고 익히는 배움터이다. 그곳에는 다양한 관계망이 있고, 전문가들에 의해 설계된 교육과정이 있으며, 교육과정을 운영하기 위한 시스템과 규범이 있다. 모든 학생들이 최상의 수준에 도달할 수 있도록 조력하고 지원하는 인적 구조도 갖추고 있다. 문제는 이렇게 설계된 학교가 모든 학생들에게 의미 있는 공간으로 기능하지 못할뿐더러 경우에 따라서는 도리어 깊은 상처를 주기도 한다는 점이다. 이는 학교의 경쟁구조나 상벌 구조에 기인한다. 즉 지나친 성적 경쟁으로 인해 협동적 관계 형성이 어렵고, 학업 성취도에 따른 보상으로 인해 다수 학생들이 열등감과 소외감을 경험하게 되는 것이다. 커스틴 올슨Kirsten Olson의 표현대로 학교가 학생들에게 행복감을 주는 곳이라기보다는 상처 주는 곳으로 변모한 것이다.

이런 전치현상轉置現象은 부모에게서도 나타난다. 부모가 자녀에게 많은 관심을 쏟고 뒷바라지를 하지만, 오히려 이런 과정에서 자녀가 존재감을 잃고 무력감에 빠질 개연성이 높다는 점이다. 학교에서의 보상 소재所在가 성적이나 진학 실적이듯 부모들도 자녀교육의 성공과 실패 판단준거를 외적 기준에 두는 경우가 흔하다. 그런데 외적 기준으로 자녀를 판단하는 경우, 대개의 자녀들은 실패 범주에 포함될 수밖에 없다. 외적 기준은 바로 타인과의 배타적 경쟁으로 설정되는 것이다 보니, 소수만이 선망되는 자리에 분포하기 때문이다.

따라서 부모 스스로가 자녀의 교육적 성공 준거를 새롭게 설정하는 것이 필요하다. 그것은 바로, 내 자녀가 자신의 존재에 대해 귀하게 여기는 마음가짐을 갖는 것을 최상의 교육적 성취로 인정하는 것이다. 자녀가 자기 존재감을 확인하면 스스로 자신의 정체를 긍정적으로 형성하게 된다. 어려서부터 자신의 정체성을 바로 알고, 자신의 꿈을 정립한 학생들은 시간을 낭비하지 않을 것이다. 그리고 부모가 강요하는 로드맵을 따라 공부하는 학생과는 그 효과가 크게 다를 것이다. 생각건대, 자녀가 자기 생각, 자기 경험, 자기 느낌, 자기 꿈과 희망을 소중하게 여긴다면, 그 스스로 자기 삶을 멋지게 살아갈 수 있을 것이다. 이것처럼 멋진 성취가 또 있겠는가?

부모가 자녀의 존재감을 확인시켜주고 이를 통해 긍정적 자아를 형성하도록 조력하기 위해서 경계해야 할 일이 있다. 바로 증오발언을 하지 않는 것이다. 증오발언이란 상대를 공격, 냉소, 비난, 비아냥거림, 무시, 조롱하거나 문제를 들추어내고, 까뒤집고, 넘겨짚어 몰아가는 형태 등을 포함한다. 부모가 자녀에게 과도한 기대를 하는 경우, 이런 증오발언을 할 가능성이 있다. 왜냐하면 자녀가 그 기대에 도달하지 못하는 경우에는 실망감의 표현으로 자녀를 조롱하거나 냉소하는 경우가 있기 때문이다. 또한 자녀의 각성을 촉구하는 차원에서도 증오발언 전략을 구사하기도 한다. 그러나 부모의 증오발언이 자녀에게는 깊은 상처가 된다. 자녀의 변화를 자극하기보다는 관계를 더 왜곡되게 만들 가능성이 크다. 필자도 중학교 시절, 선친으로부터 들었던 이야기로 인해 관계의 틈새가 깊었던 적이 있다.

나에 대한 기대가 컸던지, 선친은 학교성적에 매우 민감하셨다. 그런데 나의 성적이 매번 선친의 기대를 충족시키지는 못했다. 선친이 설정한 기준을 크게 벗어난 성적을 받았을 때, 결국 폭발했고, 당시까지 들어보지 못했던 충격적인 이야기를 들어야 했다. "이걸 성적이라고 받아 왔어? 당장 나가!", "이럴 거면 학교 때려치워!" 그 일 이후 꽤 오래도록 나와 선친간의 관계 불편은 지속되었다. 이렇듯 부모의 증오발언은 반교육적이다. 자칫하면 자녀에게는 평생의 상처가 될 수도 있다. 자녀에게 증오발언은 절대로 해서는 안 될 일이다.

부모의 입장에서 자녀의 존재감을 확인시키기 위해서는 좀 더 적극적일 필요가 있다. 자녀와의 관계 속에서 자녀가 가지고 있는 장점과 인간적 매력 요소가 얼마나 가치 있는 것인지를 지속적으로 확인해 주는 것이 필요하다는 것이다. 자녀 스스로도 미처 알지 못했던 매력요소를 찾아주고,

이에 대해 긍정적 메시지를 전하는 경우 자녀는 자긍심을 갖게 된다. 구체적으로 자녀가 멋진 모습을 보일 때나 긍정적인 생각을 할 때, "너는 이럴 때(무엇 무엇을 할 때) 최고의 모습이야."라고 말해주는 것이다. 부모 입장에서 자녀에 대한 칭찬 기준을 정하고, 실제 그런 모습이 보일 때 지속적으로 최고의 모습임을 말해 주는 것이다. 이런 칭찬이 반복될수록 자녀는 자신의 존재에 대해 긍정적으로 인식하게 된다.

또 다른 방법은 자녀에게 사람들을 감동시키는 요소가 있음을 확인시켜 주는 일이다. 타인을 감동시키는 요소란 무엇일까? 자신의 일에 대해 열정적으로 몰입하는 모습, 고통을 견디면서 인내하는 모습, 타인에게 인간적 따뜻함을 베푸는 모습, 자신의 손해를 감수하면서까지 원칙을 지키는 모습, 자신보다 어려운 사람들에게 겸손한 모습 등이다. 자녀에게 이런 모습이 보일 때, "너는 사람들을 감동시키는 힘을 가지고 있다."고 격려해 주는 것이다. 이런 지지와 격려가 반복되다 보면, 자녀들이 자신의 존재가치를 확인하게 됨은 물론이다. 누군가의 지지와 격려가 얼마나 큰 힘을 발휘하는 지는 아프리카의 '바벰바족'의 사례를 통해서 확인할 수 있다.

바벰바족은 아프리카 중남부의 잠비아 공화국 북동부 고원 지대에 거주하는 부족이다. 이 부족에는 범죄가 극히 드문데, 그 이유는 죄지은 사람을 다스리는 법에 있다는 것이다. 즉 부족 중 누군가가 잘못을 저지르면 그를 광장에 세우고 마을 사람들이 돌아가면서 그의 장점, 선행, 미담들을 하나씩 열거한다고 한다. 칭찬의 말이 바닥 날 때까지 반복한다는 것이다. 이런 칭찬 릴레이가 반복되는 것은 칭찬을 통해 사람의 마음이 회복된다는 믿음 때문이다. 칭찬이 어떤 교육적 힘을 내재하고 있는지를 시사하는 부분이다.

같은 맥락에서 철학자 안광복의 이야기도 주목할 만하다. 그는 부모를 비롯한 주변 사람들이 아이를 어떻게 바라보느냐에 따라서 인생이 바뀌게 된다고 한다. 그러면서 긍정적 자아를 형성하는 가장 좋은 방법으로 "이를 악물고 칭찬하라."고 권한다. 칭찬의 무한 반복은 아이들이 자신에 대해 긍정적 자아개념을 갖도록 세뇌시키는 가장 좋은 방법이라는 것이다. 칭찬을 이를 악물고 하라는 것은 그만큼 지속적으로 칭찬하기가 쉽지 않다는 것을 반증하는 것이리라. 왜 안 그렇겠는가? 부모의 기대가 높을수록 자녀의 허술함이 크게 보일 테니 칭찬만 하기가 그리 쉽지만은 않을 것이다. 하지만 의식적으로라도 칭찬하려는 노력을 계속 해야 한다. 이를 악물고 칭찬하다 보면, 자식의 변화는 물론 부모 자신의 삶도 긍정적으로 변하기 때문이다. 칭찬은 바로 가정 유효한 원원win-win 기제다.

나무가 10만 그루 있는 숲에도 똑같은 잎사귀는 한 쌍도 없다고 한다. 모두 자기 나름의 존재이유와 멋을 가지고 있다는 말일 것이다. 인간 존재라고 다르지 않다. 각자 인간적인 매력요소가 없는 사람은 없으며 특히 자녀들의 인간적 매력은 부모의 칭찬을 먹고 완성되는 법이다.

12
자녀의 고유성과 독특성을 신장시키자

교육의 현장에서 개별 학생들이 가지고 있는 숨겨진 능력을 키워준 선생님이나 뒤처진 학생들을 포기하지 않고 그들을 훌륭하게 성장시킨 선생님들의 이야기가 적지 않다. 이들 사례의 공통점은 바로 개별 학생이 가지고 있는 그만의 고유성과 독특성의 가치를 인정하고, 이를 발현할 수 있는 기회를 제공했다는 점이다. 학교에서 이루어지는 모든 교육활동에 만능이 되기란 쉬운 일이 아니다. 학생에 따라 개인차가 있기는 하지만, 특정 영역에서 우수한 학생이 다른 영역에서는 정반대의 모습을 보이기도 한다. 특정 영역에서는 천재적인 면모를 보이지만 여타 영역에서는 둔재와 같은 경우가 있다는 것이다. 이러한 능력의 불균형성은 인간이기에 나타나는 본질적 특성에 가깝다. 모든 사람이 자기 노력에 의해 최상의 능력자가 될 수 있다는 가정으로부터 자유로울 필요가 있다.

부모 역시 자녀를 이해함에 있어 인간 존재의 본질적 특성을 충분히 고려할 필요가 있다. 많은 사람들에게 알려진 성공신화가 내 자녀에게도 가능하다는 생각으로부터 벗어날 필요가 있다. 그렇게 하기 위해서 부모들은 내 자녀가 어떤 장면에서 빛나는지, 어떤 일에 대해 가슴 설레어 하는지, 스스로에게 감동하는 경우는 어떤 경우인지, 어떤 영역에 흥미를 느끼는지, 내면에 감추어진 창조적 능력은 무엇인지 등에 대해 면밀하게 살필 필요가 있다. 그리고 부모의 입장에서 볼 때, 황당하고, 이해하기 어렵고, 전혀 공감되지 않는 경우라 하더라도 자녀를 있는 그대로 받아들이는 것 또한 중요하다. 인간은 모든 이가 다 다르다. 각자의 취향이 다르기 때문이다. 개인의 취향 하나하나가 쌓여서 한 개인의 존재방식이 결정된다. 따라서 한 개인존재의 본질은 취향과 같은 것이라 할 수 있다. 그렇기에 특정 기준을 중심으로 사람을 협소하게 인식하는 것, 차이성을 고려하지 않고 만능자가 되도록 강요하는 것, 개별학생의 삶에 대한 인식방식을 구체적으로 살피지 않고 특정 진로를 강요하는 것은 실로 위험하다.

좋은 부모가 되기 위해서는, 설령 성적이 형편없어도 자식을 공부 못하는 아이로 규정하고 닦달해서는 안 된다. 내 자녀가 잘 할 수 있는 일, 깊이 몰입할 수 있는 일, 가슴 뛰게 하는 일, 남들과 다르게 할 수 있는 일, 지치지 않고 즐길 수 있는 일, 스스로 자부심을 가질 수 있는 일을 찾도록 자극하고 그런 일이 자녀에게 반드시 있음을 확인시키는 일이 중요하다. 이런 자극보다 현실세계의 생존논리가 강조되다 보면 균형적 성장 가능성은 그만큼 낮아진다. 즉 경쟁에서 살아남자면 좋은 대학을 나와야 하고 좋은 대학을 나오기 위해서는 입시경쟁력을 갖추어야 한다는 논리가 강조되게 된다. 그리고 그러다 보면 인성이 마른 낙엽처럼 메마르게 되는 것이다.

어느 지역의 고2 남학생이 세월호 침몰을 슬퍼하는 반 친구들에게 "(경쟁자가 줄었으니) 우리한테는 잘 된 일 아냐?"라고 물어 다른 아이들을 아연실색하게 만들었다는 이야기[22]가 특별한 경우일지라도 심각한 교육적

□ **22.** 해달, '낙오될까 따돌림 당할까 불안한 교실', 〈시사IN〉 제368호, 2014.10.4, p.55.

고민이 담긴 말이다. 도대체 우리 아이들이 어쩌다 이런 생각까지 하게 되었을까? 학생들이 왜 이렇게 낙오공포를 크게 느끼는 걸까? 부모 입장에서도 내 자녀가 이런 수준이 아닌가를 한번 깊이 짚어 볼 필요가 있다.

기본적으로 정서가 안정되어야 학습효율도 높아진다. 자신의 존재가 인정되고, 또한 자신의 취향과 특기가 지지될 때 높은 성취가 가능해진다. 이런 점에서 자녀의 고유성을 지지하고 격려해 주는 부모의 역할은 매우 중요하다. 부모가 최초의 선생님이자 평생 선생님이기에 더더욱 그렇다.

태백산맥의 저자인 조정래 작가의 자전 에세이 『황홀한 글감옥』에는 어릴 적 아버지와의 추억을 회고하는 장면이 나온다. 엄하기만 했던 아버지가 어느 날, 작가의 동시를 보고는 손수 이면지를 활용하여 공책을 만들어 준 일. 이 하나의 사건은 단지 공책 한 권을 받은 것이 아니라 바로 어린 자식의 문학적 자질을 지지하고 격려하는 계기가 된 것이다. 이에 대한 작가의 회고는 다음과 같다. 요즘 부모들이 새겨볼 만하다.

(공책을 만들어 주면서) "여기다 글을 지어라. 그래야 안 없어지지."
아버지는 이렇게 말씀하시며, 글짓기를 모아두는 공책을 '문집'이라고 한다는 말까지 가르쳐주셨습니다. 저는 그때 아버지가 저를 무척 사랑한다는 것을 처음으로 느꼈고, '내 글짓기를 아버지가 기쁘게 생각하신다!'는 발견에 뛸 듯이 기뻤습니다. …… 저는 그 '똥지 문집'에다 동요, 동시를 열심히 지었습니다. …… 저는 저만의 문집을 가진 벅찬 기쁨으로 글짓기에 신명이 나 있었습니다. 아버지는 아무런 말씀 없이 새 문집을 또 만들어주고는 했습니다.

조정래, 『황홀한 글감옥』, 시사IN북스, 2009, p.89.

13
실패를 자극하고 지지하자

약해지지 마

있잖아, 불행하다고
한숨짓지 마
햇살과 산들바람은
한쪽 편만 들지 않아
꿈은
평등하게 꿀 수 있는 거야
나도 괴로운 일
많았지만
살아 있어 좋았어
너도 약해지지 마

시바타 도요

일본 시인 시바타 도요Shibata Toyo의 시다.[23] 나는 힘들고 지칠 때 간혹 이 시를 찾아 읽는다. 일이 난관에 부딪히고 진척이 없어 포기하고 싶다가도 '그래, 햇살은 공평한 법이야'라는 생각에 힘을 얻곤 한다. 마음의 탄성을 회복시켜주는 묘한 힘이 느껴지는 시다. 그런 탓인지 많은 사람들이 이 시를 즐겨 읽는다고 한다. 아마도 이 시가 두 가지 삶의 이치를 전제하고 있기 때문이 아닐까 싶다. 즉 삶의 여정에서 실패와 좌절이 무수하다는 것, 다른 하나는 그 실패와 좌절이 성장의 자양분이 된다는 점을 상정하는 것이리라.

"실패를 지지하라!", "실패를 찬양하라!"

이 격언이 부모들에게 얼마나 설득력이 있을지 가늠하기는 쉽지 않다. 설득력이 있다 하더라도 교육적 은유의 힘을 가지고 있는지는 별개의 문제다. 육친의 관계를 맺고 있는 부모 입장에서 자식의 아픔, 좌절, 실패, 고난보다는 안락, 평온, 행복, 편안함을 우선하는 것이 인지상정이기 때문이다.

그러나 대부분의 사람들은 인생을 살면서 수많은 상처와 고통을 입게 된다. 피할 수 없는 좌절과 고통이 더 많다. 따라서 상처와 고통을 받지 않는 것이 문제가 아니라, 이를 잘 보살피고 참된 의미를 찾는 것이 더 중요하다. 따라서 부모도 자녀의 올곧은 성장을 위해서라면 실패와 좌절의 교

---

23. 시바타 도요, 『약해지지 마』, 채숙향 옮김, 지식여행, 2013.

육적 의미를 새롭게 새겨볼 필요가 있다.

"Failure is best the way to learn 실패는 배움을 위한 최선의 길이다"

사고실험 과정에서 실패하는 것은 그 자체로 가치 있는 일이다. 사고실험 과정에서의 실패는 논리 정교화의 필요조건이기 때문이다. 다양한 차원에서 사유하고, 이런 과정에서 시행착오를 경험해야 타인의 생각도 엿보게 되고 지식 발전의 역사적 과정에도 관심을 갖게 된다. 이런 과정이 배제된다면 스테레오 타입의 사고만 반복될 가능성이 크다. 따라서 실패를 좀 더 긍정적으로 인식할 필요가 있다. 실패를 어떻게 받아들이고 인식하느냐에 따라 상황은 전혀 다른 길을 보여 줄 수 있기 때문이다. 실패에 관대하고 이를 통해 학습할 수 있다면, 실패는 질문의 확장으로, 차원을 넘나드는 입체적 사유로 이어진다.

또 다른 차원에서도 실패에 대한 옹호가 가능하다. 실패는 '위험지성risk intelligence'을 함양하는 가장 유효한 기제가 된다. 위험지성은 위험과 불확실을 생각하면서 그 경험으로부터 배울 수 있는 능력을 의미한다. 그런데 이러한 위험지성을 키우는 과정의 하나로서 실패경험은 매우 중요하다. 실패를 통해 그 원인의 탐색 및 조건과 상황에 대한 분석 능력을 습득할 수 있기 때문이다. 특히 실패는 스스로를 성찰할 기회가 된다는 점에서 더 없이 교육적이다.

물론 실패는 마음의 근육을 단련시켜주는 장점도 있다. 일반적으로 재난을 당하거나 큰 좌절을 경험한 사람이 느끼는 그 당시의 행복지수는 바닥인데 일정한 시간이 흐르고 나면 보통 수준으로 회복된다고 한다. 이는 마음이 추락해도 바닥이 그리 깊지 않다는 것을 의미한다.오히려 당사자의 아픔 보다는 실패와 좌절을 곁에서 지켜보는 외부자의 아픔이 더 클 수 있다. 문제는 이런 마음의 근육을 단련하기 위해서라도 성장과정에서 적절한 실패의 경험, 의미 있는 좌절의 경험, 교육적 요소가 있는 고통의 경험이 중요하다는 점이다. 이런 과정을 통해 당사자는 자기 삶의 주인의식을 갖게 된다.

부모 스스로 자신의 삶을 반추해 보자. 실패가 나를 어떻게 성장시켰는 가? 실패 이후 인간적 깊이가 더 깊어진 것은 아닌가? 이런 삶의 이치를 자녀들에게 제대로 안내할 필요가 있다. 해리 포터 시리즈의 조앤 롤링Joan K. Rowling의 말에 귀기울여보자. 그의 말은 함축적이지만 큰 울림이 있다.

> "실패를 겪고 나서 더 강인하고 현명해졌다. 실패를 통해 얻은 깨달음은 그 어떤 자격증보다도 가치 있는 것이었다."

자녀에게 실패를 자극하자. 얼마간은 좌절도 하고 방황도 해야 성장할 수 있을 것이다. 그리고 길을 잃고 헤매는 가운데 생각지도 못한 다른 길이 있음도 알게 되고 그로인해 비로소 다르게 살 수가 있다.

14
'좋은 이웃'이 되기 위한
노력이 필요하다

조기교육 탓인지 요즘의 성장세대들은 지적으로 똑똑하다. 스펙이 뛰어난 만큼 학업 성취도도 높은 편이다. 그런데 관계 면에서 융통성이 없는 아이들도 많다. 좌, 우뇌가 불균형하게 발달된 아이들이 늘고 있는 것이다. 학습능력은 뛰어나지만 남의 의견을 받아들이지 못하고 막무가내로 반발하는 고집불통도 늘고 있다. 이런 경우라면 아무리 능력이 있고, 좋은 학벌을 가지고 있다 하더라도 사회적 관계를 맺기는 간단치가 않다.

사람은 타인과의 관계를 통해 온전히 성장한다. 타인을 통해서 진정한 인간이 될 수 있다. 다른 사람과 교류하면서 최고의 자아를 형성할 수 있는 것이다. 사실은 나의 자아도 타인이 나에게 보내는 이미지를 통해 형성된다. 나를 나답게 형성한다는 것은 바로 타인과의 관계 형성과정이 되는 셈이다. 물론 내 삶의 질도 관계를 통해 형성된다. '질'이란 형식이나 규모, 빈도와 같은 것을 뜻한다기보다는 '실체'의 품격을 뜻한다. 품격의 본질은 삶의 형식이고, 삶의 형식을 구성하는 결정적인 것이 바로 타인과의 관계 방식이다. 이런 점에서, 주변 사람들과의 건강한 관계 맺음 방법을 배워가는 일은 사회적 학습의 기초이자 전인성의 원천이라 할 수 있다.

건강한 관계 맺음의 출발점은 바로 좋은 이웃이 되고자 노력하는 일이다. 우리는 일상에서 수많은 사람들과 부대끼면서 보낸다. 가깝게는 가족과 어울리고 좀 더 넓게는 친구들 혹은 동네 사람들과 마주하면서 산다. 어른의 경우에는 직장동료, 직업상 연관된 사람들, 또는 자녀를 매개로 연결된 사람들과 직·간접적으로 엮이면서 일상을 산다. 특별한 경우를 제외하면, 이웃이 없는 삶은 거의 불가능하다. 나의 일상이 바로 이웃에 의해 구성되기 때문이다. 그런데 우리는 종종 이웃의 존재를 잊고 사는 경향이 강하다. 이웃의 존재가치를 가볍게 여기고, 자신만을 앞세우는 세태다. 어울려 사는 존재로서의 각성보다는 자아만 팽창된 독립자의 모습이 더 우선되는 경향이 나타난다. 즉 이웃에 대해 배려하고 애정을 보이기보다는 자기 편리와 자기 세계만을 우선하는 '창백한 삶'에 대한 선호가 강하다. 따라서 주변에 무심하고, 차갑고, 내 이익 외엔 관여하지 않고, 자기 이익에 대해서는 강하게 주장하는 사람들이 늘어만 간다. 자신이 이웃에 대해 무신경한 태도는 아랑곳하지 않고 자신이 누군가로부터 무시당했다고 여겨질 때 극도로 예민해지는 사람들이 많아지는 것이다.

이런 문제들을 해결하기 위해서는 교육의 장에서부터 좋은 이웃이 되기 위한 노력이 실천되어야 한다. 일차적으로 가정교육의 장에서 관심을 기울여야 한다. 자녀들에게 어릴 적부터 이웃이 왜 소중한지, 나에게 이웃이 어떤 의미가 있는지, 나의 이웃에는 어떤 사람들이 있는지, 이웃을 어떤 마음가짐과 태도로 대해야 하는지를 일러주고 행동에 옮기도록 안내하는 것이 필요하다. 아파트에 사는 경우 자주 마주치는 사람들에게 인사하기, 관리하는 분들에게 감사하는 마음 전하기, 물품 배달하는 분들에게 물이라도 한 잔 권하기 등과 같이 사소한 일부터 습관화하는 노력이 중요하다. 지하철이나 버스에서 자리를 양보하는 것, 장애가 있는 사람의 짐을 들어주거나 걸음의 보조를 맞추며 걷는 것, 식당에서 서비스하는 분에게 고마운 마음을 갖는 것, 맛있는 음식을 먹고 고맙다고 인사하는 것, 버스를 운전해 주신 분에게 수고하셨다고 인사하는 것 등의 일은 사소해 보이지만 하루아침에 내면화되는 일이 아니다. 지속적으로 이웃이 내게 소중한 존재임을 인식하고, 그런 생각을 표현하는 노력의 과정이 있어야 가능한 일이다. 따라서 부모부터 자녀에게 감사함을 잊지 않고 표현하고, 또 자녀에게도 주변사람들의 존재를 바르게 인식하고 좋은 이웃으로 행동할 수 있도록 조언하고 격려해줄 필요가 있다. 이는 바로 좋은 이웃이 되기 위한 전제조건과 맥이 닿아 있으며 이런 관점에서 좋은 이웃이 되기 위한 노력은 미래역량 함양과도 직결된다. 특히 친절하고 남을 배려하며 남의 마음을 편하게 하는 것이 곧 '도덕적 감각'이며 이것은 한 사람의 전체적 이미지를 압축적으로 보여주는 것이기도 하다.

어떤 조직의 리더가 그 자체로 조직의 이미지를 형성하듯, 개인 차원에서도 특정한 면이 그의 전체를 이미지화한다. 그런 점에서도 좋은 이웃이 된다는 것은 중요하다. 〈바람과 함께 사라지다〉에서 여주인공을 맡았던 비비안 리Vivien Leigh의 일화는 이를 증명하는 좋은 사례가 된다.

인도에서 태어나 유년기를 그곳에서 보낸 그녀는 고국 영국으로 돌아가 부모님과 같이 유럽 각지를 돌며 교육을 받는다. 어느 날 이 영화에 출연할 스칼렛 역의 여주인공을 뽑는 오디션에 참가하게 되는데, 오디션에서 그만 불합격이라는 소리를 듣는다. 불합격임에도 얼굴을 찡그리는 대신 그녀는 살짝 미소를 지으며 출입구 쪽으로 나가면서 바닥에 떨어져 있는 휴지를 사뿐히 주웠다. 그런 그녀의 모습을 보고 감독이 불러 세웠다. "잠깐만요! 당신이 지었던 부드러운 미소와 표정 그리고 휴지를 줍는 그 마음가짐을 보니, 다른 것은 보지 않아도 모든 것을 다 알 수 있을 것 같군요! 이 영화의 여주인공으로 발탁하겠소!" 그 영화에서 그리려는 여주인공의 강인한 용기와 정신력을 가진 새로운 여성상을 선보이는데 그녀의 인성이 안성맞춤이었던 것이다.

김원호, '비비안 리의 휴지 한 장', 〈울산제일일보〉, 2012.01.17.

어디 이런 일뿐이겠는가? 일상에서 이런 종류의 크고 작은 사례들은 흔하다. 일이란 것이 사람들 사이에 있는 만큼, 마음의 따뜻함과 부드러움은 그 자체로 일의 촉매가 된다. 따라서 어릴 때부터 좋은 이웃이 되기 위한 노력이 여러 모로 긍정적임을 잊지 말아야 한다. 요컨대, 부모들은 자녀들에게 성장의 의미를 정확하게 일러 줄 필요가 있다. 즉 '성장한다는 것, 어른이 된다는 것, 나이를 먹는다는 것은 바로 서로가 서로에게 얼마나 의존하고 있는지를 아는 것이다. 그리고 의존한다는 것은 서로가 서로에게 책임을 지는 것이고, 그 책임의 한 방편이 좋은 이웃으로 역할 수행을 하는 것이다'라는 점을 확인시키고 실천하도록 이끌어 주는 것이 필요하다.

15
잘 놀아야 공부도 잘 한다

요즘 학생들에게 학교의 삶은 팍팍하다. 일단 여유시간이 너무 없다. 주 5일제가 되면서 6일에 걸쳐 이수하던 학사 일정이 5일로 압축되었다. 거기다가 세월호 참사 이후 안전에 대한 강박적인 신경 쓰기로 인해 도리어 학생들의 자유와 활동이 제한되고 있다. 가뜩이나 놀 시간과 공간이 없는 학생들에게 학교마저 공부만 하는 기능적 공간으로 인식하려는 경향이 강해지는 것이다. 그렇다 보니 학교는 학생들이 실제적인 삶의 영역이나 장면과 접촉할 기회를 가급적 차단하게 되었다. 그리고 학생들의 신체와 정신과 시간과 에너지를 완전히 독점함으로써, 삶에서 필요로 하는 기술과 능력을 익힐 기회를 배제하는 것이다. 놀이가 없는 배움터! 이 얼마나 창백한가?

부모가 알아야 할 교육적 사실 중 하나는 '잘 노는 것이 바로 공부를 잘하게 되는 비결'이라는 점이다. 통상, 공부를 잘하기 위해서는 학습동기와 학습의욕이 중요하다고 말한다. 이 말이 사실이기는 하지만 그렇다고 언제나 옳다고 보기도 어렵다. 학습의욕이 고양되어 단기간에 죽기 살기로 공부하는 것은 가능하다. 그러나 이런 긴장된 학습방식을 장기간 유지하는 것은 쉽지 않다. 사람의 몸과 마음이 지속적으로 높은 수준의 긴장을 감당하기에는 한계가 있기 때문이다. 따라서 마음이 불편할 때, 관계의 문제로 인해 다른 일에 신경을 쓸 수 없을 때 그리고 몸에 기운이 부족할 때는 아무리 애를 써도 공부한 내용이 머리에 잘 들어오지 않는다. 정서가 불안하고 마음에 화가 들끓거나 메마른 경우 그리고 몸이 가볍지 않은 경우에도 공부가 잘 될 리가 없다. 이런 맥락에서 공부 문제가 공부 자체만으로는 해결되기 어렵다는 주장이 제기되는 것이다.

그러므로 성장세대들에게는 놀이가 필요하다. 놀이는 그 자체로 교육적이다. 놀이과정에서 기술과 기능을 익히게 되고, 자기 자신을 발견하게 되며 자기 효능감을 스스로 확인해 가는 과정이기 때문이다. 또 놀이과정에서 경험하는 즐거움도 교육적이긴 마찬가지다. 즐거움은 특정 대상이나 활동에 온전히 몰입하는 과정에서 경험하게 되는 '온전한 희열'이다. 이 즐거움의 과정에서는 여타의 부정적 감정이나 근심, 걱정, 불안, 불만, 우울로부터 벗어나게 된다. 이런 점에서 즐거움은 마음의 청결제이다. 즉 마음을 긍정적으로 전환시키는 구실을 하는 것이다.

이뿐만이 아니다. 놀이는 실제로 지적 학습에도 실제적인 효과가 있다. 잘 노는 아이들이 성적을 높게 받는 경향이 많다. 왜 이런 일이 벌어질까? 교사이면서 왕성한 집필 활동을 하고 있는 안광복은 이에 대해 다음과 같이 주장한다.

국어 시험에 시(詩)에 대한 문제가 나왔다고 해보자. 시를 이해하기 위해서는 '차가운 머리'로만은 안 된다. 정서적으로 시인의 마음을 공감할 수 있어야 한다. 풍부한 독서와 다양한 인간관계와 체험을 쌓은 아이들은 텍스트에 대한 이해가 빠르다. 자기 안에서 비슷한 경험을 이끌어 올리며 공감하기 때문이다. 하지만 모든 것을 책으로 배운 아이들은 어떨까? 참고서의 설명을 읽어도, 족집게 명강사의 설명을 들어도 뜻이 좀처럼 짚이지 않는다. 학교수업에만 길들여진 아이들은 정서와 의지를 가꾸며 건강하게 생활한 학생을 이길 수 없다.

안광복의 〈강의자료〉 중에

놀아 본 아이가 공부를 잘할 수 있는 것은 놀이가 바로 정서와 의지, 감성을 발달시키는 기제가 된다는 점에서 그렇다. 실제로 여가문화 활동을 활발하게 즐기는 청소년이 학업 성취도와 자아 존중감도 높다는 연구결과가 발표된 바도 있다.

자녀들이 잘 놀 수 있게 하기 위해서는 여건 조성이 중요하다. 이러한 여건 중에서도 가장 중요한 것은 바로 부모들의 놀이에 대한 인식이다. 부모들 스스로 성장 세대들의 유기적 성장을 위해서는 놀이가 중요하다는 점을 인식하는 것이 중요하다. 여기서 말하는 놀이의 범주는 광범위하다. 감각적 즐거움이 동반되는 유희뿐만 아니라 친구들과의 운동, 봉사활동, 사회체험, 여행, 독서 그리고 일체의 사고실험까지를 포함하는 것이다.

부모의 입장에서 자신의 성장과정을 되짚어 보라. 상상력과 지적 집중력, 호기심을 가장 강렬하게 불러일으키는 것이 어떤 활동이었나? 바로 놀이였을 것이다. 놀이 과정에서는 관찰력도 예민해지고, 배움의 의욕과 지적 호기심도 살아났을 것이다. 그러므로 부모들부터 과거 자신의 성장경험을 교육적으로 해석하고 자녀들에게 적용해보자는 것이다. 내 자녀에게 "공부하라!"고만 하지 말고 "좀 놀아라!"라고 말할 수 있으면 된다. 실제로 배움은 놀이로부터 나오는 법이다. 김선우 시인의 말에 귀 기울여 보자!

아이들의 상상력과 감성을 풍부하게 키우려면 어떤 책을 읽혀야 하나요? 이런 질문을 받을 때마다 나는 무조건 답한다. 책 필요 없어요. 시골을 보여주세요. 아이들에게 줄 수 있는 최고의 선물은 조기교육, 선행학습, 브랜드 옷·가방, 게임기 따위가 아니라 아이들 스스로 자연 속에서 자유롭게 놀게 해주는 것이다. 한 사람의 유년은 그의 전 인생에 작동하는 정서의 창고 대부분을 차지한다. 사람이 자연임을 잊지 말자.

김선우, [김선우의 빨강] '강아지풀 선물', 〈한겨레신문〉, 2014.10.01.

16
문제의식을 부풀게 하자

사람들은 어떤 상황에서 공부를 하게 될까? 이 질문에 대해 철학자 김용석은 "문제의식이 부풀어 오르면 공부하게 된다"고 했다. '문제의식이 부풀어 오른다'는 것은 어떤 상태를 이르는 것일까? 이는 명쾌하게 정리하기 어려운 다차원의 질문거리가 있는 경우다. 또 다른 경우는 특정 주제에 대한 지적 호기심이 확산·파생되어 탐구 몰입이 가능한 상태이다. 전자가 형이상학적인 질문에 해당한다면 후자는 구체적인 주제 중심의 질문이라 할 수 있다.

문제의식이 부풀어 오른다는 것은 바로 질문이 형성된다는 것이다. 나를 혼란케 하는 주제 문제 사태에 대해 그것의 핵심은 무엇인가? 어떻게 구성된 것인가? 그것을 해결할 수 있는 방법은 없는가? 그것은 다른 문제와 어떻게 연결되는가? 그것이 다른 문제와 연결될 때 어떤 파생효과가 나타나는가? 등과 같은 질문이 제기되는 것이다. 이러한 질문의 성격과 깊이에 따라 배움의 방향과 내용 그리고 기대수준이 구체적으로 결정된다. 바로 '질문'의 차이가 '성취'의 차이를 가져오는 것이다. 이런 점에서 문제의식이 부풀어 오르면 공부하게 된다는 명제는 타당하다.

그동안 우리 교육에서는 진학시험 중심의 문제 풀이를 강조해 왔다. 대학 입학에서 결정력을 발휘하는 전형시험 형식에 맞는 문제를 반복적으로 연습하는 방식인 것이다. 그렇다 보니 대개의 학생들은 '문제를 푸는 존재problem solver'로 성장해 왔다. 주어진 문제를 푸는 것에 익숙한 학생들은 문제 사태에 대한 분석과 해결을 중시한다. 특히 일정한 시간 내에 문제를 해결해야 하는 만큼 '빠른 사고fast thinking'를 훈련하게 된다. 그런데 지적 호기심을 고양하면서 좋은 생각 에너지를 발현하는 데에는 한계가 있다. 문제풀이 과정에서 다양한 선택지를 깊고 넓게 살펴볼 기회가 제한적이기 때문이다.

부모들은 자녀를 '문제를 찾는 존재problem seeker'로 성장할 수 있도록 자극하는 것이 필요하다. 문제를 찾는 존재란 새로운 질문을 제기하고, 그 질문을 풀어가기 위해 다양한 실험과 상상을 할 수 있는 존재다. 또한 지적 황홀경을 경험할 수 있는 대상이나 문제를 스스로 발견해낼 수 있는 존재이다. 다음의 사례는 문제를 찾는 존재의 가치를 잘 보여준다.

얼마 전, 올림픽 중계를 제쳐놓고 본 실황중계가 있었다. 나사(NASA_미국 항공우주국)의 큐리오시티 화성탐사선의 화성 착륙 중계였다.

(중략)

하지만 무엇보다도 내 눈길을 끈 것은 방송에 등장한 독특한 나사 엔지니어의 모습이었다. 이 어려운 임무를 지휘하는 리더로 나오는 이 엔지니어는 마치 엘비스 프레슬리를 연상시키듯이 머리에 기름을 발라 빗어 올리고 구레나룻을 기른 외모의 사나이였다.

(중략)

그는 나사의 선임 엔지니어인 애덤 스텔츠너(Adam Steltzner)였다.

(중략)

그는 초등학교 때부터 "별로 똑똑하지 못한 아이"라는 말을 들었다. 친아버지에게서 "넌 막노동꾼 이상은 될 수 없을 거야"라는 말을 들었을 정도였다. 부모가 얼마나 그에게 실망했는지를 짐작할 수 있다. 고교 때는 기하학에서 F플러스(+)로 간신히 낙제를 면하기도 했는데, 그것은 두 번이나 계속 수준 미달의 결과를 가져오는 그를 담당 교사가 다시 보기 싫어서 그냥 플러스를 붙여 통과시켜 준 것이라고 한다. 공부 대신 그는 고교 시절 섹스, 마약, 로큰롤에 탐닉했다. 당연히 고교 졸업 후에는 대학에 진학하지 않고 클럽밴드에서 음악을 연주하며 록스타가 되는 것을 꿈꿨다. 그렇게 생활하던 그는 어느 날 클럽에서 연주를 마치고 밤늦게 집에 돌아가다가 밤하늘을 보고 별의 위치가 바뀐 것을 알아차렸다. 그리고 그 매력에 빠졌다고 한다. 별의 움직임을 더 잘 이해하고 싶어서 그는 커뮤니티칼리지에 들어가 천문학 강좌를 수강하려고 했다. 그런데 천문학을 듣기 위해서는 먼저 물리학 강좌를 이수해야 했다. 물리학 수업 첫 번째 시간에 접한 공식을 통해 그는 자연현

상의 법칙을 연구하는 이 학문이 그가 원하던 것임
을 알게 됐다. 그는 "나는 나의 종교를 찾아냈다"고
당시를 회고했다.

임정욱, [임정욱의 생각의 단편] '엘비스 프레스리를 닮은 나사
엔지니어', 〈한겨레신문〉, 2012.8.13.

실제로 문제의식이 깊은 학생이거나 골몰하는 질문거리를 가지고 있는
학생의 경우, 배움의 폭과 깊이 그리고 속도에 있어서 탁월함을 보이는 예는
많다. 몇 가지 사례를 살펴보자.

내가 만나는 A학생의 경우에는 전국의 간이역 지도를 만들기 위해 근
1년여의 기간 동안 간이역 순례를 한 다음, 간이역의 특징과 정취를 한 눈
에 확인할 수 있는 간이역 지도를 만들었다. 그 학생은 간이역을 찾아가기
위해 사전 조사를 하고, 직접 기차를 타고 현장을 확인하고, 그렇게 확인
한 내용을 적절한 기호와 상징으로 표현하였다. 이런 일련의 과정이 바로
깊은 배움의 과정이 됨은 물론이다.

또 다른 예를 보자. 중학교 1학년인 B는 자신이 타고 다니는 지하철이
호선에 따라 전동차의 디자인이 다르다는 사실을 발견하였다. 그리고는
또 다른 차이가 무엇이 있는지를 살펴보던 차에 각 호선마다 사람들의 옷
차림에도 차이가 있음을 확인했다. 그리고 지하철 내부에 있는 광고 내용
에도 많은 차이가 있음을 알게 되었다. B는 이렇게 궁금한 것에 대해 질문
하고 답을 찾는 과정을 정리하여 '지하철 각 호선마다 차이점 비교 연구'

라는 주제의 보고서를 발표하였다. 이런 과정에서 B는 사회과 교과서에서 언급하지 않은 서울 각 지역 간 사회적·문화적 차이와 특성을 확인하게 되었다. 질문을 통해 교과서 범주를 넘어서는 학습기회를 갖게 된 것이다. 다른 학생들의 사례를 통해서도 문제의식이나 질문이 갖는 지적 확장력을 확인해 볼 수 있다.

중학교 3학년생인 C와 D는 국어수업 시간에 새롭게 제기되는 인권목록 중 하나로 '잊혀 질 권리'가 있음을 배우게 되었다. SNS상에서 자신이 기록한 글이나 사진을 자신의 의사에 따라 삭제하거나 감추기 하는 것은 잊혀 질 권리의 차원에서 보장되어야 한다는 것을 깨닫게 된 것이다. 이후 C와 D는 '잊혀 질 권리가 보장되는 SNS 개발'이란 프로젝트를 시작하여 10여 개월의 노력 끝에 '하루http://www.harooo.com'라는 SNS를 개발했고, 현재까지도 실제 운영중에 있다. 특히 전문가들은 이 프로그램의 질적 수준이 매우 높다고 평가하는 것으로 알려졌다. 두 학생이 핵심질문에 골몰하고 또 파생되는 여타 문제들을 해결하기 위해 노력하는 과정에서 상상 이상의 지적 성취를 이룬 것이다.

특정 주제에 골몰할 수 있는 문제의식이나 핵심 질문은 바로 강렬한 지적 탐구 요소가 된다. 그리고 질문의 수준이 바로 삶의 형식과 수준을 결정한다. 이런 점에서 부모들은 자녀들이 지적 호기심을 가지고 지속적으로 탐구할 만한 질문문제의식을 개발 할 수 있도록 안내하는 노력이 필요하다. 삶을 관통할만한 질문은 행동과 사고 방향을 좌우하는 결정적 요소이기 때문이다.

17
'함께하기'는 절대적 자산이다

경쟁하고 있다는 감각은 더 깊은 불안정감을 감싸고
있다. 그래서 경쟁의 감각은 실패, 자신감의 결여와
부족감 등 일련의 새로운 감각을 일으킨다. 그리고 이
감각이 더욱 경쟁을 낳는다.

알피 콘, 『경쟁을 넘어서』 성재상 옮김, 비봉출판사, 1995, p.185.

요즘 성장세대들은 경쟁체제에서 산다. 그런 탓에 경쟁에 익숙하다. 학
교에서 친구들과의 경쟁을 당연시 하고, 경쟁에서 이겨야 좀 더 행복해 질
것이라고 믿는 경향이 강하다. 사실 이 같은 믿음은 부모 세대에서 더 강하
게 나타난다. 즉 경쟁이 사람들의 숨은 잠재력 곧 자연적 소질을 계발시키
고, 이를 통해 사회 전반이 발전하게 된다고 본다. 심지어 경쟁은 경쟁을 통
하지 않고서는 알 수 없는 것들을 발견해내기 때문에 경쟁 과정은 바로 발
견적 절차, 발견 과정이라고 보는 관점이 강하다. 그렇다 보니 부모들은 경

쟁에 참여하는 자녀가 그 과정을 통해 자신을 발견하게 될 것이라고 믿는 것이다. 그러나 과도한 경쟁은 그 경쟁을 통해 얻는 성과보다 더 치명적인 '반사회적 사회성unsociable sociability'을 갖게 한다는 점을 간과해서는 안 된다. 끊임없이 경쟁 압력에 시달리는 상황에서는 반목과 대립, 질투심을 갖게 된다. 특히 경쟁에서 이기는 경우에도 단기적으로는 긍정적일 수 있지만 장기적으로는 다른 결과가 나타날 수 있음에 주목할 필요가 있다. 즉 경쟁에서 이기면 자존감이 커질 것 같지만 실상은 그렇지 않다. 계속 타인에게 이기려는 욕구만 커진다. 경쟁이 가져오는 결과와 경쟁을 일으키는 원인은 마치 소금물을 마신 결과와 원인 같다. 경쟁을 하면 할수록 더욱 경쟁하지 않을 수 없게 된다는 것이다. 특히 성장세대들이 과도한 교육적 경쟁으로 인해 대립적이거나 자기중심적인 관계 형식을 내면화하는 것에 대해서도 근본적인 고민이 필요하다.

부모는 자녀들에게 어떤 삶의 관계 형식을 갖도록 자극해야 할 것인가? 한 사람의 삶은 다양한 사람들과의 관계 속에서 구성된다. 따라서 경쟁과 대립보다는 협력하기, 서로 돕기, 나누기, 격려하기를 습성화 하는 것은 무엇보다 중요하다. 이런 관계 형식을 갖춘 사람일수록 삶이 풍요로워 질 것이고 일의 영역에서도 높은 성취를 이루게 될 것이다. 삶의 과정에서 감당해야 할 '일'은 독자적으로 존재하는 것이 아니라 사람과의 관계 속에 놓여 있다. 사랑은 물론 창의력조차도 독립적인 것이 아니고 사람들 '사이'에 있다고 한다. 이런 점에서 사람들과 관계 맺음을 잘하는 사람이 일도 잘하려니와 창의력도 발휘하게 되는 것이다. 특히 일이란 것이 대개는 협력적 과업인 경우가 많기 때문이다.

미래학자 다니엘 핑크는 그의 저서 『새로운 미래가 온다』에서 미래 인재가 갖추어야 할 6가지 조건 중 하나로 '공감'을 강조한다. 공감이 있는 사람은 동료들과의 관계에서 우정도 나눌 줄 알고, 또 조직원에게 필요한 '조직 프렌드십Workplace Friendship-직장에서 함께 일하는 동료들과의 신뢰와 헌신, 애정의 바탕 위에 관심사와 가치를 공유하는 비 배타적인 관계'도 갖출 수 있는 사람이다. 이런 점에서 공감능력은 일의 영역에서 높은 성취를 이룰 수 있는 필요조건이라 할 수 있다.[24]

청소년 시기에 '함께하기' 노력은 절대적으로 필요하다. 일차적으로 주변 친구들과의 협력학습이 필요하다. 친구들과 함께 협력적으로 공부하는 경우 성취 수준이 높아질 뿐만 아니라 학습과정에서 겪게 되는 어려움도 쉽게 극복할 수 있게 된다. 알피 콘Alfie Kohn의 책에 나오는 면담자와 제이슨의 대화는 협력학습이 얼마나 중요한지를 함축적으로 보여준다.

> 면담자 : 그룹 속에서 일한다는 것은 어떤 거지?
> 제이슨(10세) : 두뇌가 네 개 있다는 거예요.
>
> 알피 콘, 『경쟁을 넘어서』, 성재상 옮김, 비봉출판사, 1995, p.327.

협력학습의 장점은 이뿐만이 아니다. 함께 공부하는 서로가 격려하고 지지하며 동료에 대한 신뢰감을 쌓고, 타인에 대한 감수성도 커진다. 특히

☐ 24. 다니엘 핑크, 『새로운 미래가 온다』, 김명철 옮김, 정지훈 감수, 한국경제신문사, 2012.

지적 상호작용으로 인해 사고가 확장되고 심도도 깊어진다. 따라서 자녀들이 친구들과 학습동아리를 만들어 운영하고, 함께 프로젝트를 시행할 수 있도록 여건을 마련하는 일이 중요하다.

함께하기를 내면화하기 위해서는 실천적 노력이 더욱 중요하다. 부모와 가사 돌보기, 가족·친지의 애경사에 참여하기, 이웃 어른들에게 인사하기, 사회적 약자를 위해 봉사활동하기, 사회적 이슈에 동참하기, 생존권을 위해 투쟁하는 사람들과 연대하기 등이 모두 망라될 수 있다. 사실 함께하기는 타인에 대한 시혜라기보다는 공존을 위한 최소한의 시민적 책무와 같다. 따라서 함께하기는 가족에서부터 시작하여 사회적 관심으로 확장할 필요가 있다.

그러나 무엇보다도 중요한 것은 부모가 함께하는 삶의 모습을 자녀에게 보여주는 것이다. 자신의 배만 채우려고 아등바등하는 모습이 아름다워 보일 리 없다. 이웃은 아랑곳 하지 않고 내 식구만 생각하는 몰상식이 멋스럽게 보일 리 없다. 뿐만 아니라 조금도 손해 보지 않으려는 팍팍한 사람에게 인간적 매력이 있을 리도 만무하다. 이런 경우 많이 소유하고, 넉넉하게 소비하고, 물질적 풍요로 인해 자신만만해 보이지만 그 삶의 격은 천박해 보이는 법이다. 이에 반해 풍족하지는 않지만 이웃과 나누려는 모습, 나와 처지가 다른 사람들을 생각해서 사회적 염치를 차리는 모습, 구조악을 상대로 힘겹게 싸우는 사람들에게 마음을 나누는 모습, 눈물 흘리는 사람을 위해 손잡아 주는 모습 등은 아름답고 숭고하다. 이런 모습을 보이는 사람의 존재는 풍요롭다. 이런 점에서 함께하기는 인간 존재가 취할 수 있는 절대적 자산이다. 그 어떤 것으로도 대체가 불가능한 자산이다.

모든 부모는 내 자녀가 잘살길 기대한다. 그렇다면 공부 경쟁에서 앞설 수 있도록 가르치기 전에 존재가 풍요로울 수 있는 삶의 길을 안내해 줄 필요가 있다. 그 가장 우선순위가 바로 함께하기이다. 시인 김선우는 이렇게 말한다.

> 유식과 삶의 지혜는 정비례하지 않는다. 심지어 그 반대이기도 해서 지식, 정보, 교양이 많을수록 그에 치여 오히려 삶에 대해서는 수동적, 방어적 보수적이 되는 아이러니도 흔히 발생한다. 삶이란 사람들과의 관계맺음, 만남과 이별의 연속과정이다. 그러니 타자를 이해하는 능력, 흔히 말하는 공감능력이 높을수록 좋은 삶에 가까워진다.
>
> 김선우, [김선우의 빨강] '꼰대 진단법', 〈한겨레신문〉, 2014.12.1.

부모 인문학을 만나다 ❶

부모의 행복으로
아이를 빛나게 하는 부모 인문학

다르게 산다고
틀린 건 아니야

초판 1쇄 인쇄	2015년 10월 19일	홈페이지	www.yjbooks.com
초판 1쇄 발행	2015년 10월 23일	이메일	book@yjmedia.net
저자	김흥식, 이수광	인쇄	우일인쇄공사
펴낸이	이준경	종이	월드페이퍼
편집이사	홍윤표	ISBN	978-89-98656-51-5
편집장	이찬희	값	13,000원
편집	이가람		
디자인	정미정		
마케팅	이준경		
펴낸곳	(주)영진미디어		
출판등록	2011년 1월 6일 제406-2011-000003호		
주소	경기도 파주시 문발로 242		
전화	031-955-4955		
팩스	031-948-7611